허쌤의 첫 만남 프로젝트!

명불허전 학급경영

글 허승환 **그림** 허예은

꿀잼교육연구소

허쌤의 첫 만남 프로젝트!
명불허전 학급경영

초판 1쇄 발행일   2020년 02월 03일
초판 5쇄 발행일   2024년 11월 04일

지 은 이   허승환
그 린 이   허예은
만 든 이   임원미
펴 낸 곳   꿀잼교육북스
주   소   경기도 하남시 선동 427 1003-2203
이 메 일   rimalice@naver.com
팩   스   0504-075-3872
등록번호   제 2018-000016호
ISBN   979-11-965117-4-6 (03370)

· 책값은 표지 뒷면에 있습니다.

· 이 책은 꿀잼교육북스의 허락 없이 본문의 일부 또는 전부를 무단으로
  복제하거나 다른 매체에 기록할 수 없습니다.

· 파본이나 잘못 인쇄된 책은 구입하신 서점에서 교환해 드립니다.

허쌤의 첫 만남 프로젝트!

명불허전 학급경영

프롤로그

명불허전 학급경영
허쌤의 첫 만남 프로젝트

2019년 새로 학교를 옮기며, 18년째 6학년을 희망했지만 5학년을 가르치게 되었습니다. 교감 선생님께 가장 힘들다는 반을 부탁받았고, 그 아이들을 가르치면서도 가장 행복한 한 해를 보냈다고 생각합니다. 그러고 보니, 작년에도 재작년에도 저는 늘 가장 힘든 반을 부탁받고 가르쳐 왔습니다. 그렇지만, 그때마다 그동안 가르쳤던 아이 중에서 가장 괜찮은 아이들과 지냈다고 착각해가며 살아오지 않았나 싶습니다.

5학년 열 개 반 중에서 다섯 반은 새내기 선생님이 맡아야 했던 열악한 상황이었습니다. 그런 중에도 새내기 선생님들은 제가 발령 날 때랑은 전혀 다르게 준비된 모습으로 아이들과 호흡하며 잘 지내셨습니다. 옆에서 응원하는 마음 가득했지만, 본디 남에게 조언하기를 즐기지 않는 성정이라 살갑게 찾아가 이것저것 챙겨주며 도와주지 못해 미안한 한 해이기도 했습니다.

일 년을 함께 새내기 선생님들과 생활하며 의외로 그분들이 현장에 나와서야 새로 알게 된 사실이 정말 많다는 것을 알게 되었습니다. 발령 전에는 머릿속으로만 알고 있다가 아이들과 부딪히며 알게 되었다고 하셨습니다. 그래서 새내기 선생님들께 여쭤봤습니다. 새로 알게 된 것들이 무엇인지...
　고함치며 화를 내는 선생님이 무서운 선생님이라고 생각했다고 하셨습니다. 카리스마 있는 선생님이 무섭게 째려보며 고함지르는 선생님이 아니라 정해진 약속을 어기면 낮은 목소리로 조곤조곤 원칙을 따져 이야기하는 것, 그렇지만 존중하는 태도로 단호하게 이야기하는 것이라는 대답도 들었습니다.
　싸울 때는 재판관이 되어 어느 쪽이 잘못했는지 가려주고 잘못한 아이에게 사과하라고 했던 것을 후회한다고 했습니다. 사과를 하는 아이도 억지로 사과하고, 사과 받는 아이도 기분이 풀리지 않는다는 것을 뒤늦게 알게 되었다 했습니다. 넘치는 선물과 이벤트로 잘하는 아이들에게 보상했던 걸 후회하는 분도 계셨습니다.

　그래서 '명불허전 학급경영' 책 속에 다섯 분의 선생님을 모델 삼아 가상의 새내기 선생님, '정 다운 선생님'을 창조했습니다. 우리 반 교실 속 이야기를 들려주기 부끄러워질 때마다 "노력하는 동안은 방황하는 법입니다.", "흔들리는 나침반은 방향을 잃지 않아요."
　툭툭 던진 말마다 넘치는 리액션으로 반응하며 "허쌤은 정말 명언 제조기예요."라 해주시던 새내기 선생님들의 응원 덕분에 12월, 1월 가장 바쁠 때 글을 완성할 수 있었습니다.

아이들과의 만남이 한해 한해 깊어질수록 알게 됩니다. '새 학기 학급 만들기'는 3월 한 달 안에 결정된다는 사실을!
'허쌤의 학급경영 코칭', '승승장구 학급경영' 모두 넘치는 사랑을 받았습니다. 그런 중에도 결국 3월 첫날부터 어떻게 해야 할지 일일이 결정을 하려고 보니, 긴장감으로 3월에 더욱 에너지를 많이 뺏기며 힘들었다는 분들을 많이 만났습니다. 책을 쓰신 허쌤 반의 3월 관계 맺기를 위한 시간표는 어떻게 준비되었는지 알고 싶다 하셨습니다.

'허쌤의 학급경영 코칭'을 쓰기 전부터 고민했던 딜레마입니다. 자칫 '허쌤 따라잡기' 식의 학급경영 기술 책이 될까 염려되었습니다. 예전과 달리 3월의 중요성을 알고 뜻깊은 첫 만남을 준비하는 것은 대세가 되었습니다. **하지만 자칫 3월 첫 만남 프로젝트가 자신의 교육철학을 구현하기 위해 꿰어진 게 아니라 괜찮아 보이는 활동의 나열로 그친다면, 교사는 자신의 것이 아닌 그럴듯한 활동을 가르**

치며 자신에 대한 소외감으로 더욱더 힘들어지게 될 것입니다. '나'가 흐려지고 다른 사람들의 학급경영 흉내로 첫 만남이 차게 되면 반드시 병이 들게 되어 있기 때문입니다. 3월 첫 만남 프로젝트가 평소의 내 삶과 더욱 가까워야 할 이유이기도 합니다. 그저 3월 한 달이 얼마나 중요한지 알고 고민하는 후배들에게 좋은 시행착오의 계단이 되길 바라는 심정입니다.

 이전 책들과 달리 3월 초, 우리 반 교실에 와서 참관하는 느낌이 들게 설계한 책입니다. 첫날부터 하루하루 교실에서 일어날 수 있는 상황에 맞게 시간표도 현실감을 넣고자 2019년에 적은 교단 일기를 넣어 완성했습니다. 부족하지만 한 해 소중한 인연으로 함께 한 새내기 선생님들 손에 꼭 쥐여줄 그 순간을 설레며 글을 마무리합니다. 두 달 가까이 제 곁에서 그림을 그리고 책 편집을 한 땀 한 땀 마무리해준 존경하는 아내와 사랑하는 딸 예은이에게 고마운 마음을 전합니다. 가족 옆에서 행복하듯 아이들 곁에서도 더욱 행복하시길 축복드립니다.

허승환 올림

차 례

프롤로그   6

01	명불허전 학급경영 '허쌤의 첫 만남 프로젝트'	14
02	첫 만남 프로젝트 시작하기	24
03	교실에 환영 분위기 조성하기	32
04	처음의 서먹함을 깰 전략 마련하기	41
05	학생들의 이름을 외울 방법 준비하기	50
06	첫 만남 프로젝트 '첫째 날'	58
07	종이 뭉치로 소개하고 첫 인사 나누기	65
08	첫 만남 프로젝트 '둘째 날'	83
09	하루의 일과를 안내하기	88
10	우리 반 공동의 목표 정하기	107
11	첫 만남 프로젝트 '셋째 날'	121
12	의미 있는 역할과 학급 규칙 정하기	127
13	공부의 시작! 배움지도 그리기	146
14	첫 만남 프로젝트 '넷째 날'	161
15	안전한 교실을 위한 평화교육 시작하기	168

16	학교폭력지수로 학교폭력 예방하기	186
17	텔레폰 퀴즈로 친구 가르치기	196
18	첫 만남 프로젝트 '다섯째 날'	210
19	평화를 지키는 방어자로 서기	216
20	'좋아바'로 꾸리는 학급평화 회의	225
21	첫 만남 프로젝트 '여섯째 날'	233
22	첫 만남 프로젝트 '일곱째 날'	256
23	문장 퍼즐 게임으로 배려 익히기	270
24	가깝고도 먼 '학부모 상담' 준비하기	278
25	'학급경영 카드'로 학급 세우기	287

참고문헌 302

INDEX

▶ 허쌤의 첫 만남 프로젝트 첫째 날

	중요한 프로그램
1교시	종이 뭉치 던지기로 소개하고 첫 인사 나누기 65p
2교시	자리 바꾸기 70p, 타임캡슐 학습지 작성하기 73p
3교시	명패 만들기, 아이들 개인 사진 촬영하기 75p
4교시	학급 세우기 : 개미 술래 81p, 감전 게임, 첫날 생각과 느낌 나누기 80p

▶ 허쌤의 첫 만남 프로젝트 둘째 날

	중요한 프로그램
1교시	하루 일과 안내 92p, 두줄 쓰기 공책 지도 100p
2교시	학급 공동의 목표 세우기 107p
3교시	학급 세우기 : 손님 모셔오기 117p, 점이 생겼어요 118p

▶ 허쌤의 첫 만남 프로젝트 셋째 날

	중요한 프로그램
1교시	의미 있는 역할(일인일역) 정하기 128p
2교시	학급 규칙 정하기 136p
3-4교시	사회 배움지도 만들기 149p
5교시	학급 세우기 : 협력 저글링 놀이 155p

▶ 허쌤의 첫 만남 프로젝트 넷째 날

	중요한 프로그램
1교시	공동의 목표 교실에 게시하기 170p

2교시	체육 '위기 탈출 넘버원' 안전 지도 172p
3교시	올베우스 4대 규칙 평화교육1 176p
4교시	학교폭력지수 지도 187p
5교시	사회 텔레폰 퀴즈로 친구 가르치기 198p
6교시	학급 세우기 : 까꿍 놀이 205p

▶ 허쌤의 첫 만남 프로젝트 다섯째 날

	중요한 프로그램
1교시	국어 배움지도 만들기 213p
2교시	올베우스 4대 규칙 평화교육2 217p
5교시	학급 세우기 : 우정의 거미줄 놀이 222p
6교시	도덕: 학급평화 회의 226p

▶ 허쌤의 첫 만남 프로젝트 여섯째 날

	중요한 프로그램
1교시	배움덕목 만들기 240p
2교시	'인사약' 으로 사과하기 248p

▶ 허쌤의 첫 만남 프로젝트 일곱째 날

	중요한 프로그램
1교시	올베우스 4대 규칙 평화교육3 259p
2교시	고자질 VS 알리기 지도 261p 올베우스 4대 규칙 평화교육4 266p

명불허전 학급경영 허쌤의 첫 만남 프로젝트

교사로서 선생님 인생에서 가장 중요한 시기는 언제일까요? 선생님의 인생에서 교사로서 가장 완성된 시기는 언제일 것 같습니까? 적어도 10년, 20년 차는 돼야겠지 생각하십니까? 아닙니다.

발령 후 첫 3년입니다. 빌 게이츠는 테드(TED) 강의를 통해 빌 게이츠 재단에서 9년간 연구한 결과, 교사 인생에서 가장 중요한 시기를 '첫 3년'이라고 밝혔습니다. 첫 3년 동안 선생님이 만나는 동료, 선생님이 만나는 책 등이 교사로서의 인생에 가장 큰 영향을 주게 됩니다.

그렇다면, 한 해 아이들과 생활을 해나갈 때 가장 중요한 시기는 언제일까요? 저는 '새 학기 학급 만들기는 3월 한 달 안에 결정된다.'고 단언할 수 있습니다. 3월 2일 첫날부터 3월 31일의 한 달 사이에 한 해의 80%가 결정되어 버리는 것입니다. 경력이 쌓인 교사들은 모두 그렇게 생각합니다. 그래서 첫 만남 프로젝트는 계획적이고 의식적으로, 지속해서 추진하지 않으면 실패할 확률이 높습니다.

미국 오하이오 마이애미 대학의 더글러스 브룩스 교수는 교사들의 첫날을 비디오로 녹화해 모니터링 하는 연구 과정을 통해 노련한 교사와 서툰 교사의 차이를 발견하였습니다.

새내기 교사들은 첫날부터 해당 과목의 중요한 문제를 흥미 위주의 활동을 통해서 시작했고, 이 교사들은 일 년 내내 진도에 쫓기며 아이들을 가르치는 데 시간을 보냈습니다. 이에 비해 **노련한 교사들은 앞으로 친구들과 어떻게 보내야 하며, 아이들과 어떤 약속들이 선행되어야 하는지를 이야기 나누고, 어떤 공부를 하게 되는지에 더 많은 시간을 보냈습니다.** 뛰어난 나무꾼은 무작정 도끼로 나무를 자르지 않습니다. 도끼날을 갈아 더 많은 나무를 자를 수 있도록 준비하는 이치입니다.

새내기 교사는 종종 '빨리 아이들과 친해지고 싶다'는 생각에 아이들의 요구를 모두 들어주려고 합니다. 친구 대하듯 건네는 아이들의 장난을 받아치고 이해하려고 노력하는데, 이런 대화가 반복되면 교사와 학생 간의 거리감, 어려움의 상실이 오며 여러 가지 면에서 학급경영의 차질을 가져옵니다. 그 결국은 '지시가 통하지 않는 교실'과 '시끄러운 교실'의 모습으로 나타나게 됩니다. 이런 상태에서 3월을 끝내면, 3월의 혼란스러운 모습 그대로 1년이 흘러가며 돌이킬 수 없는 상태로까지 학급경영은 흘러가게 됩니다. 그래서 더욱 계획적으로 3월을 보내려는 첫 만남 프로젝트가 필요합니다.

1. 첫 만남 프로젝트보다 중요한 것

아이들과의 첫 만남 프로젝트를 제대로 준비하려고 책을 펴셨다면, 첫 만남 프로젝트에 앞서 갖추어야 할 4가지 기본적인 원칙에 대해 알아두셨으면 합니다.

(1) 선입견을 품고 아이를 대하지 않는다.

교사가 아이를 처음으로 대면하기 전, 학생에 대해 이미 가지고 있는 사전 정보를 '선입견'이라고 할 수 있습니다. 특히 문제 아동을 대할 때는 이전 학년 선생님과의 연락을 통해 부정적인 편견을 가질 수 있습니다. 더불어 공부를 잘하는 학생에겐 교과 성적의 '후광 효과'로 그 아이의 은밀한 따돌림을 오랜 시간 동안 알아차리지 못하는 경우도 많습니다. 아이들은 지금도 쉬지 않고 변화해가는 존재입니다. 무엇보다 선입견 없이 아이들을 대하는 교사는 이제 새로운 마음으로 다르게 살아보려던 아이들에게 감동을 주고, 마음을 움직이기 시작합니다.

(2) 첫 만남이 부담스러운 아이들 마음을 배려한다.

관계가 친밀해지면 내성적인 아이들도 선생님과 친구들에게 마음을 열게 되어 있습니다. 학기 초, 아직 마음을 열기에는 짧은 시간인데, 첫날부터 자기소개를 억지로 시킨다거나 키 순서대로 세워서 자리 배치를 한다면 아이들은 시작부터 부정적인 감정을 만들어갈 것입니다. 3월 첫 만남 프로젝트 동안이라도 혹시 이 프로그램이 아이들에게 억지로 부담을 주고 있지는 않은지 점검해야 합니다.

(3) 학생들의 생활은 일관성이 있어야 한다.

학생들은 새 학년에 무엇을 배우고 어떤 일이 일어날 것인지 정확하게 알고 싶어 합니다. 준비가 잘된 수업에서 학생들은 누구도 고함지르고 다투지 않으며, 진정한 배움을 만들어갈 수 있습니다. 그러려면 매일 매일 학생들의 생활이 일관성이 있어야 하고, 아울러 안정되어야 합니다.

(4) 일체감을 느끼기 위해 '청유형' 언어를 쓰도록 한다.

"종쳤다. 자리에 앉아라, 책 꺼내라고 했지? 이제 준비물을 꺼내라, 제발 자기 자리 아래 좀 정리하면 안 되겠니? 벌써 몇 번째 말하는 거야!" 교사는 이런 말을 하루에도 수십 번씩 합니다. 이때 교사들은 기대하는 행동을 하도록 분명히 전달하지만 다른 어떤 것을 함께 전달하게 됩니다. 언어가 연상을 유발한다면 우리는 무의식중에 무엇을 함께 전달하고 있을까요?

우리는 명령하는 말들이 '나 대 너'의 관계를 지속시킨다는 것에 주목해야 합니다. 이 말에 숨어있는 메시지는 "너희들은 내 통제 아래 있음으로 내가 시키는 대로 해야 해."입니다. 이런 상황에서 교사에 대해 부정적인 연상을 갖고 있는 학생들은 반항적이거나 비협조적으로 대응할 것입니다. 아이들과의 친밀한 관계를 위해서 평어체를 쓴다고 하는 분들이 계시지만, 가능하다면 교실에서는 청유형 언어를 쓰는 것이 좋습니다.

① 같은 표현을 권유하는 말로 바꿔 봅니다.

② 그리고 존댓말로 바꿔 봅니다.
  "수업 종이 울렸습니다. 자리에 앉아 봅시다."
  "교과서 23쪽을 펴 볼까요?"
  "준비물을 책상 위에 올려 놓아주세요."

③ **'우리'라는 단어를 넣을 때 아이들은 더욱 일체감을 느끼며 모두를 초청하는 협력적인 관계가 됩니다.**
  "이제 우리 함께 자기 자리를 정리할 시간입니다."
  "우리는 지금부터 분수의 나눗셈을 어떻게 하면 풀 수 있는지 공부하려고 합니다."

이런 표현은 선생님이 아이들과 수학 문제를 직접 공부하는 것은 아니지만, 아이들은 선생님이 우리와 함께 하는 분이라는 일체감을 무의식중에 가지게 됩니다.

2. 교육철학을 중심으로 한 첫 만남 프로젝트 설계하기

교실 안에서 아이들을 가르치는 자신을 돌아보면, 결국 자신이 중요하다고 생각하는 것을 아이들에게 강조하고 교육과정에 반영합니다. 예를 들어 아이들의 행복을 1순위로 두는 교사는 수업 중에도 놀이하는 시간을 더 많이 확보하고, 숙제는 다른 교사들에 비해 덜 내게 됩니다. 아이들이 숙제하며 스트레스를 받고 불행하지 않기를 바라기 때문입니다. 반면에 인성보다 실력을 중시하는 교사는 스스로가 중요하다고 생각하는 가치대로 수업 후 노트 필기를 강조하고, 학교생활 중에도 목표를 정하고 과제를 이루어가는 태도를 철저하게 지도합니다.

따라서 교사인 나를 돌아보는 것은 무척 중요합니다. 내가 정말 중요하다고 생각하는 것은 무엇인가? 학생들에게 어떤 영향을 주고 싶은가? 어떤 아이들이 되기를 바라는가? 배움은 어떤 과정을 거쳐 이루어진다고 생각하는가? 등 자신만의 교육철학을 정립할 필요가 있습니다. 이렇게 다져진 교육철학은 아이들을 대하는 태도로 자연스럽게 드러나게 됩니다.

3월, 첫 만남 프로젝트를 시작하기 전에 먼저 '나는 우리 반 아이들을 어떤 아이들로 키우고 싶은가?' 나름대로 '나와 함께 1년 동안 공부한 아이들은 이래야 한다.'는 교사의 생각을 스스로 정리해보고 시작하면 좋습니다.

(1) 올해 학급경영을 통해 학생들에게 어떤 사람으로 기억되고 싶나요?

▶ "○○○ 선생님은 ~ 선생님이셨어요." 충분히 생각하고, 한 해를 함께 보낸 아이들이 자신을 어떻게 이야기하면 좋을지 자신이 바라는 모습을 적어 봅시다.

(2) 내가 좋아하고 잘하는 것 중에서 한 해 동안 우리 반 학생들에게 나누어 줄 수 있는 재능에는 무엇이 있습니까?

※ 다음은 학급 담임에게 가장 필요한 것은 무엇이 있을까 고민하고 나름대로 만들어 본 20장의 '교사 역량' 가치 카드입니다. 따로 생각하는 가치가 있다면 마지막 카드의 빈칸에 직접 적어도 됩니다. 올해 새로 학급의 담임이 되었다고 생각하고, 이 중에서 가장 가지고 싶은 6장의 카드에 동그라미를 그려 봅시다.

※ 따로 뽑은 6장의 카드 중에서 덜 중요한 것부터 1층에 3장, 2층에 중점 가치 카드 2장, 3층에는 핵심 가치 카드를 한 장 올려 피라미드 형태로 만듭니다.

저는 1층에 갈등 해결 능력, 열정, 독서 교육 능력 역량 카드를, 2층 중점 카드로는 학부모와 학생 상담능력, 프로젝트 수업 구성능력을 꼽았습니다. 가장 노력할 핵심 카드로는 '놀이지도 능력'을 골라 3층에 올렸습니다.

올해 학부모 및 학생 상담 부분에서 LCSI 진로 적성 검사를 통해 좀 더 도움이 될 수 있도록 역량을 키우고 싶고, 다시 가르치게 된 6학년, 프로젝트 수업을 기반으로 좀 더 수업을 학생들 중심으로 구성하고 싶습니다. 그렇지만 가장 기르고 싶은 능력은 역시 '놀이지도 능력'입니다. '놀이'에 대한 이해를 더 깊이 공부하고 싶습니다. 놀이 중심의 '2019 개정 누리과정'(유치원)과 연계하여 초등학교에서 어떻게 놀이를 수업으로 이끌어 접목할 수 있을지 고민하고 싶습니다.

※ 선생님이 직접 고른 2층 중점 교사 역량과 3층 핵심 교사 역량을 올해 기르려면, 어떤 노력을 기울여야 할까요? 교사 역량 가치 카드의 아래쪽에 직접 적어 봅시다.

[중점 카드]	**[핵심 카드]**	[중점 카드]

[노력할 점]	[노력할 점]	[노력할 점]

'교직의 어려움을 더욱 복잡하게 만드는 요인이 있으니, 그것은 우리가 우리의 자아를 가르친다는 점이다…. 나 자신을 안다는 것은 학생과 교과를 아는 것만큼이나 중요하고 훌륭한 가르침의 필수사항이다.'

파커. J.파머는 '가르칠 수 있는 용기'를 통해 교사의 자아는 학생들을 통해 관찰할 수 있다고 했습니다. 교사는 단지 교육과정에 따라 정해진 교과를 가르쳤을 뿐인데, 교육의 결과로서 아이들 속에 투영된 자신의 모습을 마주하게 됩니다. 특히 한 해를 마무리하며 학생들이 가장 못난 자신의 모습까지 꼭 닮아있을 때만큼 부끄러울 때도 없다는 생각이 듭니다.

3. '첫 만남 프로젝트'를 진행하며 부탁드리고 싶은 마지막 이야기!

'번아웃 현상'은 주로 간호사와 교사에게 나타나는 과로 증후군이라고 합니다. 간호사나 교사들에게 번아웃 현상이 일어나기 쉬운 데는 이유가 있습니다. 둘 다 끊임없이 위기에 노출되어 있고, 무조건적인 헌신성을 요구받는 데다 집단적인 업무이면서 고독한 작업을 강요받는 직업이기 때문입니다.

번아웃 현상에서 벗어나기 위해 해야 할 가장 중요한 일은 '훌륭한 교사'가 되려는 목표를 수정하는 데 있습니다. 〈희망의 심리학〉책을 쓴 김현수 교수님은 '최고가 되려는 목표를 수정하라'고 권합니다. 그저 자신이 잘하는 것을 주겠다는 생각으로 아이들을 도우면 마음에 여유가 생깁니다. 훨씬 더 자신에게 관대해지고 자유로워서 더 진실하고 정직하게 아이들과 마음을 나눌 수 있게 될 것입니다.

첫 만남 프로젝트 시작하기

 "두근두근……. 드디어 힘들고 고통스러웠던 임용고시를 통과하고 학교 발령이 났답니다. 게다가 당장 3월 2일부터 학급 담임이 되어 아이들을 가르치게 되었어요. 머리가 하얘지면서 뭘 준비해야 할지 모르겠어요. 허쌤, 이제부터 어떤 준비가 필요할까요?"

 "와! 정 다운 선생님, 발령을 축하드려요. 그동안 정말 고생 많으셨어요. 정작 곧 만나게 될 아이들과의 만남은 뒷전으로 미루고 공부만 하느라 얼마나 힘드셨을까요? 하지만 이제 선생님 앞에 진짜 아이들이 기다리고 있습니다."

 "한 해의 시작은 모두에게 1월일까요? 적어도 선생님들에게는 한 해의 시작은 1월이 아니라 3월이 아닐까 싶습니다. **'2월은 새로 만날 아이들로 생각이 많지만, 이 두근거림이 봄보다 좋다.'**라는 최 서연 선생님의 글처럼, **왠지 모를 긴장과 설렘이 함께 하는 계절이기도 합니다.** 이럴 때 아이들을 어떻게 만날까 고민하는 정 선생님 글 보니 저도 첫 발령이 생각나며 두근거리기 시작합니다. 그땐 인터넷도 없고, 인디스쿨 같은 교사 커뮤니티도 없어서 정말 맨땅에 헤딩하며 살았더랬어요. 하지만 선생님, 걱정 마세요! 이젠 든든한 선배님들의 실천이 선생님 가는 길을 조금은 가기 쉽게 미리 닦아 놓았답니다."

"허쌤 처음 발령 나실 때는 정말 힘드셨겠어요. 지금은 도리어 너무 자료가 많아요. 이것도 좋고, 저것도 좋은데 무엇부터 해야 할지 모를 지경이라니까요. 수업 진도도 나가야 할 텐데 해보고 싶은 것, 해야 할 것은 왜 그리 많은지…"

"학급경영을 제대로 하기 위해서 먼저 기억해야 할 사실 하나만 짚어드릴게요. 교실 속 아이들의 세계는 늘 2:6:2의 법칙을 따르곤 해요."

"2:6:2의 법칙이요? 그게 뭔가요?"

"교실에 100명의 아이가 있다고 가정하면, 20%의 성실한 아이들은 늘 선생님 입장에서 따라주죠. 60%의 중간층 아이들은 조용히 앉아 있어요. 남은 20%의 아이들은 문제행동을 하는 아이들이랍니다. 일 년 동안 선생님을 힘들게 하는 아이들이죠."

"헉…. 벌써 겁이 나요. 교생 실습할 때에는 늘 예쁜 아이들만 보며 실습을 했는데, 저보다 큰 고학년 아이가 제게 욕설을 하거나 덤벼든다고 생각하면 벌써 걱정이 많아요. 무엇보다 요즘 학부모님들은 별거 아닌 일로도 자식 일이라면 뛰어와 고함치며 민원을 넣는다는데…"

"일어나지 않은 일로 미리 걱정할 필요는 전혀 없답니다. **한 해, 차분한 학급을 만들어가는 포인트는 사실 문제행동을 하는 20%가 아니라 60%에 달려 있어요. 이 아이들이 주도권을 가지고 있지요. 이 아이들이 성실한 20%의 아이들과 합류해 80%의 학급 분위기를 만들 수 있도록 분위기를 만들어 가야 해요. 그러려면 80%의 아이들이 바라는 교실을 함께 이미지화하고 만들어가야 합니다.** 정 다운 선생님께 거꾸로 여쭤볼게요. 80%의 아이들, 교실에 있는 아이들 대부분이 가장 원하는 교실의 모습은 무엇일까요?"

"아이들이 가장 원하는 교실은 모두가 안전하고, 안심하고 다닐 수 있는 교실 아닐까요? 친구들에게 따돌림당하지 않고, 아이들이 서로 욕설하거나 싸우지 않는 그런 교실…"

"제 생각도 그래요. 사실 10년 전에만 해도 반 이름을 아이들이 정하도록 일주일간 알림장에 숙제를 냈더랬어요. 어느 해에는 소나무 반, 어느 해에는 개나리 반…"

"오, 4학년 2반, 5학년 4반…. 숫자로 불리는 것보다 훨씬 따뜻한 느낌인걸요. 왠지 유치원 학급 이름 같기도 하고…"

"알고 보면 꽤 근사한 이름이에요. 소나무 반은 '소리 없이 나부터 무엇이든'의 소나무고요, 개나리 반의 '개나리'는 '개성 강한 내가 나보다 우리를'의 줄임말이었답니다. 그러다 지금은 무조건 저희 반 이름은 '평화 반'이 되었어요."

"왠지 술 마실 때 외치는 건배사 같은 걸요. 저희 때도 교수님께서 늘 '진하고 달콤한 내일을 위하여 진.달.래'를 외치곤 하셨는데"

"차분한 학급의 전제 조건은 아침마다 안심하고 학교에 다니며 교실을 안전하고 아늑한 곳으로 만들 때 가능해요. 그리고 이것은 담임 선생님 밖에 할 수 없는 일이에요. **'차분한 학급 만들기'는 진짜 3월2일부터 한 달 사이에 한 해 학급경영의 80%가 결정됩니다.** 아이들과 오래 만난 선생님들일수록 더욱 공감하는 이야기입니다. 하지만 이제 처음 발령나는 새내기 선생님은 경험하지 못했으니 더욱 어려운 대원칙이기도 하죠."

"제 마음의 막막함이 딱 그래요. 올 한 해만 지내보면 어떻게 한 해를 보낼지 좀 더 잘할 수 있을 것 같은데, 경험하지 못한 길을 가려니 더욱 어렵고 불안해요. 그렇다면 한 달 동안 무엇을 하면 좋을까요? 한 번이라도 3월을 보내봤다면 뭔가 잘 준비할 텐데 지금은 무엇을 할지 전혀 감을 잡지 못하겠어요."

"이제부터 제가 새내기 교사가 되었을 때를 돌아보며 하나하나 서툴러 후회했던 점들을 반면교사 삼아 이야기해 드릴게요."

"처음 발령 난 새내기 선생님들을 지켜보면, 종종 아이들과 빨리 친구 같은 선생님이 되고 싶다는 생각에 아이들의 요구를 모두 들어주려고 해요. 선생님이 편해진 아이들은 슬슬 친구 대하듯 장난치기 시작하고, 선생님들은 장난을 함께 치며 받아주시죠. 그런데 이런 장난치는 관계가 계속되면, 교사 학생 간의 거리감, 쉽게 말하면 3월 초 선생님을 어렵게 대하던 어려움이 사라지기 시작하며, 여러 가지 면에서 '차분한 학급'을 원했던 계획에 차질을 가져오게 된답니다. 그 결과는 언제나 같은 결과, 즉 '지시가 통하지 않는 교실'과 '시끄러운 교실'이라는 형태로 나타나게 되어 있어요. 이런 상태에서 3월을 끝내면 3월의 혼란스러운 모습 그대로 1년이 흘러가며 돌이킬 수 없는 상태까지 학급경영은 엉망으로 꼬이게 되어 버린답니다. 그래서 더욱 계획적으로 황금의 3월을 보내려 노력해야 해요."

"아, 정말 조심해야겠어요. 선배님이 말씀해주시니 정신이 번쩍 나는 것 같아요. 저도 아이들과의 어색하고 불편한 시간이 빨리 지나고 어서 친해졌으면 싶었거든요."

"그 사려 깊은 마음이 잘못된 건 아닙니다. **아이들의 첫인상이 만들어지는 첫 주에는 학생들과의 심리적 거리를 줄이는 게 핵심이에요.**
첫 주에는 지난해 그렇게나 매일 문제행동을 일삼던 아이들도 천사처럼 앉아 있답니다. 이때야말로 아이들의 마음을 얻을 절호의 기회예요! 안전을 위협하거나 기본적인 규칙을 현저하게 어긴 경우가 아니라면, 엄격한 지도를 하지 말아야 합니다."

"엄격하게 지도하지 말고 친절하게 대하라는 말씀인가요? 다른 선생님들은 다들 '3월에 이를 보이면 안 된다'. '카리스마를 가지려면, 본때를 보여주며 아이가 쩔쩔매게 혼내라' 하시던데... 엄격하게 지도하지 않았다가 아이에게 첫날부터 무르게 보이는 건 아닐까요?"

 "아이들 입장에서 생각해 주세요. 무엇보다 이번 선생님은 정말 재미있는 분이고, 앞으로 새로운 반과의 한 해는 즐겁게 배울 것 같다고 느끼게 하는 것이 보다 중요합니다."

학생과의 친밀감 형성
☐ 교실에 환영 분위기가 조성되었는가?
☐ 어떻게 처음의 서먹함을 깰 것인지 결정했는가?
☐ 학생들의 이름을 외울 방법을 결정했는가?

학급 규칙
☐ 교육청과 학교 방침을 따르는 학급 규칙을 만들 방법을 생각했는가?
☐ 학급 규칙은 학생과 학부모에게 쉽게 전달될 수 있는 것인가?

가장 중요한 것
☐ 학생들이 집에 돌아가 수업 첫날에 대해 긍정적으로 언급할 것인가?
☐ 학생들이 다음 날의 등교를 기다릴 것인가?

"이 체크리스트는 엘렌(Ellen)이 쓴 '성공하는 교사의 첫걸음' 책에 소개된 3월 첫 주 체크리스트입니다. 아이들을 만나기 전부터 '친밀감'을 형성하기 위해서는 세 가지 질문에 대한 대답을 꼭 준비하고 있어야 해요."

 "세 가지 질문? 무엇인지 정말 궁금해요."

 "첫째, 교실에 환영 분위기가 조성되었는가?
둘째, 어떻게 처음의 서먹함을 깰 것인가?
셋째, 학생들의 이름을 외울 방법을 결정했는가? 이 세 가지예요."

"정말 고민되는 이야기네요. 아이들이 교실에 들어섰을 때 뭔가 환영받는 분위기가 느껴지게 준비해야 한다는 말씀이군요. 그리고 어떻게 서먹서먹함을 깰 수 있게 즐거운 분위기로 시작할 것인가? 이것도 큰 숙제네요. 게다가 제가 이름 외우는 거 잘못하는데, 이름 잘못 부르면 아이들이 많이 실망하지 않을까요? 걱정되네요.ㅠㅠ"

 "이제부터 그 세 가지 친밀감을 형성하는 명불허전 허쌤만의 전략을 소개해 드릴게요. 물론 꼭 저처럼 해야 하는 건 아니랍니다. 저는 멘토가 될 자격도 능력도 없지만, 이것만은 말할 수 있습니다. 이렇게 하나하나 노력해보면 뜻대로 안 될 때가 오고, 그때야말로 선생님은 자신만의 생각과 방법을 가지게 될 것입니다. 그리고 그렇게 후회로 가득 찬 기록들이 남아 있게 되면, 내년 선생님은 아주 조금 달라져 있을 거예요. 처음 발령 났을 때의 자신과 비교했을 때, 조금씩 달라지고 있는 자신을 느끼게 되면 그걸로 충분합니다. 자신이 그렇게 좋은 사람이 아니라는 것도 깨닫게 될 거예요. 아이들과의 생활은 어찌 보면 도를 닦는 것 같은 느낌이 들 때가 많습니다. 평생 나를 성장시켜주는 것은 아이들이구나! 어떤 선생님이 좋은 선생님이냐고 묻는다면, 저는 한 가지 대답만 해드릴 수 있어요. 좋은 교사가 되고 싶어 고민하는 모든 선생님이라고! 스스로 좋은 선생님이라고 생각하고 고민을 멈추는 순간, 우리는 더이상 좋은 선생님이 아니라는 역설에 도달합니다. 이왕이면 마음에 맞는 선생님만의 방법을 찾으셨으면 좋겠습니다. 아이들과의 첫 만남은 해마다 계속될 테니까요. 자 시작해 볼까요? 고고고!!"

교실에 환영 분위기 조성하기

"허쌤, 그 사이에 새로 발령 나게 된 학교에 다녀왔어요. 담임 학년도 5학년 담임으로 결정되었답니다."

"오, 드디어 진짜 선생님이 되어 맡을 첫 제자들이 정해졌군요. 아이들 복 받았어요. 그런데 가 출석부도 받으셨어요?"

"예, 선생님들이 반을 정할 때 반 숫자를 쪽지에 적어 던져 뽑는다는 비밀을 처음 알게 되었어요."

"하하핫… 반이 하나밖에 없는 작은 학교에선 그마저도 선택의 여지가 없지만…. 그래도 이제 반이 정해졌으니, 반 아이들과 처음 만날 준비를 차근차근히 해 볼 시간이에요. '초두 효과'라고 들어보셨죠?"

"초두 효과라면…. 첫인상 효과 말씀하시는 거죠?"

 "예, 맞아요. 먼저 제시된 정보가 추후 알게 된 정보보다 더 강력한 영향을 미치는 것을 '초두 효과(初頭效果)'라고 하는데, '첫인상 효과'라고도 해요. 3초 만에 상대에 대한 스캔이 완료된다고 해서 3초 법칙, 처음 이미지가 단단히 굳어 버린다는 의미로 '콘크리트 법칙'이라고도 부른답니다."

"사회심리학자인 솔로몬 애쉬(Solomon Asch)는 1946년에 재미있는 실험을 했어요. 실험 참가자를 A, B 그룹으로 나누고 어떤 사람에 대한 정보를 주고 어떤 사람인지 추측해 보도록 했죠. A, B 그룹 모두 동일한 정보를 받았으나, 순서가 '거꾸로' 였어요. A 그룹에게는 ①지적이다 ②부지런하다 ③충동적이다 ④비판적이다 ⑤고집이 세다 ⑥질투심이 강하다 의 순서로 정보를 주었습니다. 반면, B 그룹은 ①질투심이 강하다 ②고집이 세다 ③비판적이다 ④충동적이다 ⑤부지런하다 ⑥지적이다 로 A 그룹과 정반대의 순서였습니다. 이론적으로는 동일한 정보이므로 A, B 그룹 모두 비슷한 인상을 추측해야 했어요. 하지만 실험 결과, A 그룹이 훨씬 호의적으로 나왔습니다. 사람의 인상과 느낌이 주어진 정보의 순서에 따라 달라진 거예요.

A 그룹은 '지적이다' 정보가 먼저 주어져 '약간 충동적이고 고집이 있지만 천재니까 그런 거지' 라고 해석한 반면, B 그룹은 '교만하고 옹졸하고 차가운 사람'으로 해석했습니다."

[솔로몬 애쉬의 실험]

〈 실험집단 〉　　　　〈 인상판단 〉

A집단
● 지적이다
● 부지런하다
● 충동적이다
● 고집이 세다
● 질투심이 강하다

➡ 조금 충동적이고 고집이 세지만 천재들은 다 그렇다

B집단
● 질투심이 강하다
● 고집이 세다
● 비판적이다
● 충동적이다
● 부지런하다
● 지적이다

➡ 교만하고 옹졸하고 차가운 사람

"새삼 아이들과의 첫 만남이 얼마나 중요한지 깨닫게 되네요. 이거 괜히 더 긴장되는걸요."

"미국 다트머스 대학교 연구진이 낯선 사람을 보고서 얼마 만에 호감과 비호감이 결정되는지를 알아본 결과, 공포스러운 얼굴에는 1,000분의 17초, 행복한 얼굴에는 1,000분의 183초 정도의 시간이 걸렸다고 합니다. 결국 첫인상을 판단하는 시간은 1,000분의 17초, 0.017초밖에 걸리지 않는다니 첫날을 위한 준비는 아무리 많이 해도 충분하지 않겠죠? 무엇보다 이렇게 잘못 새겨진 나쁜 첫인상을 바꾸려면, 미국의 사회심리학자 로버트 자이언스(Robert Zions)의 연구에 의하면 '적어도 6번 이상, 최소한 40시간 이상을 계속 만나면서 좋은 인상을 줘야 한다.'고 합니다. 그러니 더욱 아이들과 첫 만남을 따뜻하게 하기 위한 준비가 필요합니다."

"아…. 허쌤 말씀 듣고 더 긴장해버렸어요. 알고는 있지만, 실제로 좋은 첫인상을 가지려면 어떤 준비를 해야 할까요?"

"'교실에 환영 분위기가 조성되었는가?' 라는 질문에 대답을 할 수 있어야 해요. 잠시 3월 2일 새 학기 첫날, 긴장된 모습으로 일찍 교실에 들어서는 아이가 되어볼게요. 사실 새 학기 첫날, 불안과 두려움을 더 많이 가진 쪽은 선생님일까요? 아이들일까요?"

"선생님도 긴장되겠지만, 그래도 아이 중에서 더 긴장한 아이들이 많을 것 같아요. 저도 그랬으니까"

"단연코 교실에선 약자일 수밖에 없는 건 아이들이 아닐까 싶어요. 아이는 집에서부터 내내 일 년 동안 나를 가르칠 선생님은 누구일까? 그리고 새로 우리 반이 된 아이 중에 내가 좋아하는 친구가 있을까? 나랑 맞지 않는 친구가 같은 반이면 어쩌지? 불안한 마음일 거예요. 그렇다면 이 아이들의 불안과 두려움을 조금은 줄여줄 수 있는 교실 분위기를 만들어야 하지 않을까요? 갑작스러운 질문이겠지만, 정 선생님은 첫날, 이 아이들을 어떤 방법으로 환대하며 맞이할 생각인가요?"

"어…. 아이들 들어올 때 한명 한명 반갑게 인사해주면 될까요? 아...어렵네요. 첫날 서로 많이 어색할 텐데…"

"사실 전입해 온 선생님들과 새로 발령 나는 새내기 선생님은 교실에 있지 않아요. 방송실에서 첫날 아침방송을 통해 전교생들에게 인사를 하게 되어 있어요."

"예…? 그럼 아이들이 교실에 알아서 들어와 있어야 하는 거군요. 선생님이 교실에 없으면 아이들 우왕좌왕할 것 같은데…"

"그래서 선생님이 안 계셔도 교실에 들어온 아이들 마음이 따뜻해질 수 있도록 준비도 하고, 아이들이 할 거리도 준비해주실 필요가 있어요."

"칠판에 간단히 편지와 해야 할 일은 적어 두어야겠어요."

"저는 봄방학 기간에 제가 맡은 교실에 찾아가요. 그리고 칠판에 편지를 정성껏 쓴답니다."

> "만나서 반갑습니다. 우리가 평생 만나는 사람은 약 3,000여 명, 그중에 평생 연락하고 만나는 사람은 150명 밖에 없다고 합니다. 70억 인구를 매일 만나려면 1초에 한 명을 만나도 200년. 그 많은 사람 중에 특별하게 일 년을 함께 보내게 되어 기쁩니다. 여러분과 평생 150명 안에 드는 특별한 인연이 되길 바랍니다. (원하는 자리에 앉아 책상 위의 자기소개서를 작성해 주세요.)"

"교실에 들어서며 칠판에 선생님 손편지가 쓰여 있으면, 아이들이 얼굴을 보진 못했지만 친절하고 다정하신 선생님이겠구나! 생각하겠어요."

 "여기에 장치를 하나 더 추가해 준비해요. '환영해요' PPT의 이름을 반 아이들 이름으로 수정하고, 플로터 대형 프린터로 인쇄해 칠판에 붙여 놓죠. 이걸 붙여놓은 이유가 무엇일까요?"

 "새로운 반 친구들이 누가 있는지 알려주려고 붙이신 거죠?"

 "맞아요! 아이들이 불안한 이유는 어떤 선생님, 어떤 친구를 만나게 될까? 하는 두려움이 커요. 그런데 선생님의 마음이 담긴 편지, 거기에 반 친구들이 누구누구 있는지 확인하며 아이들은 '와! 현준이, 건희도 같은 반이었네, 다행이다.', '은서는 우리 옆집에 사는 아이인데, 여기서 만나게 되다니!'..서로 모여 와자지껄 한 해의 인연이 될 아이들을 확인하게 됩니다."

 "칠판 편지, 그리고 아이들의 이름이 담긴 인쇄물, 꼭 준비해 놓아야겠어요. 다른 선생님들은 다들 어떻게 아이들 첫 만남을 준비하시나요?"

 "외국에서는 아이를 만나기 전에 새로 편성된 반 아이들의 집에 소포를 보내는 분들이 많습니다. '나는 솔직히 미국 교육이 좋다'의 저자 주연

씨도 미국으로 이민 갔더니 아이가 만날 선생님으로부터 이런저런 선물이 담긴 소포가 와서 감동하였다고 썼더군요. 예를 들어 고무줄, 밴드 등 상징이 담긴 선물을 넣고 편지에 '밴드'를 넣은 이유는 네가 혹시 상처 받았을 때 이 밴드가 상처를 치료해주길 바란다는 글을 쓰는 거죠."

"와…. 첫날도 아니라 만나기도 전부터 선물이라고요? 감동을 주긴 하지만 그렇게까지 하진 못할 것 같아요."

"요즘 그림책을 좋아하시는 선생님들은 책상 위에 아이들이 읽을 책을 올려놓는 분들도 많이 계세요. 또는 저처럼 자기소개서 학습지를 올려놓아 비어있는 뒤쪽 게시판도 채우고, 아이들이 자기소개할 때 활용할 수 있도록 하는 분도 많죠."

"그럼 허쌤은 자기소개서만 준비하시나요?"

"저는 저를 소개하는 편지와 우리 반 아침 자습 때 활용하는 두줄 쓰기 공책, '소나기 공책'(소중한 나의 기록)도 책상 위에 올려 둬요. 아이들에게 주는 선물이기도 하죠. 첫날에는 학부모님도 선생님이 어떤 분인지 정말 궁금하시거든요. 소나기 공책의 쓰임새는 나중에 더 자세히 말씀드릴게요."

"방송실에 내려가서 못 만나겠지만, 그래도 자리에 앉았을 때 칠판 편지와 반 아이들 이름이 담긴 대형 인쇄물, 그리고 책상 위에 놓인 선생님의 편지와 선물, 아이들 정말 선생님 만나기도 전에 뭔가 행복할 것 같아요. 허쌤, 감사합니다."

 "새내기 선생님들일수록 학부모님이 어려워서 피하려는 경향이 많은데, 첫날만큼은 학부모님도 아이에게 너희 선생님 어떤 분이시니? 라고 묻는 날이랍니다. 선생님이 노련하고 노련하지 않은지보다 아이를 진심으로 사랑하는 마음이 전해지면 충분합니다. 좋아하는 척하는지 진심으로 좋아하는지는 속일 수 없는 에너지의 흐름이니까요."

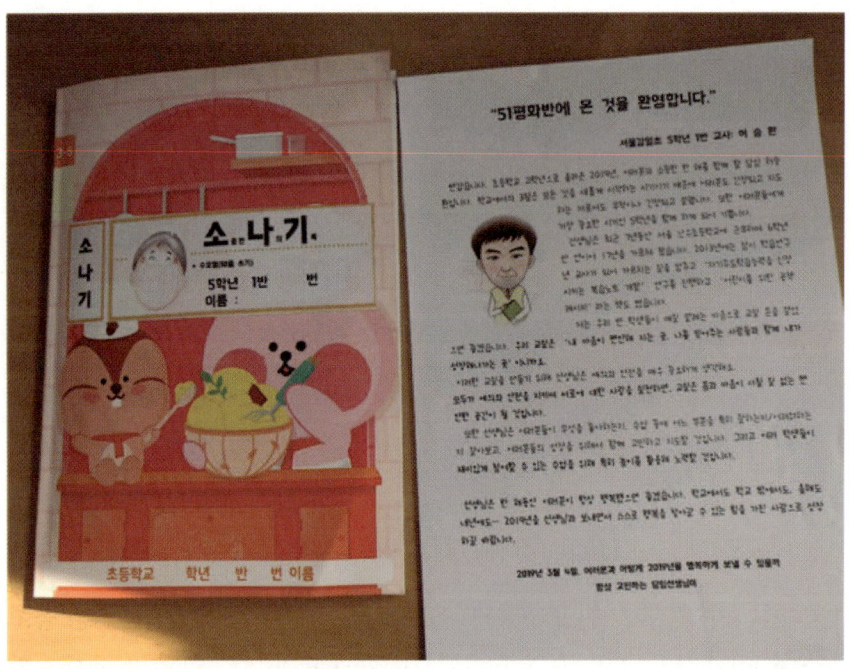

처음의 서먹함을 깰 전략 마련하기

"이제 교실에 아이들 환영 분위기는 충분히 마련할 수 있을 것 같아요. 그렇다면, 두 번째 체크리스트! 처음의 서먹함을 깨기! 이거 어떻게 해야 할까요? 사실 저부터 성격이 내성적이라 처음 만나면 어색하고 앞에 서는 걸 좋아하지 않는 편이었는데, 이렇게 선생님이 되고 보니 서로 서먹서먹한 분위기에 어떻게 편하게 대할지 걱정이에요."

"얼마 전에 정말 포동포동한 몸매에 얼굴도 재미있게 생긴 레크리에이션 강사님을 만났어요. 그런데 자기는 레크리에이션 강사로 나가면 가장 손해 보는 사람이라고 하는 거예요."

"누구보다 재미있게 생기셔서 모두 좋아할 것 같은데 손해 본다고 그러셔요?"

"그분이 말씀하시길, 다들 '와! 저 강사 정말 웃기게 생겼다. 얼마나 재미있을까?' 기대한다는 거예요. 도리어 전혀 재미없고 진지하게 생긴 사람은 조금만 웃겨도 기대를 하지 않았기에 훨씬 더 웃는다는 말씀이 참 인상 깊었어요. 그렇지 않나요?"

"오, 그렇게 말씀해 주시니 뭔가 새로운 데요. 저도 아이들 처음 대하는 건 어색하지만, 시간이 지나면 더 잘해줄 자신은 있어요."

"오, 그런 자신감 좋아요! 그렇지만 첫날, 얼어붙은 마음으로 선생님을 표정 없이 바라보는 아이들 앞에 서면, 누구라도 혼자 떠들다 하루를 보낸 것 아닌가? 후회하게 되어 있어요. 그래서 첫날, 큰 흐름으로 아이들의 첫 만남을 즐겁게 해줄 아이디어가 필요해요."

"첫날부터 아이들과 재미있게 보낼 수 있다면 얼마나 좋을까요? 기대돼요. 선생님은 어떻게 첫 만남을 가지시나요?"

"일단 아이들의 서먹함을 깨려 놀이를 활용하는 편이에요. 아이들에게 이야기하죠. 첫날, 여러분들 반짝반짝 빛나는 눈을 보니 작년 선생님과 얼마나 열심히 공부하고 올라왔는지 기대가 됩니다. 과연 누가 열심히 공부했는지 확인해 볼까요? 정말 작년에 선생님 말씀을 잘 듣고 열심히 수업을 따랐는지, 아니면 선생님 말씀 안 듣는 말썽꾸러기들이었는지..."

"아…. 아이들 첫날이지만, 선생님께 예쁘게 보이고 싶어서 눈이 반짝

반짝하겠어요."

"아이들 만난 첫날 활용하는 두 가지 놀이를 소개해 드릴게요. 요것만 제대로 알고 계시면, 두고두고 즐거운 첫 만남이 가능할 거예요."

"첫 번째 놀이는 '가라사대 게임'이에요. '가라사대'는 '말씀하시되'의 뜻으로 '공자님이나 부처님, 예수님 등 높은 분이 말씀하시되'의 뜻입니다. 아이들에게도 '가라사대'라는 말을 할 때만 선생님이 하시는 말씀을 따라 해야 한다고 안내합니다."

"가라사대 게임, 방법은 알지만 제가 과연 할 수 있을까요?"

"첫 학교에서 저는 우주 정보소년단 대장이었어요. 5년 동안 정말 많은 캠프에 아이들을 인솔해 데려갔어요. 그때마다 많은 레크리에이션 강사들이 가라사대 게임을 진행하는 모습을 지켜봤어요. 그때 깨달은 게 있어요. 그분들이 순간적인 유머 감각이나 애드리브로 그렇게 진행하는 게 아니라는 사실! 그분들의 한 마디 한 마디는 모두 계획된 멘트였어요."

"레크리에이션 강사분들의 한 마디 한 마디에 빵빵 터지곤 했는데, 타고나는 게 아니었군요."

"맞아요. 그분들의 멘트는 시중의 레크리에이션 책에는 없어요. 그분들끼리만 넘겨주는 노하우죠. 그분들이 레크리에이션을 진행할 때마다 저는 맨 뒷자리에 의자를 두고 앉아 그분들 멘트를 하나하나 받아적곤 했어요. 그러면서 그분들의 멘트가 수업 지도안 속의 교수용어 같구나! 생각했어요. 그렇게 생각하고 나니 왠지 저 같은 재미없는 사람도 할 수 있겠구나 싶었어요."

"왠지 용기가 나는데요. 어떻게 진행해야 하는지 선생님만의 멘트를 공개해주실 수 있을까요?"

"제가 쓰는 대본입니다. 어렵게 생각하지 마시고, 처음에는 보고 읽어도 괜찮습니다. 나중에는 아예 외워버리셨으면 좋겠어요. 선생님의 든든한 무기가 될 거예요."

> 교사 : "지금부터 가라사대 게임을 해보도록 하겠습니다."
>
> 학생 : "와~"
>
> 교사 : "선생님이 '가라사대'란 말을 할 때만 선생님을 따라 하면 됩니다. 가라사대 한 번도 안 틀린 친구가 몇 명이나 있나 지켜볼게요. '가라사대 게임 시작' 하면 게임이 시작되고 '가라사대 게임 끝' 하면 게임이 끝납니다."
>
> "가라사대 게임 시작. 가라사대 오른손 드세요. 왼손 드세요.(왼손 드는 학생 있음) 왼손 들면 안 되죠. 가라사대 왼손 드세요. 늦게 들면 안 됩니다. 다시 하겠습니다. 모두 손 내리세요. (손 내리는 학생 많음) 손 내리면 안 되죠."
>
> 학생 : "아~~"
>
> 교사 : "박수 한 번 시작(손뼉 치면 안 됨) 가라사대 박수 한 번 시작. 가라사대 박수

두 번 시작. 다 함께 박수 세 번 시작(손뼉 치면 안 됨) 방금 손뼉 친 학생 탈락입니다.

가라사대 박수 세 번 시작. 가라사대 박수 한번 시작. 한 번 더(박수치는 사람 있음) 손 내리고(손 내리는 학생 있음) 가라사대 오른손 드세요. 늦게 들면 안 됩니다. 손 내리고, 내리면 안 되고요. 가라사대 왼손 드세요. 차렷 차렷 하면 안 되죠. 가라사대 차렷, 앞으로나란히, 앞으로나란히 한 친구 탈락입니다. 가라사대 앞으로나란히 차렷. 차렷하면 안 되죠 …(중략)…"

교사 : "지금까지 한 번도 안 틀렸다. 손들어 주세요(손드는 학생 탈락) 가라사대 손들어 주세요. 그 학생만 일어나세요.(일어나는 학생 탈락) 가라사대 일어나 주세요."

교사 : "가라사대 반짝반짝. 그만(그만하는 학생 있음) 가라사대 그만. 이번에는 흔들어 보겠습니다.(흔드는 학생 있음) 가라사대 흔들어 보겠습니다. 더 세게(흔드는 학생 있음) 그만(멈추는 학생 있음) 가라사대 그만, 가라사대 왼손을 어깨 뒤로 오른손을 허리 뒤로. 오른손 허리 뒤로 보낸 사람 탈락입니다. 가라사대 오른손을 허리 뒤로 잡겠습니다. 아냐 아냐 이것 힘들겠다. 왼손을 허리 뒤, 오른손을 어깨 뒤로 해서 손잡으세요 지금 동작 바꾼 사람 탈락입니다. 그리고 지금 손 못 잡은 사람 탈락, 잡은 사람은 확인하겠습니다. 등 뒤로, 등 뒤로 돌린 사람 탈락"

교사 : "지금까지 안 틀린 사람은 나와 주세요.(나온 사람 탈락)
가라사대 나와 주세요. 마이쮸 선물을 받습니다. (받으면 탈락) 가라사대 받으세요. 들어가세요.(들어가면 상품을 다시 뺏음) 가라사대 들어가세요. 가라사대 게임 끝."

 "오호, 아이들 감쪽같이 속겠어요. 저도 어려운걸요."

 "가라사대 단어 대신, 5학년 1반이니까 '5학년 1반' 오른손 올리세요…. 이렇게 진행하면 반에 대한 소속감도 키워지며 더욱더 재미있는 우리 반만의 놀이가 된답니다. **유튜브 꿀잼교육연구소 채널에 두 가지 놀이 다 소개해 드릴테니 연습 많이 해 보시길 바랍니다.**"

 "와! 유튜브에도…. 집에서도 따라 하며 연습해 볼게요. 감사합니다. 가라사대 게임만큼 실패하지 않는 두 번째 놀이라니! 기대돼요. 어떤 놀이인가요?"

"두 번째 놀이는 제가 오래전에 만든 '몸코코코' 게임이에요. 코코코 게임은 아시죠?"

 "'코코코 입' 이렇게 외치면서 다른 쪽을 가리킬 때 속지 않고 학생들이 다 입을 가리켜야 하는 놀이죠? 알고 있어요."

 "저는 좀 더 수준을 높여 봐야겠다 생각을 하고 제가 부르는 단어가 우리 몸에 있으면 그 부분을 가리키게 했어요. 예를 들어볼게요. 코코코 톱, 톱은 어디 있을까요? 정 다운 선생님도 직접 찾아 가리켜 보실래요?"

 "코코코 톱…. 우리 몸에 톱이 있나요? 아, 치아를 가리키는 건가요?"

 "아니에요. 우리 몸에서 톱이란 단어가 들어간 부분, 어디일까요? 바로 '손톱', 또는 '발톱'이겠죠. 코코코 톱이라고 하면, 손톱이나 발톱을 가리키면 됩니다. 이제 방법은 아시겠죠? 좀 더 수준을 높여 질문해 볼게요. 코코코 칼 찾아보세요. 진짜 칼 찾으면 어떻게 해요? 우리 몸에 있는데…. 맞습니다. 머리칼이죠!"

교사 : "잘 들으세요. 우리 몸 안에 있어요. 코를 너무 눌러서 세워야겠어요. 엄지와 검지로 코를 세우면서 코코코코 줄!"

학생 : (어려워한다.)

교사 : "우리 몸 안에 줄이 무엇이 있나요? 핏줄, 힘줄이 있어요."

학생 : (이제야 어떻게 하는지 파악함)

교사 : "코코코 꼬리!"

학생 : "꼬리 뼈?"

교사 : "아직 진화가 덜 된 친구가 있나요? 눈꼬리, 입꼬리가 있지요. 코코코 깨, 우리 몸에 깨가 어디에 있을까요?"

학생 : "주근깨?"

교사 : "아닙니다. 우리 반 모두가 가진 것이어야 하니까 '어깨' 랍니다. 이번엔 비싼 것 찾아볼까요? 코코코 금…. 우리 몸에서 금 찾아보세요."

학생 : "알았다. 손금"

교사 : "와! 정답입니다. 그런데 저기 어떤 친구는 금니 가리키고 있어서 선생님 당황했어요. 알았어도 말하지 않고 손으로만 조용히 가리켜 주세요. 못 찾는 다른 친구들을 우아하게 바라보면서!" "코코코 개 찾아보세요. 우리 몸에 개가 살고 있었어요. 모두 다 가지고 있진 않아요. 이 개가 얼굴에 있으면 정말 예쁜데?"

학생: "아, 보조개요".

교사: "이제 점점 맞히는 속도가 빨라지네요. 그럼 좀 더 어렵게! 코코코 풀 찾아보세요. 우리 몸에 풀도 있어요."

학생: "눈꺼풀, 쌍꺼풀이요."

교사: "이제 척척 찾아내네요. 그렇다면 역시 문구용품입니다. 코코코 자, 풀 말고

자도 우리 몸에 있을까요?"

학생: "눈동자요."

교사: "맞습니다. 여러분의 예쁜 눈동자예요. 그럼 진짜 마지막 질문, 이걸 맞히면 아이큐 200입니다. 문제 나갑니다. 코코코코 돌, 돌 찾아보세요."

학생: (웃으며 손가락으로 서로를 가리킨다.)

교사: "돌 찾아보라니까 자기 얼굴을 가리키며 웃는 사람은 아이큐 100, 옆 친구 가리키는 친구는 아이큐 200이랍니다.^^"

"아, 아이들 마지막에 정말 빵 터지겠어요, 듣기만 해도 재미있는 데 직접 참여해 처음 선생님을 본 아이들은 얼마나 즐거워할까요? 멋진 놀이, 감사합니다. 꼭 제 것으로 만들게요."

"명불허전 학급경영에 활용된 대본이나 자료는 '꿀잼교육연구소 유튜브 채널'에 소개해 놓을테니, 그 자료를 받아 연습해보시길 바랍니다. 갑자기 보결 수업에 들어가도 두 가지 놀이만 풀면 아이들 마음 다 사로잡을 수 있답니다."

학생들의 이름을
외울 방법 준비하기

 "역시 놀이만큼 아이들과 서먹함을 이겨낼 수 있는 좋은 방법은 없는 것 같아요."

 "놀이 말고도 선생님마다 자신만의 개성을 살려 소개할 방법을 가지셨으면 좋겠습니다. 한때는 꿈이 만화가였던 터라 옛날이야기를 하면서 만화를 직접 칠판에 그려요. 그럼 아이들이 와아…. 이때 결정적으로 제 이름을 칠판에 그려 넣죠. 제 국보급 사인 보실래요?"

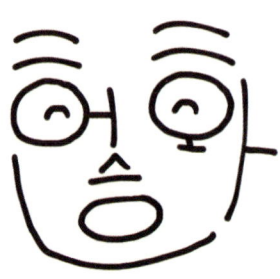

"와! 신기해요. 얼굴에 선생님 이름이 퍄악!! 아이들 숨은그림찾기 하는 기분이겠어요."

"특별히 노래나 그림, 마술, 악기 연주 등 자신만의 재주로 아이들을 만날 수도 있겠죠? 그렇지 않다면 강렬한 이름 3행시 등으로 자신을 소개하는 것도 좋습니다. 예전에 '신동은'이란 선생님은 첫날 자기 이름을 소개할 때 '안녕하세요. 제 얼굴 신기하게 생겼죠? 생각 안 나면 신기한 동물은 '신동은'으로 기억해 주세요.'라고 너스레를 떨며 자기소개를 하셨는데 강렬해서 이름을 잊지 못하겠더라고요."

"친밀감을 형성하기 위한 전략 중 세 번째, 학생들의 이름을 외울 방법을 결정했는가? 와도 연결되는 아이디어네요. 이야기 나온 김에 아이들 이름을 빨리 외울 수 있는 좋은 방법이 있을까요?"

"아이들 이름을 빨리 외울 방법을 묻기 전에 꼭 아이들 이름을 빨리 외워야 좋은가? 생각해 볼게요. 정 다운 선생님, 이름을 빨리 외워 불러주면 어떤 점이 좋을까요?"

"너무 당연해서 따로 생각해보진 않았어요. 그렇지만 당연히 이제 처음 만났는데 선생님이 자기 이름을 불러주면, 엄청 감동적이지 않을까요? 왠지 자존감도 올라가고... 덤으로 선생님에 대한 신뢰감도 높아질 것 같아요."

"철강왕으로 불리는 데일 카네기는 그의 저서 '카네기 인간관계론'에서 인간관계를 잘 맺는 6가지 방법을 소개합니다."

인간관계를 잘 맺는 6가지 방법

① 다른 사람에게 순수한 관심을 기울여라
② 미소를 지어라
③ 이름을 잘 기억하라
④ 경청하라
⑤ 상대방의 관심사에 대해 이야기하라
⑥ 상대방으로 하여금 중요한 느낌이 들게 하라

"그중에서도 세 번째 '이름을 잘 기억하라', 정말 중요합니다. 사실 이름을 왜 빨리 외워야 하는지를 강조할 생각은 없습니다. 이름 외우는 것에 너무 에너지를 쓰면 그러잖아도 긴장감이 넘치는 3월 첫날, 더욱 진이 빠질 수 있거든요."

 "예, 정말 그럴 것 같아요. 그리고 제가 암기에 무척 약해서 더욱 걱정이에요."

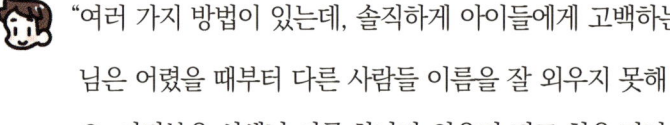 "여러 가지 방법이 있는데, 솔직하게 아이들에게 고백하는 거예요. 선생님은 어렸을 때부터 다른 사람들 이름을 잘 외우지 못해 고민이 많았어요. 여러분은 선생님 이름 하나만 외우면 되고 처음 만난 친구들 이름만 외우면 되지만, 선생님은 한꺼번에 20여 명의 학생들을 처음 만났고 이

름을 외워야 해요. 그래서 여러분 도움이 필요해요."

"이름 외우는 것도 아이들에게 도움을 요청한다고요? 전혀 생각지도 못한 방법인걸요."

"사람의 본디 착한 마음을 불러일으키는 거지요. 의외로 쏠쏠하게 먹히는 방법이라 여러 군데 활용하고 있어요. 예를 들어 새로 전학생이 교실에 왔어요. 전학생도 저처럼 반 아이들이 모두 낯설고 이름도 전혀 모르잖아요. 이때 제가 겨우 마이쮸 하나를 걸고 이야기해요. 오늘 마지막 수업을 마칠 때, 전학 온 친구가 이름을 외운 아이에게는 마이쮸를 하나씩 줄 거라고! 전학 온 친구가 모든 아이의 이름을 외우진 못하겠지만, 옆에 가서 친절하게 대해준 친구의 이름을 저절로 기억하게 될 거라고."

"야, 정말 기발한데요. 아이들 쉬는 시간마다 와서 자기 이름 외우게 하려고 온갖 노력을 다하겠어요."

"선생님 역시 집에 가기 전에 선생님이 이름을 외우게 한 친구에게는 마이쮸나 츄파춥스 같은 작은 선물을 주겠다고 유혹(?)해 보시는 건 어때요? 그렇지만 이름 외우기 어려워하는 선생님도 쉽게 이름을 외울 수 있는 두 가지 비법이 있답니다."

"**첫째, 아이들 명패를 만들어 아이들 책상 위에 올려놓으세요.** 첫날 아이들 이름을 담은 명패를 만들어 책상 위에 올려두면, 수시로 아이들 얼굴과 명패를 함께 보며 이름을 외울 수 있어요. 따로 노력하지 않아도 사나

흘만 지나면 대부분의 아이 이름을 외울 수 있죠."

👧 "허쌤 이야기를 들으니, 조금 마음이 놓여요. 이름 외우기에 꽤한 스트레스를 받고 있었나 봐요. 그럼 남은 한 가지 비법은 무엇인가요?"

👦 "이건 선생님의 노력이 필요한데, 첫날 아이들 사진을 하나하나 찍어야 해요. 그리고 아이들이 집에 가고 난 후에 많이 알려진 알씨(Alsee) 프로그램으로 찍은 사진을 인쇄하면 됩니다. 인쇄할 때 [여러 그림 인쇄] 메뉴로 가서 한 페이지에 넣을 사진 숫자를 가로, 세로 각각 4장씩 인쇄하는 거예요.

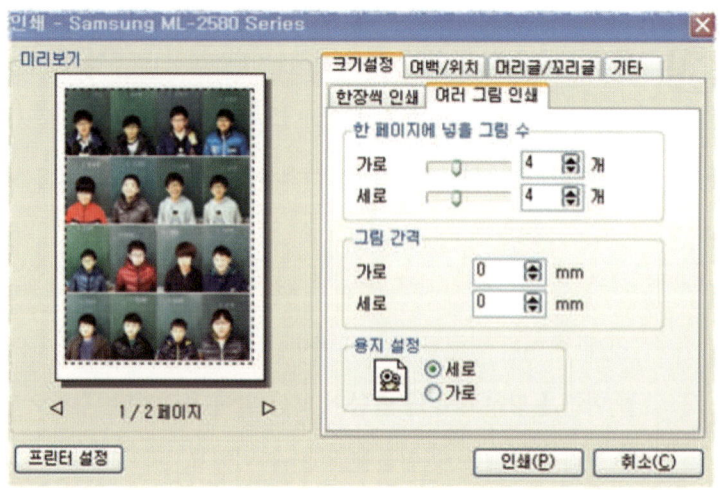

이렇게 인쇄한 사진을 카드처럼 잘라서 들고 다니며 영어 단어 외우듯 외우면 된답니다. 인쇄하는 게 귀찮으면, 휴대전화에 담긴 사진을 손으로 넘기며 한명 한명 외워도 괜찮아요. 완전히 외웠다 싶으면 지우는 거죠. 물론 외울 때까지 아이들에게 이름을 다 외우겠다 공언하고 그러시면 안 됩니다. 괜히 못 외운 아이만 서운할 수 있거든요."

"아, 이런 방법이 있었군요. 선생님이 얼마나 이름을 외워 불러주려 애쓰는지 알까요? 그런데, 이렇게 사진 찍자면 이름이 사진에 없는데 어떻게 외우는 건가요? 출석번호 순으로 찍어서 일일이 파일 이름을 바꾸시는 건 아닐 것 같은데..."

"물론이죠. 저 나름대로는 두 가지 방법을 쓰고 있어요. 하나는 아이들이 만든 명패를 들고 찍게 하는 거예요."

"이때는 명패가 보이기 때문에 이름을 외울 순 있지만, 제가 외웠는지 못 외웠는지 확인하기가 어렵죠. 다른 하나는 아이를 칠판 앞에 서 있게 하고 그 머리 위쪽에 분필로 이름을 써두는 거예요. 이렇게 찍은 후에 이름을 다 외웠으면 위쪽 이름 부분을 잘라내 버리면 얼굴 사진만 보고 이름을 외울 수 있죠."

"허쌤, 감사합니다. 이름을 외워 불러야겠다는 부담을 조금은 버리고 아이들을 편하게 만날 수 있게 되었어요. 만약 제가 에너지가 남으면 그땐 조금 더 빨리 외워 불러줄게요. 그래도 이름을 빨리 불러주면, 아이들이 감동할 건 분명하니까요."

첫만남 프로젝트
'첫째 날'

 "아이들을 만나기 전에 친밀감을 형성하기 위해 무엇을 준비해야 하는지 허쌤 덕분에 큰 흐름을 잡게 되었어요.

① 첫째, 교실에 환영 분위기가 조성되었는가?
② 둘째, 어떻게 처음의 서먹함을 깰 것인가?
③ 셋째, 학생들의 이름을 외울 방법을 결정했는가?

이제 아이들과 첫날 만날 준비를 할 시간이 가까워졌어요. 실제적인 준비를 하려고 합니다. 허쌤, 첫날 제가 무엇을 준비해야 할까요? 뭔가 불안하고 해야 할 것은 많은 것 같은데 경험한 적이 없다 보니 준비도 안 하면서 불안감만 심해져 힘들어요."

 "엘렌(Ellen)의 '성공하는 교사의 첫걸음' 책에 소개되어 있는 3월 첫날 체크리스트를 떠올려 보세요. 첫날 가장 중요한 것은 무엇이었죠?"

"아…. 적어 놨었는데…. 또 까먹었어요. 뭐였죠?"

 "'학생들이 집에 돌아가 수업 첫날에 대해 긍정적으로 언급할 것인가?' 그리고 '학생들이 다음 날의 등교를 기다릴 것인가?'였어요. 아이들을 만난 첫날, 선생님은 어떤 일을 해야 할까요? 한번 적어 보실래요?"

 "첫날이니까 출석 부르고, 선생님과 아이들이 서로 자기 소개하기를 해야 할 것 같아요. 그리고 처음으로 자리도 바꾸고, 자기소개서도 예쁘게 꾸며야 하겠죠?"

 "첫째 날, 시간표를 간단히 짜 볼게요. 아침은 아마도 새내기 교사나 전입해온 교사는 방송실에 내려가서 방송조회를 통해 전교 학생들에게 얼굴을 내비치며 소개받는 시간이 될 거예요. 작은 학교라면 한분 한분 인사를 하시게 되고, 큰 학교나 많은 분이 전입하신 학교라면 그중에 연배 있으신 선배님 한 분이 대표로 인사를 하게 됩니다. 이렇게 인사를 마치고 9시 10분 정도 교실에 들어오면, 첫날이라 조용하게 자리에 앉아 선생님을 기다리고 있을 아이들을 만나게 됩니다. 먼저 선생님부터 '여러분, 안녕하세요. 만나서 반갑습니다.'라고 인사를 나누면 좋겠죠?"

"아…. 문 열고 들어갈 때 모두 저를 쳐다보는 그런 어색한 상황…. 너무 너무 민망하고 부담돼요…. 해마다 그런 순간을 가질 수밖에 없겠죠?"

"그럴 때마다 떠올려 주세요. 더 불안하고 두려운 것은 아이들이다! 그래서 억지로라도 제가 먼저 밝고 환한 웃음으로 인사를 하고 있어요. 초등학교는 9시부터 1교시니 첫날 우리 반 시간표를 소개해 드릴게요."

▶ 허쌤의 첫 만남 프로젝트 첫날 스케치

	중요한 프로그램	준비할 것
1교시	종이 뭉치 던지기로 선생님 소개하기	A4 색지
2교시	자리 바꾸기, 타임캡슐 학습지 작성하기	타임캡슐 학습지
3교시	명패 만들기, 아이들 개인 사진 촬영하기	A4 두꺼운 색지
4교시	학급 세우기 : 개미 술래, 감전 게임, 첫날 생각과 느낌 나누기	책상 벽으로 밀치고, 동그랗게 의자 놓고 앉기

"먼저 2019년 첫날 적었던 교단일기를 보여드릴게요. 막연했던 첫날이 조금은 머릿속에 선명하게 그려지실 거예요."

3월 4일 교단 일기

아이들과의 설레는 첫날, 7시45분 5학년 연구실에서 아이들에게 나누어줄 첫 편지와 소나기 (소중한 나의 기억) 공책 표지를 인쇄해 다이소에서 산 공책에 일일이 붙였습니다. 교실에 들어와 보니 7시 50분, 벌써 등교한 아이(이름을 물어보니 장재윤)가 있어서 반갑게 인사하고 아이들 책상 위에 공책 선물과 선생님 편지를 올려놓는 걸 함께 도와달라고 부탁했습니다.

▶ 1교시: 개학식, 종이 뭉치 던지기로 선생님 소개하기

전입해 온 분과 복직, 기간제 교사를 포함해 19분이나 되다 보니 교무실 대기하고 인사하고, 뒤늦게 전체 방송으로 대표 인사까지 하게 되었습니다.

"교실 칠판에 적은 편지로 대신하겠습니다. 우리가 평생 만나는 사람은 약 3,000여 명, 그중에 일평생 연락하고 만나는 사람은 150명밖에 없다고 합니다. 70억 인구를 매일 만나려면 1초에 한 명을 만나도 200년이 걸린다는 데 그 많은 사람 중에 특별하게 일 년을 함께 보내게 되어 기쁩니다. 여러분과 150명 안에 드는 특별한 인연이 되길 바라고, 함께 행복하게 보냅시다."

교실에 돌아와 아이들과 첫인사를 나누었습니다. 가 출석부를 보며 출석을 한 명씩 이름 부르고 눈 마주치며 반갑게 인사했습니다. 간단히 선생님에 대해 소개하고, 아이들에게 A4색지 한 장씩 나누어 주었습니다.

A4색지에는
① 선생님께 궁금한 것은?
② 1~4학년 때까지 선생님과 했던 것 중에 올해도 하고 싶은 것은?
③ 1~4학년 때까지 선생님과 했던 것 중에 올해는 절대 하기 싫은 것은?

④ 올해 선생님께 바라는 것은?

이렇게 적은 후에 눈을 뭉치듯 종이를 뭉치게 했습니다. 그리고 '하나둘셋' 신호와 함께 앞으로 던지게 했습니다. 그런 후에 하나하나 들어서 아이들의 질문에 대답하고, 2, 3, 4번을 읽어주었습니다. 주로 "놀이를 많이 하자."는 이야기, 바라는 것은 "체육 많이 해주세요", "영화 보며 공부해요"…. 등이 많았습니다.

▶ 2교시

2교시에는 '007짝 바꾸기'로 새로 짝을 정했습니다. 남자아이들이 복도로 나간 동안에 여자아이들이 의자의 왼쪽에 앉고, 교실 뒤 게시판으로 가서 벽을 보고 서 있게 했습니다. 그런 후에 남자아이들이 들어와 의자의 오른쪽에 앉고, 잠시 후 교실 뒤에 있던 여자아이들이 들어오게 했습니다. "신부 입장"이라고 한마디 했더니 자지러지게…. 난리 난리.^^

새로운 모둠이 구성된 후에 남는 시간 동안, 타임캡슐 학습지를 작성하도록 했습니다. 이 학습지는 일 년의 시간이 흐른 후, 헤어질 때 다시 보며 그동안 생각한 대로 살았는지 돌아보게 할 계획입니다. 학습지 뒷면에 자기 손바닥을 대고 그리면서 진짜 일 년 뒤에 내 손가락이 자랄까? 궁금해하는 모습들이 재미있었습니다.

▶ 3교시

3교시에는 옮긴 자리에서 자기 책상 위에 올려둘 명패를 만들었습니다. 같은 색깔의 두꺼운 A4색지를 학습준비물 실에서 가져와 나누어 주고, 미리 선생님이 만들어둔 견본 명패를 보며 왼쪽 테두리에는 미래의 꿈, 오른쪽 테두리에는 올해의 목표 한 가지를 적도록 했습니다. 핸드볼 선수인 아이가 '슛 한 골 넣기'라고 쓴 글이 인상적이었습니다. 책상 위 명패를 올려두면 자꾸만 떨어지기 때문에 책상 왼쪽 모서리에 붙이도록 하고, 투명 테이프로 사이를 책상에 붙여 고정했습니다.

명패를 완성한 후에는 차례대로 명패를 들고나와 사진을 찍었습니다. 선생님이 여러분 이름을 좀 더 빨리 불러주고 싶어서 그러는 거라고 양해를 구하고 찍는데 벌써 사춘기에 들어서서 외모에 관심 많은 몇몇 여자아이들은 엄청 곤혹스러워해서 눈여겨 봐 두었습니다.

▶ 4교시

마지막 4교시에는 방과 후 학교 안내문부터 학생 상담 기초조사서, 개인정보 동의서 등 가정통신문을 열 장 정도 나누어주니 20분밖에 남지 않았습니다.

"안조빠로 동그랗게 모이세요."라고 말하고, '안조빠'가 무엇인지 짐작하게 해보니, 의외로 안전하게-조심히-빠르게라고 비슷하게 맞추는 아이들이 있었습니다. 안전하고-조용하고-빠르게 모이자고 안내하고, 두 가지 놀이를 했습니다.

(1) 개미 술래 게임

여러 번의 시행착오 끝에 12초 50까지 기록을 세웠습니다.

(2) 감전 게임

의외로 여자아이들보다 남자아이들이 이성의 손을 잘 잡지 못해 기록이 좋지 않았습니다. 처음에는 아예 손을 잡지 않는 아이가 있어서 놀이가 끊겼지만, 재도전 끝에 23초였던 기록이 6초 79까지 깨서 기뻤습니다. 다음에는 이 기록에 도전하자고 하고, 칠판 한쪽에 기록을 적어 두었습니다. 이렇게 다툼 없이 평화롭게 놀이를 하는 아이들은 처음이라 한해가 더욱 기대된다고 솔직한 생각을 이야기했습니다. 마지막으로 시계 방향으로 돌아가며 하루 함께 보낸 소감을 이야기했습니다. 첫날이라 청소도 하지 않고, 다음 날 아침 자습 때 읽을 책 한 권씩 가져오도록 안내하고 수업을 마쳤습니다.

"아, 허쌤의 긴장감 넘치는 첫날, 선생님이 일기를 써주신 덕분에 더욱 생생하게 그려졌어요. 좀 더 자세히 설명해 주세요."

 "다시 부탁드리지만, 꼭 해야 하는 프로그램은 없습니다. 아이들과 호흡을 맞추며 시간이 지연되면 내일 하면 된다는 생각으로 함께해주시길 부탁드릴게요. 머릿속으로 해야만 하는 게 있으면, 자꾸만 마음속에 여유가 사라지고 조급해지기 쉽거든요. 무엇보다 선생님께도 저처럼 그날 어떻게 하루가 진행되었는지 되돌아보고 정리하시길 권해드립니다."

 "예, 저만의 교육과정을 만들기 위해서라도 꼭 그날그날 중요한 일정이나 느낀 점을 적어둘게요. 내년의 저를 위해서!!"

 "전국의 교실마다 선생님 수만큼이나 다양한 첫 만남이 있기 마련입니다. 밤하늘의 별처럼 많지만, 각각 빛이 나는 첫날이길 바랍니다. 참고되길 바라며 이제 저희 반 첫 만남 속으로 깊이 초대할게요."

종이 뭉치로 소개하고 첫 인사 나누기

 "허쌤의 첫날이 일기 속에 고스란히 담겨있어서 그 긴장감과 떨림도 함께 전달되는 것 같아요. 좀 더 첫날을 구체적으로 안내해 주시겠어요?"

	중요한 프로그램	준비할 것
1교시	종이 뭉치 던지기로 선생님 소개하기	A4 색지
2교시	자리 바꾸기, 타임캡슐 학습지 작성하기	타임캡슐 학습지
3교시	명패 만들기, 아이들 개인 사진 촬영하기	A4 두꺼운 색지
4교시	학급 세우기 : 개미 술래, 감전 게임, 첫날 생각과 느낌 나누기	책상 벽으로 밀고, 동그랗게 의자 놓고 앉기

▶ 첫째 날 1교시: 출석 부르기, 선생님 소개하기

 "첫날, 수업 첫 시간 아이들과 나누는 이야기는 '각인'됩니다. 그래서 선생님 자신을 간단히 소개하면서 한명 한명 웃는 얼굴로 출석을 부르고 대답하는 시간을 가져야 합니다. '허예은', '예', '만나서 반갑습니다.' 한 명씩 눈인사를 하며 목소리를 듣는 시간, 괜찮다면 한마디씩 더 해도 좋겠습니다. '눈이 초롱초롱하네요.', '목소리가 커서 듣기 좋네요.'"

"출석을 부른 후에는 저는 제 이름을 칠판에 적고, 제 소개를 간단히 합니다. 처음 선생님 목소리를 듣는 시간이기 때문에 저는 '각인' 효과를 활용하여 우리 반에서 가장 중요하게 생각하는 한 가지 가치를 이야기 합니다."

"첫날 이야기는 깊이 각인된다는 이야기는 들어서는 알고 있지만, 막상 무슨 이야기를 할까 생각하면 전혀 모르겠어요. 어떤 이야기를 하면 좋을까요?"

"**'각인'이란 동물이 태어난 후, 뇌의 감각자극을 통해 바로 익히게 되는 학습양식입니다.** 이를 뒷받침하는 것이 오스트리아 학자 K.로렌츠의 새끼거위를 이용한 실험인데, 새끼거위가 부화한 직후 움직이는 사물을 따라 행동한다는 이론입니다. 즉 처음으로 마주한 대상이 어미 오리는 물론 어미 닭이나 심지어 진공청소기라 해도 오리는 죽을 때까지 관심과 애착을 갖습니다. **각인 행동은 태어난 지 24시간 안에 습득되지만, 삶이 이어지는 내내 이어지는 영속성을 지닙니다.** 20여 년 전, 아이들이 한 해 동안 너무 많이 다투고 싸우는 데 이골이 났습니다. 그래서 그다음 해 첫날, 아이들에게 '선생님이 가장 싫어하는 행동은 친구의 몸에 손을 대는 것, 싸움'이라고 강조하고 또 강조했습니다. 그런데 그해, 놀랍게도 어느 해보다 아이들이 싸우지 않고 평화롭게 한 해를 보낼 수 있었어요."

"와…. 정말 첫날 걱정스러운 교실이 되지 않으려면 중요한 이야기를 해주어야 하겠어요. 선생님은 어떤 이야기를 해주셨나요?"

"그전에는 늘 알림장에 일주일 동안 적어주고, 우리 반의 이름을 정하게 했어요. 나름 소속감을 기르기 위한 의도였고, 아이들이 지은 이름도 제법 멋졌습니다."

"아이들이 반 이름을 정한다고요? 그것도 생소하고 멋져 보이는데요. 3학년 2반, 4학년 4반…. 숫자로 된 반 이름, 재미없긴 해요. 왠지 부속품이 된 것 같기도 하구요."

"그동안 제가 가르친 아이들이 직접 정한 이름도 좀 더 자세히 소개해 드릴게요. 제법 근사해요."

'소나무 반'(소리 없이 나부터 무엇이든 하는 반),
'개나리 반'(개성 강한 내가 나보다 우리를 생각하는 반),
'유성우 반'(유리같이 맑고 성실한 우리 반),
'자수정 반'(자랑스럽고 수정같이 맑고 정다운 반),
'다슬기 반'(다르고 슬기롭고 기죽지 않는 반)…
"아이들은 6학년 O반 이름보다 우리가 정한 우리 반이라는 소속감을 가지고 즐거워했지만, 10년 전, 평화교육 전문가 과정을 밟으며 교실에서 가장 중요한 가치는

'평화'라는 생각을 하게 되었습니다.

사실 학생의 입장에서 보면 학교생활은 갈등 해결의 연속입니다. 하루 하루가 그런 싸움으로 이루어질 수도 있습니다. 지혜롭게 평화적으로 갈등을 해결하고 다른 사람과 공존할 수 있는 법을 배워가는 것이 학교생활에서 배울 수 있는 가장 큰 부분 중의 하나라고 생각했습니다. 그래서 학급 이름을 '평화 반'이라고 이름 짓기 시작했습니다. 재작년에는 65 평화 반, 작년에는 63 평화 반, 올해는 51 평화 반…"

"존중 반, 배려 반, 땀샘 반, 참사랑 반 등 선생님들마다 가장 중요하게 여기는 가치로 첫 제자를 배려 반 1기, 다음 해에는 배려 반 2기 등으로 부른다는 이야기를 들었어요. 그것도 괜찮겠어요."

"우리는 누구도 차별하거나 따돌려서는 안 됩니다. 우리는 모두 누구나 평화롭고 행복한 학교생활을 할 권리가 있습니다. 따라서 자기 마음대로 힘을 쓰는 사람이 있다면 모두가 그 친구가 마음을 바꾸도록 해야지, 그 친구 밑에 비겁하게 따라서는 민주주의를 이룰 수 없습니다. 다른 누구에게 부당한 대우를 하는 것은 자기 자신을 그렇게 대해도 괜찮다는 뜻인데 그것은 무척 불행한 일입니다. 여러분은 옳지 않은 것에 대해 말할 수 있는 용기 있는 사람입니다. 그리고 그것이 그 친구가 자신을 돌아보고 성장하도록 돕는 것입니다. 우리 51평화 반에서는 모두가 방관자가 아니라 교실 안에서 민주주의와 평화를 지켜내는 방어자가 되길 바랍니다."

"이렇게 선생님이 가장 중요하게 생각하는 가치를 '각인'하는 과정에서 첫날, 교실에서 친구들에게 따돌림당하면 어떻게 하지? 상처받았던 아이들의 마음을 안정시켜 준다고 생각해요."

🧒 "정답은 없다는 선생님 말씀이 생각나요. 저만의 방법, 제가 중요하게 생각하는 가치를 찾아봐야겠어요. 제가 무엇을 중요하게 생각하는 사람인지 고민할 시간이네요. 그다음에는 어떻게 하셨어요?"

👦 "그리고 이어서 간단히 선생님을 소개하는 시간입니다. 직접 선생님을 소개하는 전통적인 방법도 있지만, 아이들과의 대화를 통해 알아보게 하는 방법도 있습니다."

(1) 선생님 퀴즈로 선생님 소개하기

"간단히 선생님에 대한 문제를 준비하고 아이들이 손가락을 꼽아 OX 퀴즈나 객관식 답을 고르게 하는 방법도 괜찮습니다. 예를 들어 "선생님은 고양이를 기르고 있다.", "선생님은 5학년을 처음 가르친다." 등 선생님이 하고 싶은 이야기, 그리고 선생님 개인사에 대한 이야기를 살짝 담습니다. 사람과 사람 간의 관계는 한 쪽이 개인적인 이야기를 털어놓을 때 더욱 가까워지기 때문입니다."

(2) 종이 뭉치로 선생님 소개하기

"제가 주로 쓰는 방법은 따로 있습니다. 미리 아이들에게 A4색지를 한 장씩 나누어줍니다. A4색지에는 맨 위에 이름을 쓰게 하고, 5학년이라면

① 선생님, 궁금해요(질문 한 가지 쓰기)
② 이전 학년 선생님과 했던 것 중에 올해도 하고 싶어요.
③ 이전 학년 선생님과 했던 것 중에 올해는 하기 싫어요.
④ 올해 선생님께 바라는 것은?

이렇게 적은 후에, 저학년과 중학년이라면 막 구겨 동그랗게 종이 뭉치를 만들고, 고학년이라면 종이비행기를 접게 합니다. 그런 후에 '하나둘셋' 신호와 함께 교실 앞으로 던집니다. 이제 교실 앞으로 날아온 종이 뭉치(또는 종이비행기)를 하나하나 들고 펼쳐서 아이들의 질문에 솔직하게 대답합니다."

 "혼자 한 시간 동안 새로 만난 선생님 눈치 보느라 얼어있는 아이들 앞에서 이야기할 생각을 하니 체할 것 같았어요. 종이 뭉치 던지기! 정말 꼭 해볼게요. 그런데 2번, 3번 등 아이들 종이 뭉치 처리는 어떻게 하세요?"

 "저는 1, 4번은 그 자리에서 읽어주고, 2, 3번은 집에 가서도 마저 읽어봐요. 특히 4번은 통계도 내 보고 있어요. 집에 가서 아이들이 선생님께 바라는 것들을 순위 매겨보면 언제나 거의 같습니다. 2위는 '선생님, 숙제 조금만 내주세요.' 1위는 '체육 많이 해주세요.' 꼭 집에서 해야되는 숙제가 아니면 숙제는 따로 내지 않고 학교에서 할 수 있도록 하고, 체육 시간은 꼭꼭 지켜서 해주는 것, 관계 맺기의 지름길입니다."

▶ 첫째 날 2교시: 자리 바꾸기, 타임캡슐 학습지 작성하기

2교시에는 새로운 짝꿍, 새로운 모둠을 구성하는 시간으로 준비합니다. 첫날 하기 쉬운 실수 중 하나가 출석 번호대로 줄 세워서 앉히는 것입니다. 키가 작은 아이들은 다시 한번 친구들 사이에서 가장 작은 자신의 존재를 확인하며 속상한 마음으로 첫날을 시작하게 되는 셈입니다. 자리를 바꿀 때는 몇 가지 원칙을 아이들에게 안내합니다.

> "눈이 안 좋은 아이들은 교실 앞쪽에 미리 자리를 정하려고 합니다. 교실 뒤에 가면 칠판 글씨가 안 보이는 학생은 손을 들어 주세요."
>
> "자리 바꾸기는 6주마다 진행되고, 남자와 여자가 앉을 때 가장 뇌가 활성화된다는 실험 결과에 따라 남자와 여자가 함께 앉겠습니다. 다만 어느 성별이 부족한 경우는 같은 성별이 앉게 됨을 이해 바랍니다."

첫 만남에 즐겨 활용하는 짝 바꾸기는 역시 '007짝 바꾸기'입니다.

007 짝 바꾸기

① 여자아이들이 먼저 가방을 들고 교실 뒤로 나간다.

② 남자아이들은 가방을 들고 복도로 나간다.

③ 이제 교실 뒤로 나갔던 여자아이들이 교실 앞을 봤을 때, 책상의 오른쪽에 앉도록 한다. 만약 2명 이상의 아이들이 같은 자리로 왔다면, 서로 가위바위보를 하게 하여 자리를 정한다.

④ 이렇게 여자아이들의 자리가 정해진 후에 여자아이들은 교실 뒤로 나간다. 그리고 뒤 게시판을 보고 고개를 돌려 돌아보지 않도록 약속한다.

⑤ 복도에서 들어온 남자아이들은 책상의 왼쪽에 앉도록 약속한다. 역시 서로 같은 자리를 주장할 때에는 가위바위보를 하여 이긴 학생이 자리에 앉을 수 있도록 약속한다.

⑥ 자리가 정해진 남자아이들은 책상 위에 고개를 숙이고 눈을 감도록 한다.

이때 아이들에게 어떤 짝이 와도 짜증 나는 말투나 기분 나쁜 말을 하지 않도록 안내한다. 예전 한 아이는 교실에서 모두가 꺼리는 남자아이가 앉게 되었다고 거의 한 시간 동안을 펑펑 울어서 남자아이가 어쩔 줄 몰라 했다. 그때 그 남자아이가 어떤 기분이었을까? 라고 이야기해주니, 좀 더 고개를 들었을 때 대놓고 기분 나쁜 티를 내는 모습도 줄어들었다.

⑦ 이제 교실 뒤에 있던 여자아이들이 가방을 가지고 들어와 원래 자리가 정해진 자리에 앉는다.

가볍게 "신부 입장"이라고 한마디 했더니 자지러지게 기겁을 하고 난리가 났습니다. 새로운 모둠이 구성되면, 현재 모둠의 첫인상을 살짝 물어봅니다.

"새로 정해진 모둠 괜찮아요.",

"새로운 모둠 기대가 됩니다. 손을 들어 보세요."

그리고 이렇게 긍정적으로 손을 든 아이들을 칭찬해 줍니다. 교실에서 늘 자리를 바꿔 달라고 졸라대는 아이들을 지켜보면, 사실 본인이 새로운 모둠에서 환영받지 못하는 아이일 가능성이 더 큽니다. 다음 번 새로운 모둠을 정하게 되었을 때, 여러분이 새로운 모둠으로 갔더니 모두 반기고 기뻐했다면, 여러분은 이전 모둠에서 열심히 살았다는 증거라고 이야기해 주었습니다.

타임캡슐 학습지

새로운 모둠이 구성된 후에 남는 시간 동안, '타임캡슐 학습지'를 작성하도록 했습니다.

"이 학습지는 1년의 시간이 흐른 후, 우리가 헤어질 때 다시 보며 그동안 생각한 대로 살았는지 돌아보게 할 자료입니다. 현재 친한 친구, 좋아하는 음식, 보물 1호, 그 외 좋아하는 것들을 적습니다."

그런 후에는 새해 목표를 적도록 하는데, 꼭 숫자를 넣어 적도록 했습니다.

〈올해 난 이것을 지킬 것이다〉
"막연하게 '책을 많이 읽겠다.'가 아니라 '일주일에 책을 두 권 읽겠다.', '공부 열심히 하겠다.'가 아니라 '수학 성적을 70점 이상 받겠다.', '친구들과 사이좋게 지내겠다.'가 아니라 '평생 함께할 친구 한 명을 사귀겠다.'라고 구체적으로 목표를 정해 적어 봅시다."

이어 '1년 뒤의 나에게 보내는 편지'를 솔직하게 쓴 후에는 학습지 뒷면에 자기 손바닥을 대고 본을 떠 그리도록 합니다. 그리면서 진짜 일 년 뒤에 내 손가락이 자랄까? 궁금해하는 모습들이 재미있습니다. 아이들이 낸 '타임캡슐 학습지'는 잘 모아 일 년 뒤 진짜 헤어질 때가 가까운 2월, 아이들에게 되돌려 줍니다. 일 년 전의 자신과 만나는 일은 마음이 오그라드는 일입니다. 하나같이 "오글거려요.", "유치해서 못 보겠어요."라고 외치는 아이들조차 어느새 일 년 전의 자신보다 훌쩍 자랐다는 것을 알고 있습니다. 뒷면에 자신의 손바닥을 대보며 신기해하는 아이들을 보게 될 것입니다.

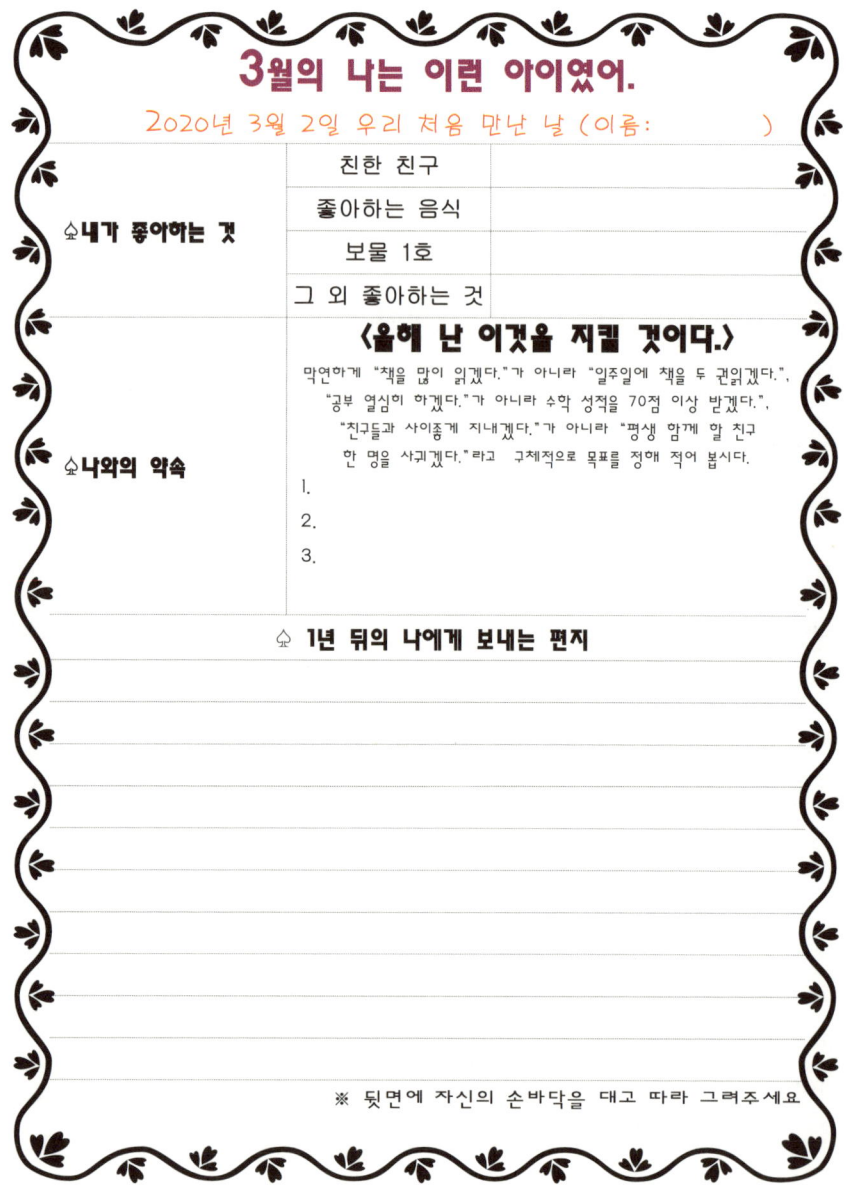

▶ **첫째 날 3교시: 명패 만들기, 한명 한명 사진 촬영하기**

3교시에는 옮긴 자리에서 자기 책상 위에 올려둘 명패를 만듭니다. 미리 학습준비물 실에서 두꺼운 A4색지를 아이들 수만큼 준비합니다. 같은 색깔의 두꺼운 A4색지를 학습준비물 실에서 가져와 나누어 주고, 미리 선생님이 만들어둔 견본 명패를 보며 왼쪽 테두리에는 미래의 꿈 하나, 오른쪽 테두리에는 올해의 목표 한 가지를 적도록 했습니다.

풀, 가위 필요 없는 명패 만들기 방법

① A4 두꺼운 색지를 세로 모양일 때에 반으로 접고 다시 반으로 접었다 편다.

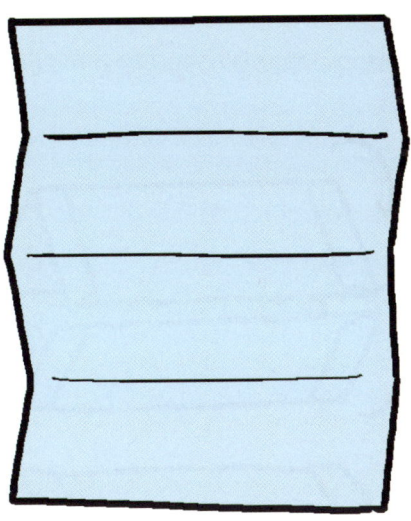

② 양쪽 끝을 1.5cm 정도 접는다.

③ 테두리 접은 쪽을 안쪽으로 접어 삼각기둥 형태로 만든다.

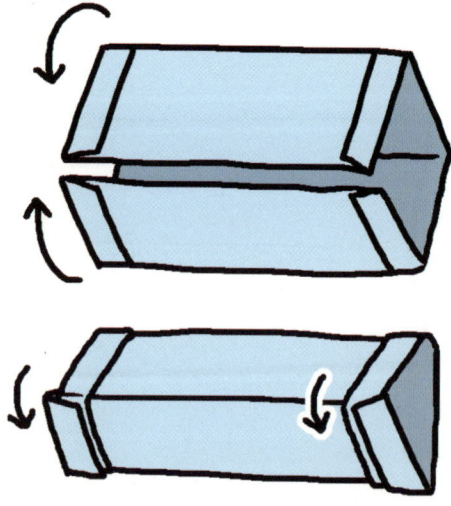

④ 두 면의 접은 부분을 겹치게 끼워 넣어 삼각명패를 완성한다.

⑤ 왼쪽 테두리에는 미래의 꿈을, 오른쪽 테두리에는 올해 세운 첫 번째 목표를 적도록 하고 책상 왼쪽 모서리에 올려놓는다.

핸드볼 선수인 아이가 '슛 한 골 넣기'라고 쓴 글이 인상적이었습니다. 책상 위 명패를 올려두면 자꾸만 떨어지기 때문에 앉아있는 아이 입장에서 봤을 때 책상 왼쪽 모서리에 붙이도록 했습니다. 그리고 투명 테이프로 양쪽 바닥 면을 책상에 이어 붙여 고정하도록 했습니다.

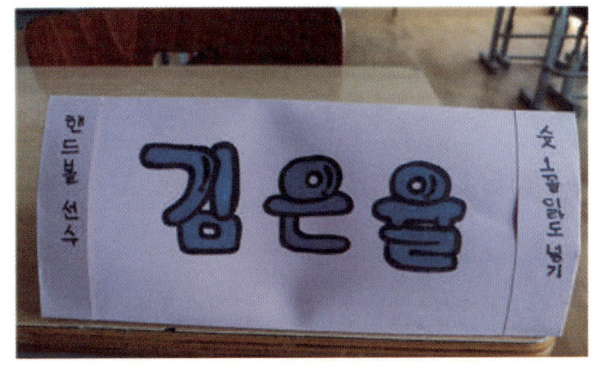

명패를 완성한 후에는 차례대로 명패를 들고나와 사진을 찍었습니다. 선생님이 여러분 이름을 좀 더 빨리 불러주고 싶어서 그러는 거라고 양해를 구하고 찍었습니다. 너무 표정이 경직되어 있어서 미리 표정을 밝게 할 수 있도록 연습을 했습니다. 아이들 수준 빵 터지는 대사는 "빤~스"

한명 한명 아이들 찍은 사진은 잘 보관해 두었다가 헤어질 즈음의 사진과 비교해 학기 초와 학년 말을 비교해 보여주면, 그새 얼마나 많은 변화가 있었는지 느끼게 됩니다.

▶ 첫째 날 4교시 : 학급 세우기 : 개미 술래, 감전 게임, 첫날 소감 나누기

아이들의 긴장을 풀어주는 데 '놀이'만 한 게 없다고 생각합니다. 게다가 놀이를 할 때만큼은 연애 처음 할 때처럼 예쁜 모습만 보여주려 하던 아이들도 자신의 본성을 그대로 내보이게 됩니다. 그리고 그때야말로 친구를 비난하는 상황에서 우리가 어떻게 서로를 비난하지 않고 격려할 수 있는지 지도할 수 있는 절호의 기회이기도 합니다.

첫날 4교시, 헤어지기 전에는 꼭 의자 놀이로 서로를 알아보는 시간을 가집니다. 먼저 아이들에게 책상을 벽으로 밀고, 의자만 가지고 동그랗게 모여 앉아 서로 이야기 나누는 시간을 가질 거라고 안내합니다. 그런 후에 "안조빠로 동그랗게 모일 것이라고 이야기하고, '안조빠'가 무엇인지 질문했습니다. 해보니, 의외로 안전하게-조심하며-빠르게 라고 비슷하게 맞추는 아이들이 있었습니다. 교실 이동의 첫 번째 원칙은 단연 '안전'이라고 강조하고, 그러면서도 '조용하고 빠르게' 모이자고 안내하고, 동그랗게 모였습니다.

(1) 이름 더해 외우기

동그랗게 앉을 때 선생님도 함께 의자에 앉습니다. 그런 후에 선생님부터 "저는 만화를 좋아하는 허승환입니다." 라고 이야기합니다. 이제 시계 방향으로 다음 아이가 "저는 만화를 좋아하는 허승환 선생님 옆에 게임을 좋아하는 고승연입니다."라고 이야기합니다. 그다음 아이는 여기에 이름을 더해 "저는 만화를 좋아하는 허승환 선생님 옆에 게임을 좋아하는 고승연 옆에 웹툰 보는 걸 좋아하는 마민경입니다." 이런 식으로 차례차례 좋아하는 것과 이름을 더해 발표합니다. 이때 아이들에게 지나친 스트레스를 주진 않고, 틀리면 틀린 아이부터 다시 처음부터 시작하게 했습니다. 아이들에게 은근한 도전감이 있어서 연속 몇 번이나 성공했는지 확인해 줬더니 열심히 노력하며 금세 이름을 기억하게 하는 최고의 놀이입니다.

(2) 감전 게임

전기 감전 게임은 선생님도 동그랗게 의자에 앉아서 시작합니다. 양옆의 친구 손을 잡습니다. 그리고 선생님이 왼쪽 손을 꽉 잡으면, 전기를 전달해야 합니다. 마지막 사람이 선생님의 오른쪽 손을 잡으면, 스톱워치로 몇 초인지 기록을 알려줍니다. 이때 의외로 여자아이들보다 남자아이들이 이성의 손을 잘 잡지 못해 기록이 좋지 않았습니다. 처음에는 아예 손을 잡지 않는 아이들이 있어서 놀이가 끊겼지만, 설득 후 재도전에 23초였던 기록이 6초 79까지 깨서 기뻤습니다.

다음에는 이 기록에 도전하자고 하고, 칠판 한쪽에 새로 세운 기록을 작게 적어 두었습니다. 이렇게 다툼 없이 평화롭게 놀이를 하는 아이들은 처음이라 한해가 더욱 기대된다고 솔직한 생각을 이야기했습니다. 선생님의 한마디에 아이들이 무척 기뻐하는 모습이 보여 좋았습니다. 【허쌤의 짬짬이 교실 놀이 78쪽 참조】

(3) 개미 술래 게임

개미 술래를 제외하고 모든 아이가 동그랗게 의자를 놓고 앉습니다. 이때 빈 의자 하나를 아이들 사이에 준비했습니다. 개미는 냄새로 개미굴을 찾아가는 습성이 있습니다. 선생님이 먼저 개미 술래가 되어 진행합니다. 선생님은 개미라서 빈 의자를 보면 무조건 그 의자만 향해 걸어갑니다. 이때 다른 학생이 빈 의자를 채우면, 개미 술래는 다시 방향을 돌려 그 빈 의자를 향해 걷습니다. 여러분들은 지금부터 협력해 개미 술래가 의자에 앉지 못하도록 막아야 합니다. 다만 절대 하지 말아야 할 두 가지 약속!
첫째, 양옆의 아이는 의자에 앉지 못합니다.
둘째, 술래를 막거나 순서대로 일어서는 등의 약속은 하지 못합니다.

① 시작하면 술래는 빈자리를 찾아가고 다른 친구들은 술래보다 미리 움직여 술래가 앉지 못하게 한다.
② 양옆의 아이들은 옮겨 의자에 앉을 수 없다.
③ 정해진 시간 동안 술래가 앉지 못하면 나머지 친구들이 승리! 반대로 술래가 앉으면 술래가 승리한다.

여러 번의 시행착오 끝에 '12초 50'까지 기록을 세웠습니다. 아이들의 기록을 칠판에 적어놓으면, 시간이 날 때마다 그 기록에 도전할 수 있어서 더욱더 재미있습니다. 【아이들을 사로잡는 교실 놀이 228쪽 참조】

(4) 돌아가며 첫날 소감 나누기

하루를 마쳤습니다. 마지막으로 선생님부터 짧게 오늘 하루를 보내며 좋았던 점을 이야기합니다. 이때 '긍정적으로 좋았던 점'만 이야기하고 마무리하는 것이 좋습니다. 첫날의 분위기가 좋았던 점에 초점을 맞추며 이야기 나누고, 긍정적으로 하루를 마무리할 수 있어 좋습니다.

"아, 놀이로 첫날의 마지막 시간을 보내는 것은 신의 한 수인데요. 첫날 가장 중요한 것은 '학생들이 집에 돌아가 수업 첫날에 대해 긍정적으로 언급할 것인가?', '학생들이 다음 날의 등교를 기다릴 것인가?'인데, 충분히 성공할 것 같아요."

"EBS 방송을 보니, 우리나라 초등학생들의 하루 평균 여가 시간은 49분뿐이라고 합니다. 교실에서 아이들이 놀아 볼 수 있는 충분한 기회를 주는 것! 선생님들이 꼭 노력해야 할 부분이라고 생각해요."

첫 만남 프로젝트
'둘째 날'

 "허쌤의 자세한 설명 덕분에 제 인생 첫 제자들과의 첫 만남이 잘 진행되었어요. 정말 감사드려요."

 "도움이 되셨다니 다행이에요. 하지만 선생님마다 첫날 아이들에게 하고 싶은 이야기가 다르므로 각기 다른 만남을 가지고 있어요. 제 이야기도 이런 만남도 있다 정도로 생각해주시길 바랍니다. 하지만 적어도 첫날, 집으로 돌아간 아이들에게 이번 해는 정말 즐거울 것 같아! 정도의 마음은 남아있을 거라고 믿습니다."

 "첫째 날의 설레며 긴장되던 마음이 둘째 날은 어떨까요? 아이들은 집에 가서 선생님에 대해 어떤 이야기를 나누었을지 저도 궁금해요."

 "이제 서로 낯설고 긴장되는 첫날을 기분 좋게 마쳤으니, 둘째 날에 대한 생각을 나눠볼게요. 둘째 날 교실에서는 어떤 일이 진행되어야 할까요? 선생님 생각을 자유롭게 적어보실래요?"

 "둘째 날이니 아이들 소개나 학급 규칙을 만들어야 하지 않을까요? 허쌤은 둘째 날을 어떻게 보내시나요?"

 "계획을 세운다고 그대로 되지 않을 거라는 전제하에 2019년 3월 둘째 날 일기를 보며 간단한 스케치를 해볼게요. 이제 드디어 아이들과 6교시, 온종일 수업하는 날입니다. 실제 제가 세웠던 계획과 그날 일기를 비교해 보면, 계획과 다르게 진행되는 하루를 예상하고 계셔야 합니다."

▶ 허쌤의 첫 만남 프로젝트 둘째 날 스케치

	중요한 프로그램	준비할 것
1교시	3월 5학년 생활교육	PPT
2교시	하루 일과 안내 및 두줄 쓰기 공책 지도	두줄 쓰기 공책
3교시	교과 전담 수업	
4교시	급식 지도	A4 두꺼운 색지
5교시	학급 공동의 목표 세우기	8절 도화지, 크레파스, 유성 매직

| 6교시 | 학급 세우기 : 손님 모셔오기, 점이 생겼어요 | 약간 크기가 큰 둥근 스티커 |

 3월 5일 교단 일기

오늘은 둘째 날, 온전히 6교시 수업을 하는 날입니다. 아침에 교실에 들어서니, 마민경이 벌써 등교해서 형광등까지 켜고 앉아 있었습니다. 아이의 이름을 불러주며 반갑게 인사를 하니, 아이가 자기 이름을 불러주니 놀라며 반겼습니다. 그사이에 칠판에 아침 편지를 쓰고, 아이들이 등교하면 해야 하는 2개의 미션을 적어 두었습니다. 한명 한명 이름을 불러주니, 다들 "제 이름은요?"라고 묻고 좋아합니다.

(1) 실내화 '신발장'에 뒤꿈치 맞춰 정리하기
(2) 선생님과 하이파이브하고, "선생님, 안녕하세요."라고 인사하기

하루 같이 지냈다고 조금씩 아이들 예뻐 보이고 눈에 들어옵니다.

▶ **1교시: 강당 '5학년 생활교육 6계명'**

1교시에는 강당으로 가서 생활교육 6계명이란 주제로 함께 5학년 열 개 반이 모였습니다. 〈아이를 위대한 사람으로 기르는 55가지 원칙〉 23번째 원칙은 '다른 반 선생님의 이름 기억하고 인사하기'입니다. 한분 한분 5학년 선생님을 소개하고 모두 함께 인사한 후에는 한 해 가장 부탁하고 싶은 이야기를 들었습니다.

이어 5학년이 되어 3월 한 달, 함께 지켜야 할 약속은 무엇이 있을까? 이야기하고 미리 5학년 선생님들이 전날 모여 정한 3가지 생활교육 약속을 하나하나 짚어가며 다짐했습니다. 정확하게 한 달 뒤에 세 가지 약속을 얼마만큼 실천했는지 돌아보기로 했습니다.

▶ **2교시: 과학 교과전담**

▶ **3교시: 설문지 작성 및 급식 지도**

3교시에는 어제 마저 못했던 타임캡슐 학습지와 5학년 자기만족도 및 비전 관리 설문지를 작성하며 5 1 평화 반 아이들의 생각을 점검해 봤습니다. 새로 온 학교는 급식실이 작아서 1, 3, 5학년은 3교시 후, 2, 4, 6학년은 4교시 후 식사라서 먼저 급식실 지도부터 했습니다. 정은경 선생님이 꼼꼼하게 찍으신 사진으로 급식실에서 어떻게 식사를 해야 할지 한 장면 한 장면 지나치게 꼼꼼하다 싶을 정도로 알아보고, 급식실에 가서 식사했습니다. '새 학년 새 출발'이란 초콜릿 팻말이 담긴 예쁜 조각 케이크가 달콤하고 맛있었고 예뻤습니다.

▶ **4교시: 음악 교과전담**

▶ **5교시: 우리 반 공동의 목표 세우기**

5교시에는 아이들과 함께 우리 반이 일 년 동안 어떤 반이 되면 좋을지 이야기 나누었습니다. "여러분이 다니고 싶은 천국과 같은 반은 어떤 반입니까?" 아이들이 원하는 천국 같은 반의 모습을 비판 없이 하나하나 다 칠판에 적어주고, 그 글 뒤에 포스트잇을 한 장씩 붙였습니다. 그런 후에 아이들에게 둥근 스티커를 8개씩 나누어주고, 가장 가고 싶은 반의 모습에 최대 3개까지 스티커를 붙이도록 했습니다.

그렇게 해서 우리 반이 가장 원하는 공동의 목표는 '이벤트는 많이, 숙제는 적게, 건강한 5 1 평화 반'이 되었습니다. 집에 갈 때마다 이 구호를 외치고 집에 가기로 했습니다. 제가 "이벤트는" 이라고 선창하면, 아이들이 "많이", "숙제는"이라고 외치면 "적게", "건강한"이라고 외치면 "5 1 평화 반 파이팅!"이라고 외쳐보았습니다. 모둠별로 8절지를 3장씩 나누어주고 1 모둠은 '이', '벤', '트', 2 모둠은 '↑', '숙', '제', 3모둠은 '↓', 4 모둠은 '건', '강', 5 모둠은 '한', '5 1', 6 모둠은 '평', '화', '반' 글씨를 각각 협력하여 색칠하도록 했습니다. 그런데 색칠을 시작하려니 수업 종이 나서 다음에 완성하기로 했습니다.

▶ 6교시: 학급 세우기-손님 모셔오기, 점이 생겼어요

6교시에는 어제에 이어서 동그랗게 모여 앉고 어제 했던 '개미 술래' 게임, '전기 감전 게임'에 도전했습니다. 특히 전기 감전 게임은 무려 3초 대의 엄청난 대기록을 세웠습니다. 이어서 '손님 모셔오기' 게임과 '점이 생겼어요' 새로운 놀이를 도입했습니다. 손님 모셔오기 게임을 할 때 의자를 하나 늘렸더니…. 훨씬 박진감이 넘쳤습니다.

"매일 매일 그 바쁜 중에 일기를 쓰시다니, 저도 짧게라도 꼭 도전해 보겠습니다. 계획뿐인 하루가 아니라 계획과 실제를 같이 비교해 보니 조금은 더 여유 있게 하루를 바라볼 수 있을 것 같아요."

"첫 만남의 과정은 처음 출근한 학교, 처음 만나는 같은 학년 선생님, 처음 만나는 아이들로 인해 많은 긴장이 유발되고 에너지 소모가 극심한 시간이기도 합니다. 하지만 교실은 교사 혼자서 만들어 가는 것이 아니라 학생과 함께 만들어 가는 곳이에요.
준비로 교사가 먼저 지치지 마시고, 아이들 몫도 남겨주세요. 프로그램에 매몰되지 마시고, 아이들의 반응이라는 물결에 맞추어 주세요."

"예, 선생님, 아직은 서투르지만 저를 믿고 용기 내 볼게요. 처음이지만 어느 때보다 넘치는 열정이 제게 있으니까요!"

하루의 일과를 안내하기

 "하루하루 배워나가는 기쁨이 큽니다. 그럼 허쌤의 첫 만남 프로젝트 둘째 날 수업에 대해서도 좀 더 자세히 안내해 주시겠어요?"

 "이제 둘째 날입니다. 학급경영은 첫 만남 프로젝트를 통해 80%가 결정된다고 믿습니다. 그중에서도 첫 3일은 가장 중요하다고 해서 흔히 '황금의 3일'이라고 부르죠."

 "황금의 3일이라면, 둘째 날도 포함되겠네요."

 "일본의 수업 명인 무꼬야마 요이치라고 들어 보셨어요? 이름을 건 교육전집이 100권이 넘는 그는 〈가르침의 프로 무꼬야마 요이치 전집 (4권)〉에서 이런 이야기를 했습니다."

> 학기 초 가장 중요한 것은 아이들과 만난 첫 만남부터 가능한 빠른 시기에 학급의 구조를 조직하는 것이다. 늦어도 일주일 이내에, 가능하면 3일 만에 조직해 버려야 한다. 이것은 아무리 강조해도 지나치지 않다.

"처음 선생님을 만난 아이들은 어느 때보다 긴장하고 있고 조용합니다. 새로운 선생님, 새로 올라온 학년에 기대하고 있습니다. 이때라면 담임 선생님의 말씀을 순순히 듣습니다. 그래서 이때 새로운 학급의 구조를 조직하는 것이 중요합니다. 조직하면 학급의 움직임은 차분하게 됩니다. 학급의 기본적인 절차나 규칙이 정해져 있음으로 기분 좋은 교실의 흐름이 생겨납니다."

"3일 안에 학급의 구조를 조직해야 한다! 공감되는 말씀이세요. 그런데 학급에서 무엇을 조직해야 한다는 말씀이신지? 조금은 어렵게 느껴져요."

"쉽게 생각해 볼게요. 학급의 구조라는 것은 아직 조직되지 않은 상태예요. 갑자기 선생님이 결근해 다른 강사 선생님이 교실에 찾아오더라도 교실이 저절로 돌아가는 구조를 만든다고 생각하시면 됩니다. 선생님이 갑자기 아프셔서 대신 강사님이 교실에 오셔서 하루를 지도해야 한다고 상상해 보세요. 아니 거꾸로 생각해 볼게요. 선생님이 학기 초 갑자기 어느 선생님이 아파 결근하신 교실의 기간제 강사가 되어 하루를 돌봐야 하는 입장이에요. 무엇이 준비되어 있지 않으면 답답하실까요?"

"아마도 수업이 문제가 아니라 아침 자습은 뭘 해야 하는지, 일인일역은 누가 해야 하는지, 마지막 청소는 누가 해야 하는지 등의 문제일 것 같아요."

 "맞습니다. **황금의 3일 안에 선생님은 아이들이 아침에 학교에 와서 집으로 돌아갈 때까지 '학교에서의 매일 하는 일과'(루틴)를 정해야 합니다.** '만약 선생님이 사흘 동안 학교에 오지 않는다면?' 아이들이 반복해야 할 일은 무엇일까 생각해 보세요. 교실 문을 여는 것부터 창문을 열고, 아침 자습을 하고, 점심을 먹고, 청소하는 모든 과정에서 선생님이 안 계셔도 아이들이 자율적으로 돌아가는 시스템을 구축해야 합니다."

 "둘째 날이니까 셋째 날까지 차근차근 조직하면 되겠네요. 선생님은 어떻게 하시는지 궁금해요. 조금 자세히 안내해 주시겠어요?"

 "일단 간단히 둘째 날 했으면 하는 프로그램을 정리해 봤어요."

▶ 허쌤의 첫 만남 프로젝트 둘째 날 스케치

	중요한 프로그램	준비할 것
1교시	3월 5학년 생활교육	PPT
2교시	하루 일과 안내 및 두줄 쓰기 공책 지도	두줄 쓰기 공책
3교시	교과 전담 수업	
4교시	급식 지도	A4 두꺼운 색지
5교시	학급 공동의 목표 세우기	8절 도화지, 크레파스, 유성 매직
6교시	학급 세우기 : 손님 모셔오기, 점이 생겼어요	약간 크기가 큰 둥근 스티커

▶ 아침 자습

둘째 날이 밝았습니다. 둘째 날에는 '하루의 일과'가 어떻게 어떻게 되는지 안내하고 직접 실습하는 날입니다.

첫날 아이들과 만나며 인사는 기본적으로 선생님부터 웃으며 시작했습니다. 특히 아이 중에서 누가 먼저 인사를 했고, 누가 기분 좋게 웃으며 인사를 했는지 마음속에 체크해 둡니다. 그래야 나중에 따로 칭찬할 수 있습니다.

둘째 날 아침은 아이들보다 일찍 출근해서 교실에서 기다립니다. 첫날 칭찬을 했기 때문에 아이들이 아침 인사를 밝고 씩씩하게 할 것입니다. 함께 웃으며 한마디씩 나누고 창문을 스스로 연 아이, 교실의 형광등을 켠 아이 등을 기억했다가 모든 아이 앞에서 칭찬합니다. 예를 들어 "스스로 새로운 우리 반에서 할 일을 찾아서 하는 모습을 보니 정말 기뻤습니다. 우리 반 학생들이 더욱 스스로 우리 반을 위한 일들을 찾아서 하는 좋은 반이었으면 좋겠습니다."처럼 기분 좋게 이야기합니다.

 "아, 정말 교사는 아이들의 행동 하나하나에 더욱 예민해져야겠어요."

 "맞습니다. **아이들에 대한 관심은 언제나 아이들에 대한 관찰로부터 시작된다고 믿습니다.** 저는 첫째 날, 수업을 마칠 즈음 알림장에 꼭 '학교에서 읽을 책 가져오기'를 써줍니다. 알림장을 쓴 아이들부터 가져오도록 하되, 신속하게 확인해 줍니다. 바르고 예쁜 글씨는 A, 정상적으로 읽을 정도면 B, 읽고 알아볼 수 없다면 C , C의 경우에는 다시 써오도록 합니다. 첫 번째 알림장 평가는 엄격하지만 그만큼 중요합니다. 이때 대충 검사하게 되면 앞으로도 많은 아이가 대충 써오거나 온갖 낙서를 하게되어 있습니다.

둘째 날, 아침 자습은 아이들이 가져온 책을 읽으며 편안하게 보냅니다. 아침 10분 동안은 말하지 않고 자기가 가져온 책, 책을 안 가져왔으면 교실에 있는 책 중에 한 권을 읽는 시간을 차분하고 조용하게 가집니다.

8시 55분, 1교시가 시작되기 5분 전에 저는 일부러 복도로 나가 신발장에 신발 정리를 바르게 한 아이들을 따로 확인하고 칭찬합니다. 교실에 들어서기 전에 신발을 가지런하게 정리하는 아이는 그동안 기본적인 생활 태도가 갖추어진 아이로 보면 틀림없습니다. 둘째 날에는 바르게 정리하지 않은 아이들을 혼내기보다 한 모둠씩 불러내어 친구들의 신발 정리 상태를 살펴보고, 스스로 자신의 신발도 정리하게 하면 충분합니다."

"일찍 등교하긴 어렵지만, 첫 주에는 좀 더 신경 써서 출근해야겠어요." 그런데, 매일 아침 자습으로 가져온 책을 읽게 하는 건 아니죠?"

"둘째 날 1교시에는 앞으로 평화 반 아이들이 하루 일과를 어떻게 보내는지 자세히 안내하는 시간으로 배정했어요. 이때 아침 자습으로 무엇을 하는지도 소개할게요."

▶ 1교시: 하루 일과 안내하기

둘째 날 1교시가 시작되기 전에는 공부할 교과서를 책상 속에 바르게 정리했는지 확인하고 칭찬합니다. 책상 속에 들어 있는 그대로 책상 위에 꺼내어 보도록 합니다. **교실에 들어서기 전에 신발을 정리하고, 교실에 들어와서는 오늘 공부할 책상 속 정리를 하는 습관은 학생의 몸에 자연스럽게 배어야할 기본적인 태도입**

니다. 아울러 수업이 끝난 교과서와 공책은 제일 하단에 넣도록 안내합니다.

그런 후에 평범한 하루 일과가 어떻게 진행되는지 안내합니다. 일단 교실에 들어설 때 어떻게 해야 하는지부터 하나하나 문을 열고 들어오는 실습을 통해 익힙니다. 평화 반에서는 교실을 열고 들어오면, 무조건 선생님에게 다가와야 합니다. 저도 일을 하다가도 일어나서 아이와 하이파이브 등의 인사를 합니다.

아침 아이들과 만날 때는 4H를 떠올려 주세요.

 "4H로 아침 인사하기, 허쌤 책에서 읽은 것 같아요."

 "아, 감사합니다. 4H의 'H'는 'Hello', 'How are you?', 'High Five', 'Handshake'입니다. 'Hello'는 '안녕하세요', 'How are you?'는 '표정이 어두운데 어디 아픈 데 있나요?', '어제 배탈 났었는데, 오늘은 배 괜찮아요?'처럼 안부를 묻는 인사를 가리킵니다. 세 번째와 네 번째 'H'는 선택하는 겁니다. 선생님과 하이파이브(High-five)를 하거나 악수(Handshake)를 하면 됩니다.

아이들이 교실에 들어올 때만큼은 업무나 컴퓨터를 하느라 아이 얼굴 한 번 못 보며 아이를 만나선 안 됩니다. '무기력의 비밀'에서 김현수 선생님은 무기력한 아이들을 깨우는 마음의 심폐소생술을 '환대'라고 했습니다. 아이들이 학교에 오길 잘했다는 느낌이 들 수 있는 반가운 아침 인사, 선생님이 잠시 하던 일을 멈추고 일어나서 아이가 들어올 때마다 눈 맞추며 나누는 아침 환대와 관계 깊습니다.

자리에 들어간 '평화 반'의 아침 자습은 '소나기 공책'을 쓰며 시작됩니다. '소나기'는 '소중한 나의 기록'이란 뜻으로 아침마다 아이들은 두줄 쓰기 공책을 적습니다. 일인일역을 맡은 학생이 전날 집에 가기 전에 학생들의 책상 위에 올려놓고 집에 가거나 당일 가장 먼저 교실에 들어온 학생이 아이들 책상 위에 나누어주게 합니다."

"평화 반에서는 아침에 교실에 오면 '소나기 공책'만 쓰면 되나요? 두 줄 밖에 안된다니 시간이 많이 남겠어요."

"반마다 다른 아침 자습을 하는데 우리 반만의 특색이 되었어요. 소나기 공책을 쓴 후에는 저는 '도서실 책 빌려 읽기'로 아침 독서를 하고 있어요. 해마다 한 해를 돌아보면, 아이들에게 정말 물려주고 싶은 습관이 '독서'라는 생각을 해요. 그래서 아침에 두줄 쓰기 공책을 정리한 후에 아이들은 도서실에 내려가서 읽고 싶은 책 한 권을 빌려 자리에서 읽어야 합니다."

"선생님은 아침 일찍 선생님이 미리 와 계시니까 그렇지만, 저처럼 아이들과 비슷하게 오거나 늦으면 아이들이 해야 할 일들을 맡겨야겠어요."

"맞습니다. 일단 지나치게 빨리 교실에 오지 못하도록 막아야 합니다. 종종 선생님 없는 교실에서 아이들이 일찍 등교했다가 사고가 나거나 몰래 들어온 외부인의 범죄에 노출되기도 하거든요.
선생님이 갑자기 감기로 결근해도 아이들끼리 알아서 돌아가는 교실 시스템을 만들려면, 아이들에게 되물어야 해요. 시뮬레이션 하는 거죠."

> 교사: "자! 여러분이 오늘은 가장 먼저 교실에 들어왔어요. 선생님이 여러분이라고 생각하고 대답합시다. 선생님이 교실 문에 도착했어요. 뭘 해야 하죠?"

학생: "신발장에 신발을 바르게 놓습니다."

교사: "잘 기억하고 있군요. 교실에 들어서는 기본자세, 신발장에 신발을 놓는 태도로 시작합니다. 그다음에는요?"

학생: "교실 문을 열어야 해요."

교사: "교실 문 열쇠 번호가 몇 번일까요? 오늘 알림장에 적어줄 테니 꼭 기억하세요. 문을 열고 들어오면 다음에 무엇을 해야 할까요?"

학생: "형광등을 켜야 해요. 공기청정기를 켜야 해요."

교사: "가장 먼저 온 학생은 아이들이 오기 전에 앞문과 뒷문을 열고, 형광등을 켜야 해요. 그리고 말한 대로 공기청정기도 전원 버튼을 눌러 켜줘야 합니다. 날씨가 추울 때는 온풍기도 켜놓으면 좋겠습니다. 그다음에는요?"

학생: "아침 자습을 해요. 들어오는 친구들과 인사를 해요."

교사: "선생님이 더 부탁할 게 없을 정도인데요. 맞아요, 이제 자기 자리에 앉아서 책상 위에 놓인 두줄 쓰기 공책을 작성하면 됩니다."

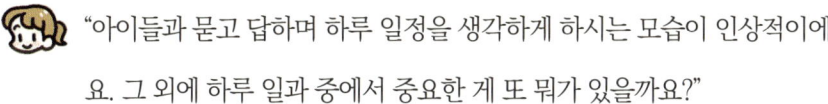
"아이들과 묻고 답하며 하루 일정을 생각하게 하시는 모습이 인상적이에요. 그 외에 하루 일과 중에서 중요한 게 또 뭐가 있을까요?"

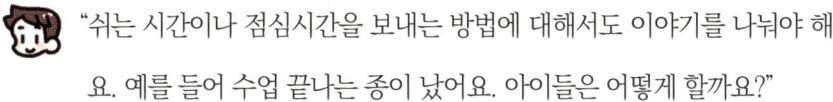
"쉬는 시간이나 점심시간을 보내는 방법에 대해서도 이야기를 나눠야 해요. 예를 들어 수업 끝나는 종이 났어요. 아이들은 어떻게 할까요?"

"바로 떠들고 모여서 수다를 떨거나 장난치며 놀겠지요?"

"그때 선생님의 딜레마가 또 하나 생겨요. 다음 수업 종이 났는데도 아이들이 도통 자리에 앉질 않는 거예요. 그래서 또 고함을 치고 화를 내며 자리에 앉으라고 애태우죠. 그리고 수학 교과서 펴라고…. 그런데 이제야 아이가 수학 시간이냐며 시간표 다 알려줬는데도 어슬렁어슬렁 교실 뒤 사물함으로 가서 수학책과 수학익힘책을 꺼내오네요. 이게 못마땅해서 잔소리 한판 하다 보니, 아이들도 듣기 싫은 표정, 그리고 수업 시작할 때마다 5분이 훌쩍 가버리는 거예요."

"아이들이 다음 시간 종이 나기 전에 알아서 자리에 앉게 하려면 어떻게 해야 할까요?"

"이게 의지나 습관으로 길러지는 게 아닌 것 같아요. 가장 쉽게 활용하는 방법은 음악을 활용하는 거예요."

"[꿀잼교육연구소] 유튜브 채널에도 '수업 종치기 전 아이들이 자리에 앉게 하는 꿀팁'이란 영상으로 'FreeAlarmClock' 프로그램을 활용하는 방법을 자세히 소개했어요. 유튜브 채널에 링크된 프로그램을 설치하시면 된답니다."

"설치하고 수업 시작 전 2분으로 알람이 울리도록 설정해 놓으면 됩니다. 예를 들어 2교시 시작 시각이 9시 50분이라면, 9시 48분에 '모두 제자리'라는 동요가 울려 퍼지도록 설정을 해 놓아요. 그러면 아이들이 쉬는 시간을 놀고 있다가도 9시 48분이 되면, 모두 자기 자리로 돌아가 수업을 할 준비를 하죠."

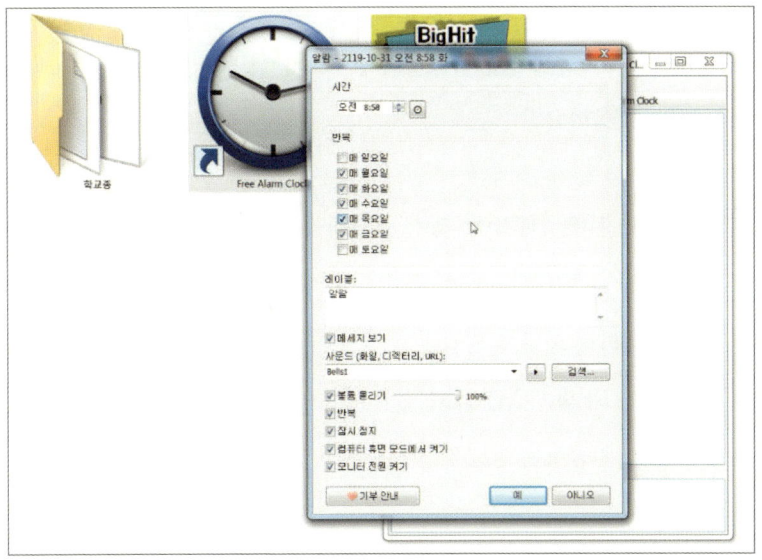

"와! 이거 정말 알짜 꿀팁인데요. 아이들이 종쳐도 자리에 앉지 않아서 고민이라는 선배님들 이야기 정말 많이 들었는데…. 잔소리하지 않아도 되니 더욱 좋아요."

"또 하나 꿀팁이라면 꿀팁이 있는데, 바로 공부할 교과서를 펴놓게 하는 방법이에요. 적지 않은 선생님들이 수업 종이 울리고 아이들이 책을 펴지 않아 속상해하시는데, 저는 아예 전 시간 수업이 끝났을 때 함께 교과서를 펴 놓고 쉬는 시간을 가지게 해요. 아이의 의지로는 어려워도 늘 선생님이 미리 교과서를 펴놓고 쉬는 시간을 시작할 수 있도록 안내를 하면…. 대신 수업 끝나기 2분 전에는 이런 시간을 확보하셔야겠지요?"

"아이들에게 수업 종 치고 나서 자리에 앉지 않는다, 그렇게 이야기했는데 교과서도 준비 안 했다고 폭풍 잔소리를 하게 될까 봐 걱정했는데, 정말 꼭 그렇게 실천하겠습니다. 그 외에 1교시에 더 안내해야 할 내용이 더 있을까요?"

"다시 이야기하지만, 제가 선생님께 권하는 이런 안내가 혹시 시간이 부족할 수 있어요. 수업 종이 나면 거기까지 진행하고, 다음 시간에 계속 안내하면 되니 선생님이 쫓기진 마셔야 해요. 다음으로는 음악 시간이나 영어, 과학 시간에 교과 전담실로 이동하는 방법, 또 체육 시간에 체육관으로 이동하는 방법까지 지도하고 있어요."

> 다른 교과실로 이동할 때에는 '아깝습니다.' 전략을 활용합니다. 갑작스럽게 "하나! 하면 모두 일어나서 교실 뒤로 나갑니다."라고 말합니다. 이때 아이들은 '무슨 일이지?' 궁금해 하며 천천히 뒤로 나가게 될 것입니다. 1분 정도의 시간이 걸리면 아이들이 모두 뒤로 나가는데, 이때 선생님은 말없이 아이들이 어떻게 나가는지 관찰하는 겁니다.
> "조용히 뒤로 나간 점은 정말 좋았지만, 아쉽게도 90점입니다. 조금 아깝습니다." 라고 말합니다. 아이들이 의아해하는 표정을 지을 때 "왜 10점을 깎았을까요? 모두 자기 자리를 돌아보세요.", "예, 맞습니다. 의자가 나와 있네요. 책상이 삐뚤어진 상태로 두고 나온 친구도 있군요. 그래도 ○○○와 □□□ 친구는 의자를 책상에 바

르게 넣고 나왔습니다. 아쉽지만 다시 한번 더 해보겠습니다. 자기 자리로 돌아가 앉아 주세요."
아이들이 의자를 제대로 넣고 책상도 바로 맞추고 교실 뒤로 나가면 휴대전화 스톱워치로 잰 시간을 보여주며 "와! 이번엔 40초 만에 모두 모였습니다. 95점입니다!"라고 말합니다. 아이들은 '이번엔 무엇이 문제지? 5점이 깎였네?'라고 생각하며 아쉬운 표정으로 선생님을 바라봅니다. 그때 "모두 정성 들여 의자를 넣고 책상 줄을 맞추고 나와 정말 기뻤습니다. 그런 중에도 ○○이는 뛰지 않고 천천히 걸어서 나와 보기 좋았습니다. 다만 책상 위를 깨끗하게 정리하지 않은 아이가 몇 명 있어서 아깝습니다."라고 말합니다.

"등수를 매기는 게 아니라 우리 반 모두의 행동에 점수를 주는 게 색다르네요. 아이들이 서로 경쟁하는 게 아니라 함께 '공동의 목표'를 향해 협력하는 거라서 그런 느낌일까요?"

"아이들이 좀 더 익숙해질수록 처음부터 절차를 내재화할 수 있는 하나의 형식을 만드는 것이 좋습니다. 이때 세분화된 각각의 단계에 번호를 붙이면 더욱 아이들이 쉽게 익힐 수 있습니다."

"선생님이 '하나'라고 말하면, 일어나서 의자를 책상 밑으로 밀어 넣으세요. '둘'이라고 하면, 문을 향해 돌아서세요. 마지막으로 '셋'이라고 하면, 맨 앞사람을 따라 교실 뒤쪽 줄 서는 자리로 가세요."라고 가르쳐주면 됩니다. 그런 다음에는 "하나, 둘, 셋!"만 불러도 학생들이 각각의 단계를 따르도록 연습시킵니다. 좀 더 나중에 학생들이 이 절차에 완전히 익숙해지면, 번호도 생략하고 "선생님이 '출발'이라고 하면 줄을 서세요."라고 간단하게 지시해도 됩니다.

▶ 2교시: 아침 자습 '소나기 공책' 작성 안내하기

 "소나기 공책에는 어떤 식으로 글을 쓰나요?"

 "아주 간단해요. 날짜를 한 줄 쓰고, 다음 두 줄에는 이렇게 2줄로 어제 있었던 일이나 오늘 아침 있었던 일에 대한 글로 생각을 정리합니다."

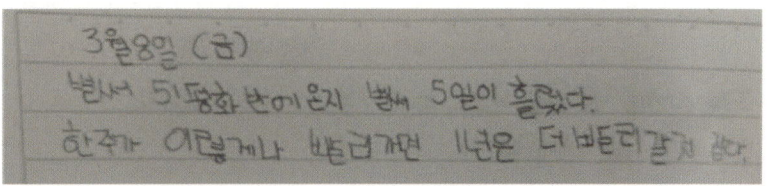

"이때 아이들에게 '두줄 쓰기 공책을 잘 쓰는 두 가지 방법' 특강을 합니다. **첫째는 '궁금한 점이 없도록' 글을 쓰게 합니다.** 예를 들어 '나는 어제 영화를 봤다.'라는 글을 보면, 우리는 어떤 궁금증이 생길까요?"

 "무슨 영화를 봤는지 궁금해요. 그리고 영화가 재미있었는지 없었는지도 궁금하고요."

 "맞습니다. 그래서 아이에게 다시 어떻게 고쳐 써야 할지 이야기 나눕니다. 예를 들어서 '나는 어제 겨울왕국2 영화를 봤다. 인투더 언노운 노래가 좋아서 내내 흥얼거리게 되었다.' 이렇게 써야 좋은 글이 됩니다."

 "궁금한 점이 없게 써라! 정말 글쓰기의 기본이 되는 원칙 같아요."

"두 번째 방법은 하이타니 겐지로 선생님이 쓰신 '나는 선생님이 좋아요'에서 아다치 선생님이 알려주신 '글 속에 사는 나쁜 녀석'에 대한 특강을 합니다.

글 속에는 좋은 녀석과 나쁜 녀석이 있는데, 거기에서 나쁜 녀석을 쫓아내 버리면 바로 좋은 글을 쓸 수 있습니다. 나쁜 녀석: 한 것, 좋은 녀석: 본 것, 말한 것, 들은 것, 느낀 것, 생각한 것입니다. 예를 들어,

> 아침 7시에 일어나서 가방을 싸고 학교에 왔다. 다른 날보다 일찍 학교에 왔다.

이런 글은 어떤 글일까요? 온통 나쁜 녀석 즉 '한 일'만 적었으므로 이런 글은 적으나 마나 한 글입니다.

> 아침 7시에 일어나서 가방을 싸고 학교에 왔다. 일찍 교실에 들어서니 친구들에게 먼저 인사할 수 있어서 좋았다.

이렇게 '한 일'만 쓰는 게 아니라 그 일을 하며 겪었던 생각과 느낌, 본 것, 들은 것, 말한 것 등을 적을 때 두줄 쓰기 공책은 더욱 풍성해지겠죠?"

"그렇게 아이들이 쓴 글은 일일이 답글을 써주시나요?"

"30명 가까이 되는 아이들 글을 어떻게 일일이 답글을 써줄까요? 무언가 너무 교사의 에너지를 쓰게 하면, 교사는 쉽게 지칠 수밖에 없어요.
교사 교육 전문가인 저자 제니 그랜트 랜킨(Jenny Grant Rankin)은 그의 저서 '교사 번아웃 탈출 매뉴얼'에서 이렇게 말합니다.

> 딸과 함께 비행기를 탈 때마다 승무원이 내게 다짐하는 말이 있다. 비상상황이 발생할 경우, 내가 먼저 산소마스크를 쓴 다음 딸을 도와야한다는 것이다. 나는 한 번도 '선생님 스스로를 먼저 돌보세요. 그렇지 않으면 여러분의 학생들은 선생님께 받아야 하는 도움을 받지 못할 것입니다.'라고 말해주는 승무원과 같은 사람을 만난 적이 없다.

아이들 일기장에 긴 답글을 달아주는 것, 아이가 감동하겠지만 매일 답글을 써주는 일이 또 하나의 일거리가 되면 정해진 교사의 에너지가 소진될 수 있습니다. 저는 8시 55분이 되면, 아이들의 두줄 쓰기 공책을 모아 하나하나 읽어줍니다. 글을 읽어주며 "엄마가 아파서 병원에 다녀온 이 사람은 누굴까요?", "아침부터 두통 때문에 아픈 친구는 누구인지 아는 사람은 손을 들어보세요." 등의 질문으로 반 친구들에게 관심을 가지도록 발문합니다. 그리고 아이들의 글이 오늘 공부와 관련이 있을 경우에는 수업으로 끌어와 더욱 실감 나는 교육을 진행한답니다."

"두 줄로 아이들이 서로 관심까지 가지게 된다니…. 정말 꼭 써봐야겠어요. 두줄 쓰기 공책은 매일 두 줄로 쓰면 되는 건가요?"

"저는 학기 초에 아이들과 이야기를 나눠요. 일기장을 집에서 쓰고 제출할까요? 아니면 일주일 중에 하루를 열 줄 주제 글쓰기로 정해 아침 자습 시간에 쓰도록 할까요? 라고 아이들의 의견을 묻습니다. 대부분 아이는 학교에서 주제 글쓰기 하기를 원합니다."

2020년 열줄 쓰기 공책 주제

1학기

순서	날짜	열줄 쓰기 주제	비고
1	3월4일(수)	저와 우리 가족을 소개합니다.	
2	3월11일(수)	5학년! 이렇게 보내고 싶어요!	
3	3월18일(수)	친구들은 모르는 나만의 매력 포인트가 있다면?	
4	3월25일(수)	하루 중에 내가 가장 행복한 순간은?	
5	4월1일(수)	내가 참 괜찮은 사람이라고 생각될 때는?	
6	4월8일(수)	100점 만점에 나는 몇 점 정도 행복한 아이인가요?	
7	4월14일(화)	내가 국회의원이 된다면 만들고 싶은 법은?	15일(수)제21대 국회의원 선거일
8	4월22일(수)	요즘 내가 관심있는 것은? 이것만 생각하면 설레요!	
9	4월29일(수)	어린이날, 꼭 받고 싶은 선물은?	5월5일(화) 어린이날
10	5월6일(수)	내가 엄마,아빠의 엄마(아빠)로 태어난다면?	5월8일(금) 어버이날
11	5월13일(수)	우리 반 선생님을 찬양합니다	5월15일(금) 스승의 날
12	5월20일(수)	우리 교실에 왕따가 없으려면 어떻게 해야 할까?	
13	5월27일(수)	5학년 세 달을 보내며 자신에게 편지 쓰기	
14	6월3일(수)	세상에 이런 일이 있으면 좋겠다고 생각하는 것 3가지 써보기	
15	6월10일(수)	스파이 일기-친구의 하루 일과를 관찰해 일기쓰기	
16	6월17일(수)	하루가 25시간이라면 남은 한 시간은 어떻게?	
17	6월24일(수)	내가 투명인간이 된다면?	
18	7월1일(수)	타임머신을 타고 가고 싶은 곳과 그 이유는?	
19	7월8일(수)	내가 선생님이 된다면, 우리 반을 이렇게!	
20	7월15일(수)	이번 여름방학은 이렇게 보내고 싶어요.	

2학기

순서	날짜	열줄 쓰기 주제	비고
21	8월26일(수)	여름방학때 가장 즐거웠던 순간은?	
22	9월2일(수)	20년 후의 하루, 가상 일기 쓰기	
23	9월9일(수)	지금까지 가장 재미있게 본 책과 그 이유는?	
24	9월16일(수)	지금까지 가장 재미있게 본 영화와 그 이유는?	
25	9월23일(수)	내가 동물과 이야기할 수 있다면?	
26	10월7일(수)	지금까지 살면서 내가 실천한 가장 착한 일을 소개해 보자. (자신의 마음이 드러나도록)	
27	10월14일(수)	내가 만약 남자(여자)라면?	
28	10월21일(수)	가장 친한 친구 한 명을 소개합니다.	
29	10월28일(수)	내가 생각하는 자신의 장점과 단점은?	
30	11월4일(수)	내가 교과서를 만들 수 있다면 어떤 교과서를?	
31	11월11일(수)	휴대폰 중독을 고치려면?	
32	11월18일(수)	이런 어른은 싫어요. (나는 이런 어른으로 자라고 싶어요)	
33	11월25일(수)	미래의 유언장 쓰기	
34	12월2일(수)	우리 반의 자랑거리 5가지는?	
35	12월9일(수)	로또에 당첨되어 1억원이 생긴다면 어디에 쓸까요?	
36	12월16일(수)	친구들의 능력을 마음껏 흡수할 수 있는 히어로가 된다면, 어떤 친구들의 어떤 능력을 가져오고 싶나요?	
37	12월23일(수)	겨울방학때 가장 하고 싶은 일 세 가지는?	
38	1월27일(수)	인생의 지우개가 있다면, 지워버리고 싶은 일은?	
39	2월3일(수)	4학년때보다 내가 '성장'했다고 생각되는 것은?	
40	2월10일(수)	헤어지며 선생님과 친구들에게 남기는 글	

"그 날짜에 해당하는 주제로 열 줄 주제 글쓰기를 하는 수요일에는 1교시를 국어 수업 시간으로 배정해 조금 더 시간적인 여유를 가지고 글쓰기 할 시간을 줍니다. 글의 제목이 관심 가고 재미있어서 아이들이 좀 더 편하게 글을 쓰고 있습니다. 3월에는 '우리 가족을 소개합니다.', '5학년, 이렇게 보내고 싶어요.', '친구들은 모르는 나만의 매력 포인트는?', '내가 참 괜찮은 사람이라고 느껴질 때는?' 등의 주제로 글을 쓰게 합니다. 물론 그때마다 답글보다 꼭꼭 아이들에게 읽어주려 노력하고 있습니다. 이 주제 목록은 공책 표지 안쪽에 미리 붙여 두었어요."

"두줄 쓰기 공책의 용도가 두 줄 쓰기만 있는 게 아니라 열 줄 주제 글쓰기 공책으로 활용되기도 하는군요."

"거기에 한 가지 더! 두줄 쓰기 공책의 알짜 활용 팁이 있답니다. 저희 반은 매달 짝을 바꿀 때가 되면 짝꿍과 서로의 두줄 쓰기 공책을 바꾸게 한답니다. 그리고 공책의 맨 뒷면에 'O월 짝꿍 OO에게'라는 제목으로 그 친구에게서 발견한 좋은 점 세 가지와 부탁하고 싶은 점 한 가지를 적도록 합니다. '나쁜 점 한 가지'가 아니라 '부탁하고 싶은 점 한 가지' 임을 유의해 주세요. 3월 짝 OO에게, 4월 짝 OO에게..., 5월 짝 OO에게…. 이런 식으로 매달 짝을 한 친구에게 글을 받다 보면, 아이들은 좀 더 친구들이 부탁하고 싶은 점, 자신이 고쳐야 할 점을 확인하고 조금씩 변화하게 되어 있습니다."

3월 자작 이채원 에게~

너의 장점은 많지만 그중에 딱 3가지만 말해줄께. 일단 너의 장점은 사과를 잘한다는 것이다.왜 그렇게 생각 하냐면 잘해줘야.그리고 발표를 잘해줄써운 갖써서 책이 깨끗해. 부탁 항정은 많이 때리지 말라는 것이다. 너가 때리면 내가 아프지만 재미없었어. 앞으로 많이 때따미 많았으면 좋겠어. 너의 다치 책이떠서 시험법섭 히구나 ㄱ 냬뱜

4,5월 자작 이채원에게~

너의 장점은 많지만 그중에 딱 가지만 말해줄께. 일단 첫번째는 너는 시험에서 점수를 놓게 받는 것이야. 두번째는 너는 다른 친구들 잘 도 좋다는 거야. 마지막으로 너는 끈까 많아. 나에게 바랑정은 없어.

우리 반 공동의 목표 정하기

 "막연했던 첫째 날, 그리고 할 게 너무 많아 무엇부터 해야 하나 염려되던 둘째 날의 안개가 하나씩 걷혀가는 기분이에요. '하루 일과 안내'와 '두줄 쓰기로 시작하는 아침 자습'만 봐도 뭔가 탄탄해서 한 해의 기둥이 세워지는 것 같아요. 그런데 둘째 날 3, 4교시 선생님은 어떻게 계획을 세우신 건가요?"

▶ 3~4교시: 우리 반 공동의 목표 세우기

 "학기 초 할만한 좋은 프로그램은 정말 많아요. 그러다 보니 모두 해야 할 것처럼 쫓기기 쉬운데, 대부분의 프로그램들은 교육과정 안에 넣어서 교과 공부를 하는 시기에 수업을 하면 더욱 효과가 좋습니다. 그렇지만, 한 해의 비전을 세우는 것은 이때가 아니면 할 수 없죠. 우리 반이 앞으로 어떤 반이 되면 좋을지 선생님이 혼자 정하는 게 아니라 아이들과 대화하며 함께 정하는 시간입니다."

 "선생님이 원하는 반이 아니라 선생님도 반 아이들과 함께 정하는 반이라 뭔가 근사해요. 선생님"

 "학급경영이란 단위 학급 수준에서 학급 담임이 학급교육에 관하여 공동의 목표를 설정하고 목표달성을 위한 제반 조건을 정비·확립하고 목표 달성을 위한 지도·감독을 포함하는 일련의 봉사활동(문락진, 1995)이라고 했습니다. 학급경영이 학급교육에 관하여 '공동의 목표'를 설정하는 것이라면, 교실에는 선생님과 반 아이들이 함께 세운 '공동의 목표'가 있어야 하지 않을까요? 선생님이 일방적으로 정한 목표가 아니라!

학기 초 '황금의 2주일' 동안 제가 가장 심혈을 기울이는 건 '학급의 공동목표 정하기'와 '학급 규칙 세우기'입니다. 시간과 관심과 에너지가 많이 들어도 충분히 아이들에게 직접 만드는 시간을 주려고 노력하고 있습니다."

 "구체적으로 어떻게 해야 아이들이 함께 원하는 공동의 비전, 목표를 정할 수 있을까요?"

 "아이들을 만난 첫 주에 따로 시간을 내어 이렇게 물었습니다. "여러분이 다니고 싶은 이상적인 교실은 어떤 모습입니까? 잠시 눈을 감고 상상해 봅시다. 이 교실에서는 친구에게 욕설하는 아이가 없어요. 그리고 친구들끼리 모이면 뒷담화를 하지 않아요. 수업 중에는 떠들어서 수업이 방해받는 일이 없어요…. 선생님의 상상 속 교실입니다. 여러분이 원하는 이상적인 교실은 어떤 모습인지 발표해 볼까요?" 물론 바라는 교실의 모습이기 때문에 우리는 일 년 동안 우리가 함께 정한 이 목표를 향해 열심히 노력할 거예요. 그리고 아이들의 발표를 모두 칠판에 기록했습니다."

"발표한 내용 옆에는 포스트잇을 하나씩 붙여 놓고, 개인별로 둥근 스티커를 8개씩 나누어 주었습니다.

그다음에는 친구들의 의견 중에서 가장 내가 바라는 '공동의 목표'에 스티커를 붙이도록 했습니다. 붙일 때는 가장 마음에 드는 목표에는 3개, 두 번째로 마음에 드는 목표에는 2개, 세 번째로 마음에 드는 목표에는 1개를 붙일 수 있습니다. 이때 모두 스티커 1개씩 8개를 붙여도 되고, 스티커 2개씩 4개의 의견에만 붙여도 상관없습니다.

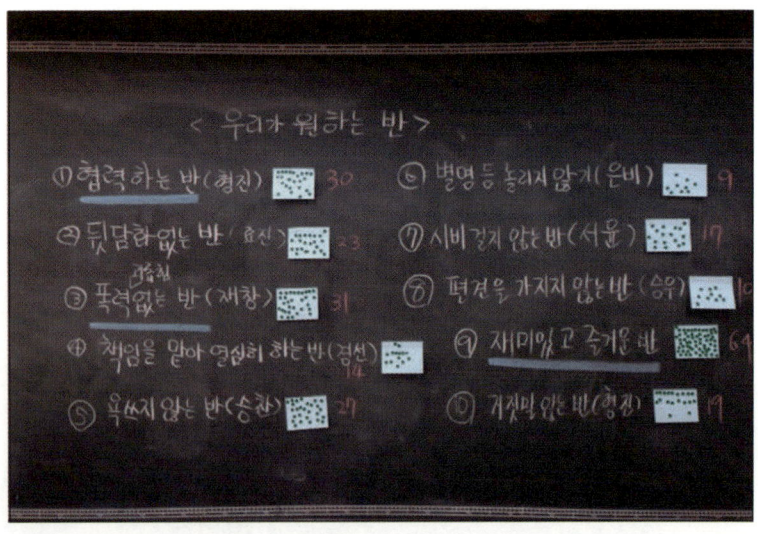

그렇게 그 해에 우리 반 아이들이 가장 많이 원했던 공동의 목표는 '재미있고 따돌림 없이 협력하는 반'이었습니다."

 "아무런 예시 없이 생각한 대로 발표를 시키면 어렵지 않을까요?"

 "고학년이라면 괜찮은데 중학년과 저학년은 예시가 필요합니다. 괜찮은 방법이 두 가지가 있어요. 그중 하나는 비폭력 대화의 '욕구 목록'을 제시하는 거예요."

자율성	놀이/재미
자신의 꿈이나 목표 가치를 선택할 수 있는 자유, 자신의 꿈이나 목표 가치를 이루기 위한 방법을 선택할 자유	즐거움, 재미, 유머
	삶의 의미
	기여, 능력, 도전, 명료함, 발견, 회복,

신체적/생존
공기, 음식, 물. 주거, 휴식, 수면, 안전, 따뜻함, 부드러움, 편안함, 돌봄을 받음, 보호받음, 애착 형성, 의존(생존과 안전), 자유로운 움직임(이동), 운동

사회적/정서적/상호의존
주는 것. 봉사, 친밀한 관계, 유대, 소통, 연결, 배려, 존중, 상호성, 공감, 이해, 수용, 지지, 협력, 도움, 감사, 인정, 승인, 사랑, 애정, 관심, 호감 우정, 가까움, 나눔, 소속감 공동체, 안도, 위안, 신뢰, 확신, 정서적 안전, 자기 보호, 일관성, 안정성, 정직, 진실, 예측 가능성

깨달음, 자극, 효능감, 중요성, 참여, 희망, 주관을 가짐(자신만의 견해나 사상)

진실성
진실, 성실성, 존재감, 일치, 개성, 자기존중, 비전, 꿈

아름다움/평화
아름다움, 평탄함, 홀가분함, 여유 평등, 조화, 질서, 평화

자기구현
성취, 배움, 생산, 성장, 창조성, 치유, 숙달, 전문성, 목표, 가르침, 자각, 자기표현

 "어느 해에는 버츄프로젝트 교육 중에서 활용되는 '52가지 미덕의 보석들'을 예로 보여주며 정한 적도 있습니다."

미덕의 보석들...

감사	기지	믿음직함	소신	용서	인정
결의	끈기	배려	신뢰	우의	자율
겸손	너그러움	봉사	신용	유연성	절도
관용	도움	사랑	열정	이상품기	정돈
근면	명예	사려	예의	이해	정의로움
기뻐함	목적의식	상냥함	용기	인내	정직
존중	창의성	초연	탁월함	헌신	확신
중용	책임감	충직	평온함	협동	
진실함	청결	친절	한결같음	화합	

"오, 이렇게 선택지가 있으면 아이들이 그중에 마음에 드는 걸 고르기 쉽겠어요. 이렇게 정하면 어떻게 활용하는 건가요?"

 "저는 이렇게 정한 '학급 공동의 목표'는 되도록 교실 앞에 게시되어 있어야 아이들의 마음속에 계속 새겨진다고 믿고 있어요. 그래서 목표를 정한 후에는 8절 도화지, 또는 글자를 크게 인쇄한 B4용지를 글자 수만큼 준비하여 모둠별로 3장~4장씩 나누어줍니다. 그런 후에 글과 그림으로 꾸미도록 합니다. 이때 글자의 테두리는 검은색 유성 매직으로 진하게 해주어야 멀리서도 잘 보입니다. 2019년 우리 반 교실 앞모습은 이렇답니다."

"경북 구미의 이동민 선생님 교실은 이렇게 멋진 글로 표현되어 있어서 찰칵! 허락받고 찍었어요."

"이렇게 교실 앞에 있으면 수업하는 동안에도 계속 보게 되어 자신도 모르게 마음속 깊이 잠재적으로 새겨지겠어요."

"수시로 교실 앞 공동의 목표를 가리키며 이야기해요. **지금 예은이가 친구의 의자를 넣어주는 모습을 보니, 우리 반이 서로 더욱 배려하는 반이 되어가는 것 같아 정말 기쁩니다** 라고요. 그리고 헤어질 때도 구호로 외치고 헤어지게 했어요."

"반 아이마다 서로 다르기 때문에 반마다 서로 다른 목표가 정해지겠어요. 아이들에 따라 다른 목표가 교실 앞에 붙어 있다니, 왠지 교실을 지나가면서도 흐뭇할 것 같아요. 어마어마하게 많은 별이 하늘에서 빛나는 것처럼, 아이들도 한 명 한 명 빛나게 하는 느낌이에요."

"그런데 처음 학급의 '공동목표'를 정할 때는 주의해야 할 점이 있습니다. 저학년 학생들은 학교생활에 대한 경험이 많지 않아 아무런 예시 없이 '공동의 목표'를 정하게 할 경우, 한두 명의 아이들 의견으로 인해 결코 바람직하지 못한 '공동의 목표'가 정해질 수 있어요. 저학년 선생님이 저희 반 학급의 공동목표 정하기를 따라 시도하셨다가 '매일 과자를 먹으며 파티를 하고 휴대폰을 걷지 않는 반'이 돼 버렸다는…….ㅎ
저학년이라면 아이들이 선택할 수 있도록 바람직한 '공동의 목표' 예시를 제시해 줄 필요가 있습니다."

> 예시) 친구들과 친하게 지내고 싶다(친밀한 관계, 우정), 성적이 올랐으면 좋겠다(배움, 성장), 재미있고 즐거웠으면 좋겠다(재미, 여유, 즐거움), 서로 욕하지 않았으면 좋겠다(존중, 배려, 따뜻함, 수용…), 제시간에 수업이 끝났으면 좋겠다(예측 가능성, 이해…)

 "선생님 따라 허용의 범위가 다르기 때문에 예를 들어 '숙제를 내지 않는 반', 또는 '매주 요리를 하는 반', '매일 체육을 하는 반', '휴대전화를 사용할 수 있는 반' 등 허락할 수 없는 범위를 분명히 제시해야 무언가 희망에 부풀었던 아이들의 기대를 저버리지 않을 수 있습니다."

▶ 6교시: 학급 세우기 : 손님 모셔오기, 점이 생겼어요

 "둘째 날도 놀이로 아이들과 즐거운 시간을 가지시나요?"

 "매일 매일 놀이를 할 수는 없지만, 선생님과 친구들을 알아가는 소중한 시간, 놀이만 한 게 없죠. 제가 좋아하는 토드 휘태커의 말입니다. '먼저 마음을 얻어라, 그다음에 가르쳐라.' 아이들의 마음을 얻는 게 먼저입니다. 둘째 날을 마치면서 다시 책상을 벽으로 밀고, 의자를 동그랗게 모아 두 번째 의자 놀이 게임을 즐겼어요."

 "첫날, 개미 술래 놀이와 감전 게임도 마음에 쏙 들었었어요 그런데 어떤 놀이가 좋은 놀이일까요? 허쌤 생각이 궁금해요."

"저는 좋은 놀이란 무엇인가? 라는 고민을 이어나가 '모다누간'이란 신조어까지 만들었어요."

 "모다누간? 무슨 줄임말 같은데 뭐죠?"

 "좋은 놀이는 1.모두가 참여하는 놀이인가? 2.다시 해도 좋은 놀이인가? 3.누가 진행해도 재미있는 놀이인가? 4.준비물이 간단한 놀이인가? 라는 고민 속에 첫 글자를 모아봤어요. 다시 해도 재미있는 놀이가 진짜 좋은 놀이라면, 매번 새로운 놀이만 하기보다 서툴렀던 놀이를 다시 해볼 필요가 있어요.

둘째 날도 '안조빠', 안전하고 조용하고 빠르게 책상을 벽에 밀고 의자를 동그랗게 모아 앉습니다. 그런 후에 첫날 했던 '개미 술래' 게임, '전기 감전 게임'에 도전했습니다. 특히 전기 감전 게임은 무려 3초대의 엄청난 대기록을 세웠습니다. '개미 술래' 게임을 하며 12초 50의 기록을 깨기 위해 어떻게 하면 좋을지 선생님은 원 밖으로 나가고, 아이들끼리 토의할 시간을 주세요. 서로 의견을 주고받은 후에 다시 도전하게 합니다. 경쟁하되, 이전의 우리 반과 경쟁하고 매번 공동의 목표에 도전하게 해보세요. 기록을 깨나갈수록 아이들은 우리는 한 반이라는 소속감을 느끼게 됩니다."

 "감사합니다. 혹시 개미 술래 게임을 더 잘하는 방법은 없을까요?"

 "이건 비밀입니다. 특별한 비법이 있어요. 그건 바로 개미 술래 뒤를 몰래 발소리도 내지 않고 따라오다가 개미 술래가 빈 의자에 앉으려고 할 때 잽싸게 튀어나와 의자에 앉아버리는 거예요."

"어머…. 너무 기발한 아이디어예요. 그러면 정말 끝도 없이 하겠어요. 그럼 전기 감전 게임의 기록을 높이는 방법도 혹시 있을까요?"

"음…. 아이들에게 절대 들키면 안 되는 비법이 있긴 한데, 절대로 들키면 안 됩니다. 일단 첫 번째는 그냥 손을 꼭 잡아 한 바퀴 돌아오는 시간을 재고 기록을 알려줘요. 그다음에는 그 기록에 도전하겠다며 두 번째 도전해요. 처음에 별생각 없이 규칙도 잘 모르고 했던 터라 기록은 나아질 수밖에 없어요. 세 번째 도전은 이제 정말 아이들이 최선을 다해 도전해요. 그러니 최고의 기록이 세워지게 되어 있어요. 문제는 네 번째 도전하자고 할 때예요. 아이들이 이젠 자신 없어 하거든요. 그때 제가 살짝 자존심을 건드려요. 이번엔 아무래도 어렵겠지요? 도전하지 말까요? 작년 기록은 11초였는데….
아이들이 모두 최고의 준비 상태가 되어 있을 때 제가 손을 꼭 눌러 전달을 해요. 그런데 이때 반대쪽 손에 들고 있던 휴대전화의 스톱워치를 약간 늦게(1초 정도) 누르는 거예요. 당연히 기록이 1초가 앞 당겨지겠죠? ^^; 그리고 너스레를 떠는 거죠. 선생님이 학생들을 가르치면서 이렇게 빠른 기록은 처음이라 올 한 해가 너무너무 기대됩니다. 이렇게 최선을 다해 노력하는 아이들을 만나서 선생님도 너무 행복합니다 라고…"

"아…. 그건 제가 늦게 누르다가 들킬 것 같아서 패스…. 오늘의 새로운 놀이는 없는 건가요?"

"둘째 날, 준비한 놀이는 절대 실패하지 않는 의자 놀이 '손님 모셔오기'
와 '점이 생겼어요' 놀이에요"

(1) 손님 모셔오기

신나는 노래와 함께 즐길 수 있는 속도감 있는 놀이입니다. 동그랗게 앉은 아이들 사이에 빈 의자를 하나 더 준비해 놓습니다.

① 빈 의자 양쪽의 두 명이 서로 손을 맞잡고 가서 '손님'을 모셔온다.

② 손님을 모셔가서 생긴 빈자리에는 양쪽의 두 명이 서로 손을 맞잡고 또 다른 손님을 찾아 모셔온다.

③ 모두 함께 배운 동요(또는 정해진 시간)를 부르는 동안 진행하고, 노래가 끝났을 때도 움직이고 있거나 빈 의자가 있는 양쪽 아이들 둘이 벌칙을 받는다.

④ 남학생 둘이라면 여학생을 데려오고, 여학생 둘이라면 남학생을 데려오도록 약속한다. 남녀가 빈 의자 양쪽에 앉아있었다면, 성별에 상관없이 아무나 데려오면 된다.

⑤ 방금 데리고 온 손님은 바로 데리고 갈 수 없도록 약속한다. 그렇지 않으면, 데려온 아이를 다시 데려가는 경우가 생긴다.

흔히 '공주님 모셔오기' 게임으로도 불리는 이 놀이의 재미는 '의자'를 하나 더 넣을 때예요. 이제 좀 익숙해질 무렵, 마치 피구 경기에 공을 하나 더 넣을 때처럼 정신없이 움직이며 재미도 두 배가 됩니다.

(2) 점이 생겼어요

새끼손톱 크기의 너무 작지 않은 둥근 스티커를 준비해야 합니다.

① 반 아이들에게 원형 스티커를 5개씩 나누어준다.

② 경쾌한 음악을 들으며 돌아다니면서 매번 다른 학생들과 만나 가위바위보 한다.

③ 이기면 자신이 가지고 있는 스티커를 떼서 상대방의 얼굴에 붙여준다. 이때 얼굴에 붙일 수 없는 상황이면 손 등에 붙이면 된다.

④ 얼굴에 붙여주며 꼭 그 친구를 보며 칭찬의 한마디를 하도록 한다. 예를 들어 "첫날부터 발표를 잘하는 모습이 부러웠어.", "먼저 인사해줘서 고마웠어." 이렇게 말하면 된다.

⑤ 가지고 있는 모든 스티커를 다 사용하면 처음에 앉았던 자리로 돌아와 앉는다.

⑥ 모든 학생이 자리로 돌아가 앉게 되면 한 명씩 얼굴을 감상하는 시간과 함께 놀이한 소감을 듣는다.

⑦ 스티커가 많은 것이 좋은지 적은 것이 좋은지 손을 들어서 확인해본다.

같은 놀이를 하면서도 우리가 서로 얼마나 다른 생각과 가치를 가지고 있다는 것을 깨닫게 해주는 유쾌한 놀이입니다.

 "오, 두 가지 놀이, 저도 꼭 해보겠어요. 이제 드디어 둘째 날도 끝난 건가요?"

 "아니에요. 사흘 안에 학급의 시스템을 만든다고 할 때 또 하나 들어가야 하는 시스템이 '청소 시스템'이에요. 혹시 선생님이 결근해도 누가 청소를 하고, 교실 뒷정리는 어떻게 하고 가는지 지도가 되어야 합니다."

 "아, 그렇겠어요. 청소 당번을 어떻게 정하면 좋을까요?"

 "첫째 날이야 이미 청소를 깨끗이 하고 만났기 때문에 따로 청소 당번 없이 집에 가지만, 둘째 날부터는 청소 당번을 안내합니다. 평화 반에서는 모둠별로 한 주씩 돌아가며 교실 청소를 맡고 있습니다. 수업을 마치고 친구들이 돌아가면, 10분 정도만 시간을 정해 청소해요. 청소의 기본은 '가르치고 칭찬하기'입니다. 의외로 이런 기본을 지키지 않고 꾸중하는 경우가 많습니다.

'깨끗이 청소하세요.'라고만 말하면 안 됩니다. '모두 이리 모여 보세요.'라고 청소 당번들을 불러 모은 후 '비와 쓰레받기를 준비하고, 이렇게 비를 쓸어 쓰레기를 모아야 합니다. 그런 다음에는 쓰레받기에 이렇게 담으세요. 그런 후에는 쓰레기통에 버립니다. 쓰레기통에 버릴 때는 흘리지 않도록 가까이 대고 넣습니다. 쓰레기가 다 차면 운동장 왼편 구석에 있는 쓰레기장에 버리고 옵니다.' 제대로 가르쳐주고, 조금이라도 좋아지면 '잘했습니다. 정말 교실이 깨끗해졌어요.'라고 여러 번 칭찬해 주세요. 이게 바로 '가르치고 칭찬하기'의 기본입니다."

"'가르치고 칭찬하기', 기본을 잊지 않고 실천하겠습니다. 그런데 청소 당번만 청소하면 다른 아이들은 바로 집으로 가는 건가요?"

"마지막 헤어지는 시간, 저는 늘 공주병 3종 세트 중에서 '신데렐라'를 외쳐요. 공주병 3종 세트는 '인어공주'라고 외치면, 인어공주처럼 두 다리를 얻고 목소리를 빼앗겨 돌아다닐 수 있어요. '잠자는 공주'라고 외치면, 책상 위에 엎드려야 하고요. **'신데렐라'라고 외치면, 자신의 의자에서 내려와 바닥에 있는 쓰레기를 10개 이상 주워 선생님에게 검사를 받아야 해요. 이것만 도와줘도 청소는 정말 쉬워집니다.** 대부분의 날은 청소하고 책상 줄을 맞추고 청소가 끝납니다. 그런데 저는 여기에 선생님이 출장 가셨을 때, 어떻게 해야 할지 지도를 더 합니다. 마지막에 누가 선생님 컴퓨터가 꺼졌는지, 공기 청정기는 꺼졌는지, 형광등은 꺼졌는지, 교실 앞뒷문은 제대로 잠갔는지 확인해야 할까요? 갑작스럽게 벌어진 날이라면, 저는 모둠 안에서 콕 찍어 모둠의 1번 이끄미가 그 역할을 하게 해요. 물론 우리 반 모둠의 역할 일 뿐입니다. 선생님 교실에 맞게 고민이 더 필요하다는 것! 잊지 마세요."

첫 만남 프로젝트 '셋째 날'

"숨 가빴던 이틀이 지나면, 이제 아이들 얼굴도 익고 조금 이름도 외워지고 아이들이 하나둘 눈에 들어오겠어요. 게다가 허쌤처럼 꼭꼭 놀이로 집에 가기 전엔 기분 좋게 놀아준다면야…"

"학기 초에 이렇게 놀이를 하는 데는 아이들이 선생님을 친근하게 생각하는 것 이상의 의미가 있어요. 저는 학기 초 자신의 본성을 숨기고 있는 아이들의 모습이 놀이를 하다 보면 모두 드러난다고 생각하거든요. 그리고 그때야말로 아이들의 태도를 길러줄 수 있는 시간이 아닐까 싶어요."

"하긴 3월을 밀월기라고 하는 이야기는 들었어요. 놀이를 통해서 아이들의 태도를 길러준다? 좀 더 쉽게 말씀해 주시겠어요?"

"놀이하다 보면 늘 승부욕이 강한 아이들이 반의 공동체 문화를 흐트러

트려요. 평화를 깨는 경우가 많죠. 아이들이 나쁜 게 아니라 한정된 자원을 누군가만 차지할 수 있는 상황 때문인 경우가 많죠. 그래서 전 놀이할 때 두 가지를 신경 써요."

"어떤 부분에 신경 써야 할까요? 교생 실습할 때도 사탕 몇 개만 걸어도 열광하며 참여하다 결국 서로 원망하고 울음을 터트리는 아이들 보면서 이젠 놀이를 하지 말아야지! 좌절감을 느꼈더랬어요."

"**첫째는 놀이에 보상을 주지 않아요. 놀이의 보상은 '재미'와 '즐거움'**이라고 생각합니다. 그런데 '보상'을 걸면 아이들은 지나친 승부욕으로 과열 경쟁하게 되고, 받지 못하게 되면 같은 모둠끼리 너 때문에 졌잖아! 원망과 시비가 걸리곤 해요. **둘째는 승부욕으로 누군가를 비난하는 상황이 오기 전에 '실패하는 아이들에 대한 반응'을 준비해요.** 아이들과 함께 격려 말을 연습하고 놀이를 하는 거죠. 만약 우리 모둠 친구가 실수로 답을 맞히질 못했어요. 우리 어떻게 하기로 했죠? '괜찮아', '다음에 잘하면 돼!', 맞아요. 한번 연습해 볼까요? 이런 과정을 놀이할 때마다 반복하고 있어요."

"선생님의 놀이에 대한 철학이 분명하면, 아이들도 '승부욕'보다 '즐기는 놀이'를 하게 될 것 같아요."

"이제 본격적으로 2019년 3월 셋째 날 일기를 보며 간단한 스케치를 해볼게요. 첫 주에는 저도 간단히 다음 날 수업을 일지에 낙서 정도로 계획하고 있어요. 전날에 학급 밴드에 메모한 내용을 살펴볼게요."

허승환
2019년 3월 5일 오후 10:35

[3월6일 수요일 수업계획]
1교시: 영어 교과전담
2교시: [창체]우리 반 의미있는 역할 정하기
3교시: [도덕]학급 규칙 세우기
4교시: [국어] 도서실 '독후감' 쓰기
5교시: [사회] 텔레폰 퀴즈로 공부하기

▶ 허쌤의 첫 만남 프로젝트 셋째 날 스케치

	중요한 프로그램	준비할 것
1교시	의미 있는 역할(일인일역) 정하기	PPT
2교시	학급 규칙 정하기	PPT, 골든벨 판
3-4교시	사회 배움지도 만들기	4절지, 유성 매직
6교시	학급 세우기 : 협력 저글링 놀이	인형, 색깔 공(3색)

 3월 6일 교단 일기

"오늘은 만난 지 세 번째 되는 날, 오늘 5l 평화 반은 한 해 우리가 더욱더 평화롭게 지내기 위해서 우리 반의 규칙을 만들었고, 각자 교실에서 친구들에게 도움이 될 수 있는 '의미 있는 역할'(일인일역)을 정했습니다. 그리고 올 한해 반 모두가 평화로운 생활을 해나갈 수 있도록 최소한의 규칙을 만들었어요. 이 역시 여러분들이 직접 하나하나 만들었고, 앞으로 매일 알림장에 차례차례 돌아가며 1번 자리를 차지하게 될 것입니다.

양심의 힘을 믿지만, 최소한 우리 자신을 보호하기 위한 약속이고 울타리라고 생각합니다. 우리가 만든 약속이니 더욱 지키려 노력해주길 부탁합니다.

▶ **1교시: 영어 교과전담**

▶ **2교시: 우리 반 의미 있는 역할(일인일역) 정하기**

2교시에는 의미 있는 역할 정하기, 일인일역을 정하는 것부터 아이들이 직접 발표하고, 함께 선정했습니다. 기존의 일인일역과 달리 우리 5I 평화 반에서 자신이 공헌할 수 있는 것이 무엇일까? 더 고민을 많이 하고 정했습니다. 함께 정하지 못한 부분은 우리 반 모두가 책임지기로 했습니다.

- 우유 당번: 은율

- 교실 잠그미: 재윤

- 학습준비물과 게시판 담당: 가현, 혜원, 승연 / 규연, 지민

- 보드게임, 책 정리: 영우, 연우

- 칠판 정리: 서연, 형준

- 쓰레기통 비우기: 민경, 현준

- TV도우미: 한결

- 사물함 정리: 유주, 유민(화, 목)

- 신발장 정리: 현

- 줄 세우기: 은

- 체육 준비물 담당: 지우, 혁준

- 복도 쓸고 닦기: 형준, 진욱

- 청소함 정리: 예영

▶ **3교시: 우리 반 학급 규칙 정하기**

모둠별로 학급 규칙을 4개씩 뽑고, 겹치는 것들을 빼서 9개의 규칙을 선정했습니다. 그런 후에 전자 투표 프로그램으로 2개까지 투표하는 과정을 거쳤습니다. 그 결과로 정해진 5l평화 반 규칙은

  첫째. 고운 말을 써요.
  둘째. 잘못을 인정하고 사과해요.
  셋째. 친구와 사이좋게 지내요.
  넷째. 선생님, 친구들과 서로 인사해요.

입니다. 우리 모두 함께 지킬 수 있도록 '고인사인' 네 글자로 암기 방법도 만들었습니다. 고-고운 말을 써요. 인-잘못을 인정하고 사과해요. 사-친구와 사이좋게 지내요. 인-선생님, 친구들과 서로 인사해요. 우리가 함께 정한 규칙이니 더 잘 지켰으면 좋겠습니다.

▶ **4교시: 국어 -도서실**

올 처음 도서실로 가서 책을 읽은 날, 새로 옮긴 학교에서는 주마다 도서실에서 책을 읽을 수 있는 시간이 확보되어 있어서 좋았습니다. 오늘은 독서록을 가지고 가서 보고 싶은 책의 목록을 쓰고, 보고 싶은 책을 보도록 했습니다.

▶ **5교시: 사회 1학기 배움지도 만들기**

처음으로 사회 교과서 공부를 들어가는 시간, 아이들에게 이런 질문을 했습니다. 이제 엄마·아빠와 멀리 가족여행을 떠나기로 했습니다.

"부모님께서 차에 타서 시동을 걸고 가장 먼저 하는 일은 무엇입니까?" 아이들이 "내비게이션을 켜서 목적지를 입력해요." 라고 원하는 대답을 해주었을 때, 다시 돌려 반문했습니다. 그렇다면, 이렇게 사회 공부를 처음 시작할 때 우리가 가장 먼저 해야 할 일은 무엇일까요? 사회 공부를 할 때 내비게이션을 켜는 것과 같은 동작은 어떤 것일까요? 길을 떠날 때도 어디로 갈지 모르고 출발하면 안 되듯이 사회 공부를 시작할 때도 우리가 한 학기 동안 어떤 공부를 하는지 '공부의 내비게이션'을 켜야 합니다. 그래야 공부의 숲에서 길을 잃지 않을 수 있습니다.

아이들의 표정에서 마음이 통한 느낌이 들었고, 교과서의 단원과 중요한 학습 내용을 담아 '배움지도 만들기'를 시작했습니다. 이렇게 만들어진 배움지도는 교실 옆에 붙여서 수시로 가리키며 '우리는 여기까지 공부했습니다.'라고 이야기해줄 계획입니다.

 "아이들이 교실에서 맡은 일들이 정해지면, 교실이 조금은 저절로 돌아갈 것 같아요. 매번 선생님이 검사하는 게 어렵긴 하겠지만…. 그리고 아이들이 직접 규칙을 만드는 과정에 관심이 많았어요. 저 어릴 때만 해도 선생님이 일방적으로 정해서 발표하셨거든요. 게다가 운동장 세 바퀴, 화장실 청소하기 등 지키지 않으면 벌을 주는 방법 일색이라 싫었어요."

 "셋째 날 핵심이 바로 '일인일역' 대신 '의미 있는 역할', 그리고 '선생님 혼자 정한 학급 규칙'이 아닌 '모두 함께 정한 학급의 약속'이라고 생각합니다. 좀 더 자세히 알아볼까요?"

의미 있는 역할과 학급 규칙 정하기

 "셋째 날 드디어 학급의 구조가 완성되는 건가요? 이제 학급 규칙도, 학급 일인일역도 정하는 날이죠?"

 "황금의 3일, 셋째 날입니다. 저는 이날 가장 신경 써서 조직하는 건 '일인일역' 대신 '의미 있는 역할'로 아이들 각자 교실에서 공헌할 수 있게 하는 것, 그리고 우리 반의 '학급 규칙'을 만드는 거라고 생각합니다."

▶ 허쌤의 첫 만남 프로젝트 셋째 날 스케치

	중요한 프로그램	준비할 것
1교시	의미 있는 역할(일인일역) 정하기	PPT
2교시	학급 규칙 정하기	PPT, 골든벨 판

3-4교시	사회 배움지도 만들기	4절지, 유성 매직
6교시	학급 세우기 : 협력 저글링 놀이	인형, 색깔 공(3색)

▶ 첫째 날 1교시: 의미 있는 역할 정하기

 "'일인일역'이란 말은 아주 익숙한데 '의미 있는 역할'이라 말씀하시니 아주 낯설어요."

 "린다 알버트(Linda Albert)는 협동 훈육(Cooperative Discipline)에서 어느 학생이 교사가 칠판 지우는 일을 자기에게는 시키지 않아 자기를 미워한다며 문제행동을 하는 일화를 소개한 적이 있어요. 새로운 교실에서 아이들이 소속감을 느끼려면 나도 학급에서 가치가 있다는 느낌, 즉 집단에 기여할 '의미 있는 역할'이 필요합니다.
아이들은 자기 역할을 성공적으로 수행하여 반 친구들로부터 인정받고 싶어 합니다. 소속감은 자신이 속한 집단이 자기를 인정해줘야만 생깁니다."

 "소속감이 부족하면 어떤 일이 벌어질 수 있을까요?"

 "교실에서 소속감이 모자라면, 아이들은 자신들만의 인정 시스템을 만들려고 시도하게 됩니다. 일진 학생들이 한결같이 침을 뱉거나 같은 비속어를 쓰고, 조폭이 깍두기 머리와 문신을 하는 심리는 이 체계에 대한 소속감의 표현이라고 할 수 있어요."

"교실에서 자기가 기여할 일이 없으면 자칫 예상치 못한 문제점들이 교실 속에서 생길 수 있겠어요. 선생님이 말씀하시는 '의미 있는 역할'은 '일인일역'과는 어떻게 다른 건가요?"

"반대로 이야기해 볼게요. 정 다운 선생님, 어렸을 때 일인일역은 많이 해 보셨죠?"

"물론이죠. 그땐 일인일역 서로 쉬운 거 하려고 손들고 가위바위보 했던 기억이 나요."

"그게 제 고민이기도 했어요. 일인일역을 운영하며 가장 자주 들었던 말 중의 하나가 '그건 제 역할 아닌데요.'였습니다. 학급 안에서 아이들은 자기에게 부여된 역할 외의 다른 책임은 지려고 하지 않았습니다. 학급에 소속감을 느끼며 공동체의 이익을 위해 스스로 행동하게 하고 싶었는데 현실의 일인일역은 청결 유지, 질서 유지 이상의 의미를 주지 못하고 있었어요."

"게다가 안 하면 선생님께 혼나는 일이죠. 재수 없게 진 아이들은 모두가 꺼리는 쓰레기통 청소나 청소함을 비워야 했고…"

"잘 아시네요. 선생님도 상처가 있나 봐요. 그래서 이제 새로운 일인일역인 '의미 있는 역할'을 하려면 세 가지 체크리스트를 확인해 봐야 해요. **첫째, 아이들이 직접 역할을 정해 기여할 수 있도록 했는가?"**

"하긴 맞아요. 일인일역은 선생님이 미리 정하신 역할을 나눠 가지는 거였어요."

"먼저 최소한의 교실에서 필요한 역할은 무엇이 있을지 선생님도 함께 참여하여 브레인스토밍 결과를 칠판에 적는 거예요. 그런 후에 아이들이 '의미 있는 역할'에 지원하는 거죠. 아이들은 자신이 좋아하고 잘할 수 있는 것을 고민하여 역할을 정하도록 합니다. 더 많은 아이가 지원할 경우에는 간단한 경선도 해요."

"제가 우유 배달을 맡으면 이렇게 넘치는 힘으로 불끈 우유 상자를 들어 올려 한명 한명 나눠줄 수 있습니다. 게다가 깔끔한 제 성격 때문에 저는 우유 상자 아래로 흘러내리는 우유가 있다면, 얼른 뛰어가 닦아버릴 것입니다. 이런 식으로...아이들이 칠판을 보고 서 있는 동안, 뒤에 있던 아이들이 투표하고 역할은 정해집니다."

"선생님이 정하지 않는다니, 대개 어떤 역할들이 나오나요?"

"한 아이는 '시간을 지배하는 자' 역할을 제안했어요. 그리고 수업 시간 종 치기 1분 전이면, 자신의 장점인 큰 목소리로 아이들에게 '수업 1분 전입니다. 자리에 앉아 수학 교과서를 책상 위에 올려 주세요.'라고 외쳤습니다.

한 아이는 밴드에서 '표준말 수호자'가 되어 친구들의 글에서 맞춤법이 어긋나거나 부적절한 표현이 발견되면, 기분을 상하지 않도록 바른 표현을 댓글에 남겨주는 역할을 맡았습니다. 또 다른 아이는 '라인 리더', 다른 교과실로 이동할 때면 늦게까지 남아있는 아이들을 일으켜 세워 줄을 서도록 도왔어요. 그리고 맨 마지막에 교실의 의자가 들어가 있지 않은지 확인해 주었습니다. 임대봉 선생님 반 아이는 매일 그날 공부한 내용을 포토샵으로 예쁘게 꾸며 학급 홈페이지에 올려주었고, 점심시간마다 아이들이 좋아하는 음악을 선곡해 틀어주기도 했다고 하네요."

"아하, 아이들이 직접 이름까지 정하며 역할을 맡는다니, 뭔가 더 재미있겠어요."

"역할이 정해지면, 다 함께 더 좋은 이름으로 바꿔보는 시간을 가져요. 우유 급식 나눠주는 아이는 '말랑카우', 체육부장은 '헬스 보이', 점심시간, 음악 틀어주는 아이는 '힙합 전사'…. 이런 식으로~ 재미있죠? 그냥 일인일역보다는 스스로 원한 역할이라 즐거운 느낌이 가득합니다."

"정말 그러네요. 그런데 그러다 보면 교실에서 꼭 해야 할 일인일역이 채워지지 않을 수 있잖아요. 예를 들어 다들 청소함 정리를 안 맡으려 한다면 어떻게 하죠?"

"저는 남은 역할을 누군가가 떠맡는 느낌으로 맡기를 원하지 않습니다. 이 역할은 너도, 나도 아닌 우리가 해내면 됩니다. 모두가 꺼리는 일이라면, 원래 한 주 동안 청소를 맡은 모둠에게 넘기는 것이 바르다고 생각합니다. 결국 아이들이 꺼리는 일은 모두가 돌아가며 해야 하는 거죠."

"아, 정말 합리적인 방법이네요. 내가 하기 싫으면, 다른 친구들도 하기 싫은 역할이니, 모두가 돌아가면서 할 테니"

"바로 그거예요. 결국 반 아이들은 직접 정한 '의미있는 역할'을 통한 기여로 개인의 존중과 서로 간의 협력이 학급 공동체를 운영하고 성장시키는 것을 생활 속에서 실천적으로 경험하게 됩니다. 이제 두 번째 체크리스트를 확인할 시간이네요.
둘째, 학생들의 역할을 시각화한다."

"정해진 역할을 시각화한다는 이야기는 무슨 뜻인가요? 문자 그대로 '의미 있는 역할'을 그려놓는다는 뜻인가요?"

"일인일역이 잘 이루어지지 않는 가장 큰 이유는 학생들이 자신의 역할을 종종 잊어버리는 탓도 크다고 생각해요. 학생들이 역할을 잊어버리지 않도록 시각화하여 도울 필요가 있습니다. 저는 두 가지 방법을 권해드리고 싶어요.
하나는 '무한책임제', 두 번째는 '의미 있는 역할 환경판' 제작이죠. '무한책임제'는 아이들이 청소해야 하는 경우, 그곳에 '무한책임제'라는 이름으로 아이 이름을 코팅해 붙여놓는 거예요. 예를 들어 신발장 청소를 오미혜라는 학생이 맡았다면, 신발장 옆에

역할	신발장 정리 및 자리 청소하기
담당	오미혜
활동 하는 날	매일 아침 8시 50분

이런 팻말을 코팅해 붙여 놓는 거예요. 신발장을 지나갈 때면, 담당하는 학생이 누군지 한눈에 알 수 있어서 본인이 까먹을 리는 없겠죠?"

"자기가 맡은 역할은 무한책임을 지게 하는 시스템이군요. 재미있어요. 그럼 또 하나 '의미 있는 역할' 환경판은 어떻게 하면 될까요?"

"아이들이 역할을 제대로 했는지 직관적으로 알 수 있도록 환경 게시판의 한 영역에 아이들의 역할을 모두 게시하는 거예요. 그런데 기존의 일인일역 판과 달리 아이가 자기 역할을 미술 시간을 활용해 예쁘게 꾸미게 하고, 코팅했어요. 그날 '의미 있는 역할'을 하고 나면 스스로 찾아가 역할을 뒤집어 붙이게 하는 거죠. 뒷면에는 OK라고 굵게 써서 꾸미도록 했어요. 그날 할 일을 다 하면, 돌려 붙이게 했더니 한눈에 누가 자기 할 일을 했는지 알 수 있어서 아이들이 스스로 노력하도록 돕는 장치가 되었어요."

"오, 한눈에 누가 했는지 안 했는지 알 수 있다니…. 따로 선생님이 잔소리하지 않아도 스스로 할 수 있도록 압박이 되겠어요. 그런데 앞뒤로 다 붙으려면 어떻게 붙여야죠? 너무 사소한 질문일까요? 처음이다 보니 모르는 게 너무 많아요."

"그럼요. 사소한 질문이 어디 있나요? 아이들에게 늘 강조해서 이야기해요. 공부란 무엇일까? 아이들에게 질문해요."

"아이들에게 너무 어려운 질문 아닐까요? 제게도 어려운데…"

12. 의미 있는 역할과 학급 규칙 정하기 · 133

"사실 저도 어려워서 논어에 실린 공자님 말씀을 빌려와요.

子曰, '由! 誨女知之乎! 知之爲知之, 不知爲不知, 是知也.' (論語, 爲政)

자왈, '유! 회녀지지호! 지지위지지, 불지위불지, 시지야.' (논어, 위정)

우리 말로 번역하면, 공자가 말하길 '자로야, 안다는 것이 무엇인지 가르쳐주마! 아는 것은 안다고 하여라, 모르는 것은 모른다고 하여라, 그게 아는 것이야.'

공부란 아는 것을 안다고 말하고, 모르는 것을 모른다고 말하는 것! 이걸 일 년 내내 강조하면 아이들이 질문하는 것을 조금은 어려워하지 않는 것 같아요."

"허튼 질문 같아서 죄송했는데, 교실에서 지도하는 경험까지 나눠주시니 정말 힘이 납니다."

"같은 학년 박민영 선생님 교실의 '의미 있는 역할' 나눔 판이 예뻐 사진으로 담았어요. 앞뒷면 색깔을 바꾸고 위쪽에 찍찍이를 붙여서 돌려 붙이게 한 아이디어가 참 좋죠?"

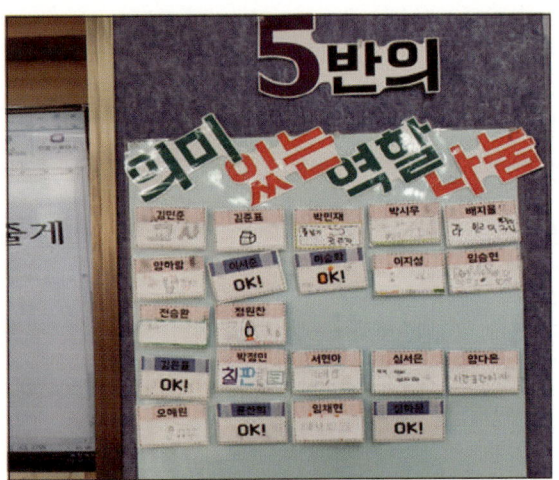

"아, 그렇네요. 환경판을 보니, 집게를 위에 붙여 돌려 넣게 해도 괜찮겠어요. 탐나는데요. 저도 '의미 있는 역할'이 그만큼 중요하다면 환경 판을 신경 써서 만들어야겠다 다짐하게 됩니다."

"제가 생각하는 '의미 있는 역할'의 세 번째 체크리스트는 **'매주 스스로 돌아볼 시간을 가진다.'**입니다."

"매주 자기가 제대로 했는지 확인하는 시간을 가진다는 말씀이죠? 어떻게 확인하는 걸까요?"

"평화 반에서는 금요일 6교시 도덕 시간에 책상을 모두 벽으로 밀고, 의자만 가져와 동그랗게 앉고 '학급평화 회의'를 하고 있어요. 이 학급평화 회의 시간을 통해 아이들이 스스로 자신의 의미 있는 역할 활동에 대해 돌아보는 시간을 확보할 필요가 있어요.

지적으로는 달라지지 않습니다. 시계 방향으로 돌아가며 '제가 맡은 역할은 매일 칠판 닦기인데, 이번 주에는 쉬는 시간마다 칠판을 깨끗이 닦았기 때문에 잘했다고 생각합니다.', '제가 맡은 역할은 라인 리더로 아이들 교과실 이동할 때 줄을 세워야 했는데 수요일, 목요일에는 미처 신경을 쓰지 못해서 아쉬웠습니다.' 등 이번 주에 자신이 정한 의미 있는 역할을 어떻게 실천했는지 이야기하는 시간을 꼭 가질 때, 아이들은 스스로 노력하게 될 것입니다."

"그러잖아도 학급평화 회의에 대해서도 여쭤보고 싶었어요. 5일째 되는 날, 더 자세히 말씀해주실 거죠? 그런 시간에 요즘 읽고 있는 책을 소개해도 좋겠어요. 학급평화 회의에 대해서도 나중에 자세히 소개해주세요."

"하나를 말씀드리면 두 개를 아시니, 옆에서 제가 더 좋은 아이디어를 얻게 되네요. 선생님 교실에서도 '의미 있는 역할'이 자리 잡히길 응원합니다."

▶ 첫째 날 2교시: 학급 규칙 정하기

"의미 있는 역할(일인일역)을 정했으니, 다음은 교실의 규칙을 정할 때인가요? 교실에 규칙을 꼭 만들어야 하나요?"

"중요한 질문이에요. 교실에 규칙은 꼭 있어야 하나요? 지금은 현장을 떠나셨지만, 김상홍 선생님은 교실에 크게 '우리 반엔 규칙은 없다. 양심만 있을 뿐'이라고 써 붙여 놓았대요. 그래도 괜찮지 않나요? 규칙이 없어도 저절로 돌아가는 교실, 사실 저희가 원하는 이상적인 교실이 아닐까요?"

"허쌤이 말씀하신 것처럼 정말 최소한의 규칙만 있으면 좋을 것 같아요."

"아이들과 이야기할 때도 먼저 이렇게 발문을 해요. '여러분 집에서는 마음대로 휴대전화를 사용해도 되나요? 우리 집에는 어떤 규칙이 있는지 누가 발표해줄 수 있는 사람?' 아이들의 이런저런 이야기를 들은 후에야 이렇게 이야기합니다. '엄마·아빠가 왜 휴대전화 사용 규칙을 만드셨을까요?' '맞습니다. 잘못하면 지나치게 휴대전화를 사용해서 여러분들이 중독될까 걱정해서입니다.'"

"무조건 규칙을 만들자고 하시는 게 아니라 왜 교실에 규칙이 필요할까를 생각하게 해주시니 더욱 아이들이 집중되겠어요."

"학기 초 교실에 규칙을 만드시는 분들은 이제 제법 많아졌어요. 하지만 학급 규칙을 만들 때도 체크리스트가 필요해요. **무엇보다 첫 번째 체크리스트는 '아이들이 직접 만들었는가?'예요.**"

"아이들이 만들지 않고 선생님이 직접 만들어 알려주시는 분들도 많다고 들었어요."

"사실 아이들과 만든 규칙은 어설프고 마음에 들지 않는 구석이 많아요. 이런 일을 몇 번 거치며 거꾸로 아예 선생님이 규칙을 정해서 배포하는 경우도 있더군요. 하지만 당장 보기에는 서투르지만, 믿고 맡길 때 아이들은 조금씩 성장하며 민주시민으로 자라는 커다란 공부를 하게 될 것입니다. **학급경영이 잘 이루어지는 반과 이루어지지 않는 반의 가장 큰 차이는 '학급의 규칙들이 학생들의 협의를 통해 만들어진다.'는 사실입니다.**

학교와 학급의 규칙은 흔히 학생들의 요구나 필요와 상관없이 교사로부터 일방적으로 만들어지는 경우가 대부분입니다. 교사들은 흔히 학급 규칙이 너무나 당연해 보여서 욕설을 하거나 지각을 하는 등 지키지 않는 학생들이 문제라고 생각하지만, 각자의 필요와 동의 없이 세워진 학급 규칙은 학생들에게 규칙을 지킬만한 동기를 주지 못해요."

"솔직히 학기 초, 굳이 이렇게 교실에서 규칙을 만들 필요가 있는 걸까요? 교실에서 문제가 생기면 그때그때 하나씩 필요에 의해 만들어도 되지 않을까요?"

"마르차노(Marzano)의 2003년 연구에 의하면, 학년 초에 학생들에게 학급의 규칙을 직접 만들게 하고 절차를 체계적으로 가르치는 반은 학생의 문제행동을 28% 정도 감소시킨다고 합니다. 문제가 생길 때마다 그때그때 만드는 규칙은 미봉책이 될 가능성이 크답니다."

"학급 규칙을 학생들이 정할 때 주의할 점이 있을까요?"

"학급 규칙을 정할 때는 '3R 1H 전략'을 활용하면 좋습니다. '3R 1H'는 Related(연관성), Respect(존중), Reasonable(합리성), Help(도움)의 약자로 학생들이 정한 학급 규칙을 거르는 장치입니다. 아이들이 함께 정한 다음 규칙이 올바른지 직접 알아볼게요."

① 숙제를 해오지 않은 학생은 명심보감을 쓴다.(O, X)

"이 학급 규칙, 아이들이 직접 만들었어요. 정 다운 선생님, 괜찮나요?"

"명심보감 쓰게 하시는 선생님들 많다고 하던데, 문제가 있나요?"

"숙제해오지 않은 학생에게 명심보감을 쓰게 하는 것은 '연관성'(Related)이 없습니다. 학급 규칙은 해결방법이 그 행동과 명확히 연관이 있어야 한답니다. 그럼 두 번째 문제도 풀어보실래요?"

② 숙제를 안 해온 학생들은 '숙제를 안 했습니다.'라는 팻말을 들고 다른 반 교실을 돈다. (O,X)

"효과는 확실하겠어요. 다음부터는 숙제를 꼭 해오게 되지 않을까요? 매번 안 해오는 아이에게 하는 벌이니까…"

"아, 그건 조금 위험한 생각입니다. 어떤 해결방법이든지 교사와 학생은 서로 존중(Respect)해야 합니다. 숙제를 안 했다고 수치스럽게 팻말을 들고 다른 반 교실을 들어가게 해서는 안 됩니다. 아이에게 가해지는 감정의 상처가 만만치 않기 때문입니다. 반 아이를 다루기 힘들다고 다른 반 선생님께 데려가는 것도 정말 조심해야 해요. 세 번째 문제 들어갑니다.

③ 일기를 쓰지 않으면 교실에 남아서 일기를 두 편 쓴다. (O,X)"

"일기를 쓰지 않았으면 일기를 쓰게 하는 것은 기본일 텐데, 두 편을 쓰게 하는 것은 어떨까요? 어렵네요."

"해결방법은 합리적(Reasonable)이며 처벌을 더 하지 말아야 합니다. 일기를 쓰지 않았다고 두 번 쓰게 하는 것은 합리적이지 않은 처벌이에요. 다른 아이들이 하교하고 난 후에 따로 남아서 쓰는 것만으로도 충분합니다. 마지막 규칙입니다."

④ 욕설을 한 학생은 쉬는 시간에 교실을 나가지 못한다.(O,X)

"3R 1H 이제 조금 감 잡겠어요. 연관성(Related)도 적고, 문제를 해결하는 데에도 도움(Help)이 되지 않을 것 같습니다."

"그렇습니다. 해결 방법을 통해 학생들은 더 나은 행동을 하고 문제를 해결하는 데 도움이 되어야 합니다. 욕설을 한 학생에게 교실을 나가지 못하게 하는 규칙은 아무런 도움이 되지 않습니다. 연관성도 떨어집니다."

"아, 그렇군요. 함께 학급 규칙을 만들기 전에 조심할 게 있을까요?"

"아이들이 직접 규칙을 만들 때 하나 더 기억해야 할 사실은 '복도에서 뛰지 않기'라는 부정적인 규칙 대신에 '복도에서 천천히 걷기'처럼 긍정적인 규칙을 만들어야 한다는 점입니다. 우리의 뇌는 부정어를 인지하지 못합니다. 학급 규칙을 만들 때는 되도록 긍정어로 만들도록 합니다. **학급 규칙을 게시할 때에는 '문제행동' 대신 '우리가 해야 할 행동'을 긍정적인 문장으로 표현하는 것이 무엇보다 중요합니다. 규칙은 '다 같이 어울려 살아가기 위한 학급공동체의 약속'인데 규칙 안에 문제행동에 대한 보상과 처벌이 들어오는 순간, 규칙은 즐겁고 행복한 것이 아니라 '통제'와 '감시'를 위한 수단으로 변질되어버릴 수 있습니다. 따라서 규칙은 절대 '처벌'과 '통제'를 위한 것이 되어서는 안 됩니다."

"학급 규칙은 서로 간의 약속입니다. 규칙을 지켰을 때 학급 공동체 안에서 보호받으리라는 믿음이 생기고, 이 신뢰를 바탕으로 학생들은 더욱 서로를 존중하며 지내게 될 것입니다."

"그런데 3월 초에 학급 규칙을 만드는 것은 함께 하고, 여유가 없다 보니 정한 규칙대로 하지 않고 그때그때 상황에 따라 다른 모습을 보여 주는 경우가 많지 않나요? 규칙을 만들기는 열심히 했지만 기억하지도 못한다면?"

 "규칙을 만들었지만 지켜지지 않고, 나중에는 규칙을 지키면 도리어 손해라는 분위기가 알게 모르게 만들어질 수 있습니다. **학급 운영의 원리는 '일지반', 일관성과 지속성, 반복성입니다.** 업무로 쫓겨 그때그때 교사의 기분에 따라 규칙의 자율성이 달라지면 학생들은 교사를 불신하게 되고, 결국 학급의 질서는 무너지게 되어 있습니다. 그래서 학급 규칙과 학급평화 회의는 한 세트입니다. 매주 한 번 동그랗게 모여 규칙을 바꾸고 수정하는 과정이 꼭 함께 따라주어야 합니다."

 "허쌤 교실에서는 어떤 절차로 만들어졌는지 알고 싶어요."

 "저는 1년 전에 만들었던 학급 규칙을 미리 예시로 보여줬어요."

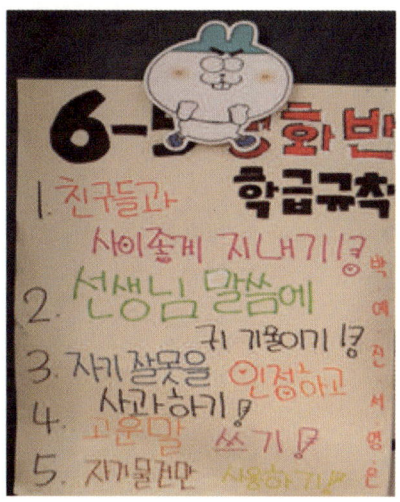

"모둠별로 골든벨 판을 하나씩 나누어주고, 학급 규칙을 4개씩 토의해 정하게 했어요. 이때 겹치는 것들을 빼서 9개의 규칙을 최종 선정했습니다."

 "정말 치열한 토의였을 것 같아요."

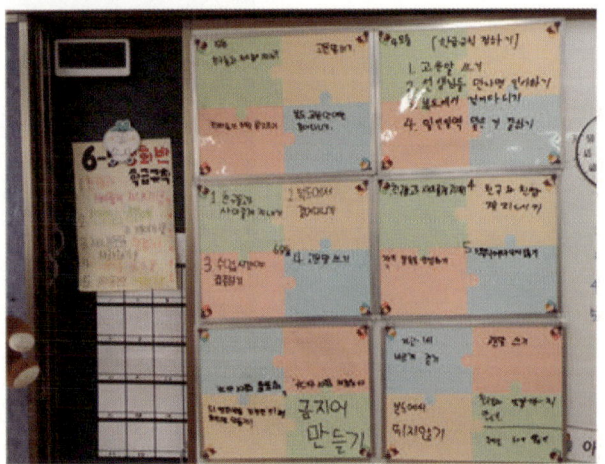

"그런 후에 '전자 투표 프로그램'으로 2개까지 투표하는 과정을 거쳤어요. 경기도 이천중학교 김정식 선생님이 만드신 투표 프로그램인데, 한 명씩 나와 키보드의 번호를 누르면 되는 쉬운 프로그램이에요. 모두 즐겁게 참여했어요."

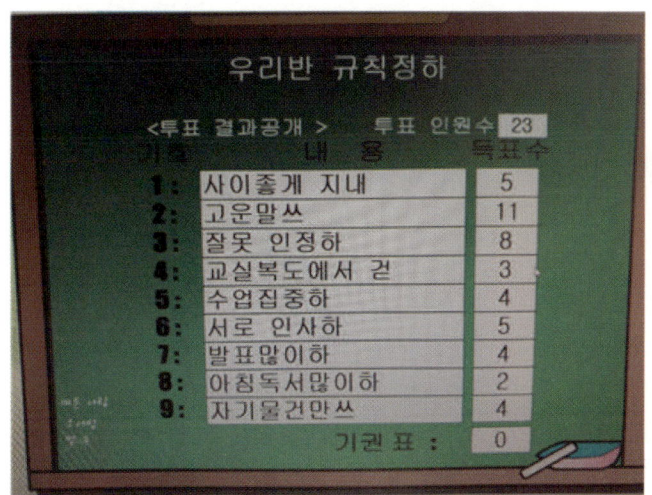

"그렇게 우리 평화 반이 함께 정한 규칙은 1. 고운 말 쓰기(11표), 2. 잘못을 인정하기(8표), 3. 사이좋게 지내기(5표), 4. 서로 인사하기(5표)...

그 결과로 정해진 51평화 반 규칙은

첫째. 고운 말을 써요.

둘째, 잘못을 인정하고 사과해요.

셋째, 친구와 사이좋게 지내요.

넷째, 선생님, 친구들과 서로 인사해요.

입니다. 우리 모두 함께 지킬 수 있도록 **'고인사인'** 네 글자로 암기 방법도 만들었습니다. 고-고운 말을 써요. 인-잘못을 인정하고 사과해요. 사-친구와 사이좋게 지내요. 인-선생님, 친구들과 서로 인사해요. 우리가 함께 정한 규칙이니 더 잘 지켜진 한 해였어요."

"규칙은 정말 3~4개면 충분할 것 같아요. 게다가 암기법까지 동원해 규칙을 외우게 하셨다니, 놀랍습니다. 그렇다면 규칙을 지키지 않았을 때는 어떻게 하세요?"

"흔히 5R(약속 확인(Review)-되돌아보기(Reflection)-책임(Responsibility)-결과(Results)-다시 하기(Rehearse))을 활용해 지도하는 데 과정이 너무 길어서 간단히 하고 있어요."

교 사: (우리 반 학급 규칙 게시물을 가리키며) "지금 유민이가 한 행동은 몇 번째 학급 규칙을 어긴 걸까요?"

김유민: "친구에게 욕을 했으니, 첫 번째 규칙 '고운 말 쓰기 약속을 지키지 않았어요."

교 사: "유민이가 잘못을 인정하는 모습을 보니, '잘못을 인정해요' 평화 반 두 번째 규칙을 잘 지키고 있는 것 같아서 더욱 우리 반이 평화로운 반이 되고 있구나! 안심하게 됩니다."

교 사: "그런데 고운 말을 쓰자를 우리가 첫 번째 규칙으로 정한 이유가 무엇일까요?"

김유민: "욕설을 하면 서로 미워하는 마음이 생기고, 다툼이 커질 수 있어서…"

교 사: "맞습니다. 게다가 우리가 함께 정한 세 번째 규칙, '친구와 사이좋게 지내기'도 저절로 따라올 거예요. 평화 반답게 욕설을 다시 하면 어떻게 하겠습니까?"

김유민: "그 친구에게 사과하겠습니다."

교 사: "욕설이 습관이라 또 하게 되면 그때는 어떻게 할래요?"

김유민: "다시 사과하고, 선생님과 상담하겠습니다."

교 사: "선생님은 욕설할 때마다 혼내려는 게 아니라 이번 기회에 유민이가 욕설을 하지 않도록 돕고 싶습니다. 스스로 한 약속을 지키려고 노력해주길 바랄게요."

"그런 후에 아이의 대답을 존중하며 그런 상황에서 다시는 그러지 않도록 노력하자고 부탁합니다."

"무언가 지키지 않으면 혼내는 교실이 아니라 왜 그 약속을 지켜야 하는지 다시 생각해보게 하는 것, 그리고 '우리가 함께 정한 규칙'이란 말에 왠지 설득되는 것 같아요."

공부의 시작!
배움지도 그리기

 "의미 있는 역할도 짜고, 학급 규칙까지 짰다면 이제 학급이 완성된 기분이에요. 아직은 머릿속으로만 상상하는 거지만, 올 한해 꼼꼼하게 제가 간 길을 잘 정리해 놓을게요."

 "그 대답이 제가 정말 듣고 싶은 이야기였어요. 그렇게 경력이 한해 쌓임에도 불구하고 연초만 되면, 모든 선생님이 긴장하고 새로 시작하는 기분으로 부담을 느껴요. 왜 이런 일이 반복될까 생각해보면, 선생님들도 연초에 아이들을 어떻게 만났는지 기록하지 않아서 매번 허둥대는 까닭도 있는 것 같아요."

 "말이 나온 김에 기록을 어떻게 하면 좋을까요?"

 "저는 온라인으로는 학급밴드를, 실제 생활 속에서는 간단히 학급일지에 기록을 하고 있어요. 요즘은 점점 더 아이패드에 아예 학급일지를 정리하는 분들이 늘어가고 있어요. 같은 학년 새내기 선생님도 처음부터 아이패드로 적는데, 부럽더군요. 선생님이 선생님 스타일에 맞게 하시면 될 듯합니다."

 "예, 말씀하신 대로 3월 한 달은 더욱더 열심히 하루를 계획하고 돌아보겠습니다."

"그럼 셋째 날, 의미 있는 역할(일인일역)과 학급 규칙도 만들었으니, 이제 슬슬 진도를 나갈 준비를 해 볼까요?"

▶ 허쌤의 첫 만남 프로젝트 셋째 날 스케치

	중요한 프로그램	준비할 것
1교시	의미 있는 역할(일인일역) 정하기	PPT
2교시	학급 규칙 정하기	PPT, 골든벨 판
3-4교시	사회 배움지도 만들기	4절지, 유성 매직
6교시	학급 세우기 : 협력 저글링 놀이	인형, 색깔 공(3색)

 "아, 이제 처음 교과서를 펴고 공부를 시작하는 건가요?"

 "하지만, 곧바로 교과서를 나가진 않아요. 학교에서 아이들이 가장 많이 하는 질문이 무엇일까요? 실제로 가장 많이 하는 질문은 '오늘 체육 뭐 해요?'. 그다음은 '오늘 국어 시간에 뭐해요? 사회 시간에 뭐해요?' 이런 질문이에요."

 "어, 맞아요. 저도 그랬어요. 그런데 지금도 교실에서는 여전히 그 질문을 많이 하는군요."

 "아이들이 무얼 공부하는지도 모르고 공부를 시작한다는 건 어쩌면 목적지를 모르고 버스에 탄 행동과 다를 바 없다는 생각이 들지 않나요?

오늘은 첫 번째 국어 시간입니다. '다들 교과서 폈지요? 1단원, 대화와 공감 입니다.' 라는 말과 함께 교과서를 펴고, 첫 단원 수업을 시작하지는 않으시겠지요? 이미 발령이 나서 학년 말 진도에 쫓겼던 경험을 가진 교사라면, 첫날, 첫 시간부터 달리고 싶은 마음이 굴뚝같겠지만, 아이들도, 또 교사도 새로운 학습활동을 준비하고 생각하는 단계는 필수적으로 필요합니다. 그래서 아이들에게 공부를 시작하기 전에 차분하게 이런 이야기를 나눠요."

▶ 첫째 날 3~4교시: 배움지도 그리기

"준비물은 모둠별로 4절 색지를 한 장씩 나누어 줍니다. 그런 후에 아이들과 문답법으로 대화를 나누죠."

> 교사: "여러분, 여러분 부모님께서 운전하실 때, 보통 제일 먼저 하시는 일이 뭔가요?"
> 학생: "시동을 켭니다.", "내비게이션을 켜서 목적지를 입력합니다."
> 교사: "네, 그렇죠. 많은 분이 '내비게이션'을 켜면서 운전을 시작해요.", "그런데, 내비게이션을 왜 찍을까요?"
> 학생: "목적지로 가는 길을 모르면서 운전하면, 길을 헷갈릴 수도 있고 목적지를 잘 찾아가기 어려워지기 때문입니다."
> 교사: "공부도 마찬가지예요. 뭘 공부해야 하는지, 어떤 내용을 배우는지, 이번 학기 동안 공부해야 할 것에 대한 목표가 없는 상태로 하는 공부하는 것은 별로

> 효과적이지 않아요. 공부의 길을 잃어버리기 쉽죠."
>
> 학생: "퍼즐 맞추는 것과 비슷한 것 같아요."
>
> 교사: "1,000조각의 퍼즐을 맞출 수 있는 사람은 모든 조각이 맞추어졌을 때의 전체 그림을 본 사람만이 가능합니다. 초등학교 때 공부를 잘하던 아이가 중학교에 올라가서 공부를 못하게 되는 경우가 종종 있는데, 그 까닭은 무엇이라 생각합니까?"
>
> 학생: "공부할 내용이 어려워져서 아닐까요?"
>
> 교사: "맞습니다. 초등학교 때는 지식이 몇 조각 안 되기 때문에 조금만 노력하면 대개 잘 할 수 있습니다. 그런데 중학교에서는 지식의 조각이 많아져서 공부하기가 어렵게 되기 때문입니다. 전체를 보는 힘을 가진 사람은 많은 양의 지식이라 할지라도 어려움을 이겨내고 결국은 공부를 잘할 수 있게 됩니다. 그렇기 때문에 하나하나의 지식 조각에 매달려 진도 나가기에 바쁘기보다는 먼저 지식을 전체로 엮을 수 있는 훈련이 필요해요."

"그러네요. 진짜 공부의 숲에서 길을 잃지 않으려면, 우리가 지금 어디쯤에서 공부하고 있는지 알고 있어야 할 것 같아요."

"모둠별로 모여 4절 색지와 유성 매직을 나누어 주고, 그냥 그리라고 하면 공부를 못하는 아이들은 하고 싶지 않아서가 아니라 뭘 할지 몰라서 놀고 있는 경우를 많이 봅니다. 따라서 시작하기 전에 교사의 칠판 판서 시범을 통해 설명해 주거나 예시 작품을 보여주고 설명해 주셔야 합니다. 예를 들어 사회 시간이라면, 4절 색지의 가운데에 '사회 1학기 배움 지도'라고 크게 쓰고 구름을 둘러 그리면 됩니다."

"구름이라면 마인드맵 그릴 때 글씨 밖에 둘러싸는 구름 이야기죠?"

"맞습니다. 1단원부터 각각 다른 색깔로 가지를 표현하도록 약속합니다. 마인드맵을 만든 토니 부잔은 같은 가지는 같은 색깔로 표현해야 뇌 속에서 연속성 있게 기억이 강화된다고 했거든요. 중심 이미지로부터 가지가 멀어질수록 같은 색깔로 표현해야 어떤 분류에 해당하는지 헷갈리지 않을 수 있습니다."

"처음 주 가지에는 단원 이름, 부 가지에는 단원 안에 차시별 공부할 주제를 적어주면 되겠군요."

"전체적으로 어떤 내용을 공부할지 단원-차시별 학습 문제를 간단히 정리하고 나면, 어떤 내용이 알고 싶은지? 이런 주제는 어떻게 공부하면 좋겠다고 생각하는지 모둠에서 토의한 내용을 포스트잇으로 붙이게 합니다."

"시간은 보통 2시간 정도 걸립니다. 같은 작업을 하고 있기 때문에 마냥 시간을 주기보다 주기적으로 다른 모둠의 활동 상황을 돌아다니며 보고 돌아와 계속 이어 그리게 하는 것이 좋습니다."

🙂 "모둠 활동을 할 때마다 염려가 되는 건데요. 늘 열심히 하는 아이들이 있고, 할 게 없다며 노는 아이들이 있어요. 첫 번째 모둠 활동인데, 어떻게 지도하면 좋을까요?"

🙂 "모둠별로 아이들의 능력 차이가 있어서 교사의 마음에 들지 않을 정도의 수준으로 완성될 수도 있습니다. 하지만 이제 처음 공부를 시작하며 마음을 맞추는 첫 협력 과정입니다. 시작할 때부터 선생님이 처음 모둠 활동을 시작하며 무엇을 원하고 무엇을 싫어할까요? 라고 물어봐 주세요."

🙂 "아, 선생님이 이야기하는 게 아니라 아이들이 스스로 느끼는 문제점을 이야기하게 하는 거군요."

🙂 "제 생각에는 '혼자 다 하기', 그리고 '아무것도 안 하고 무임승차하기'라고 생각합니다. 그런데 아이들도 모둠 활동할 때 이미 그걸 느끼고 있어요. 그래서 스스로 모둠 활동할 때마다 어떤 문제가 자신을 속상하게 했는지 서로 이야기 나눌 필요가 있습니다. 아이들이 이야기한 내용을 칠판에 적어두고, 모둠 활동을 시작하면 좀 더 집중하게 되어 있어요."

🙂 "배움지도를 만들 때 교과서대로 하나하나 정리하는 과정은 어쩌면 재미 없겠다 싶기도 해요. 아이들이 직접 활동을 하며 교과서를 미리 훑어보는 것은 의미 있다고 하지만…"

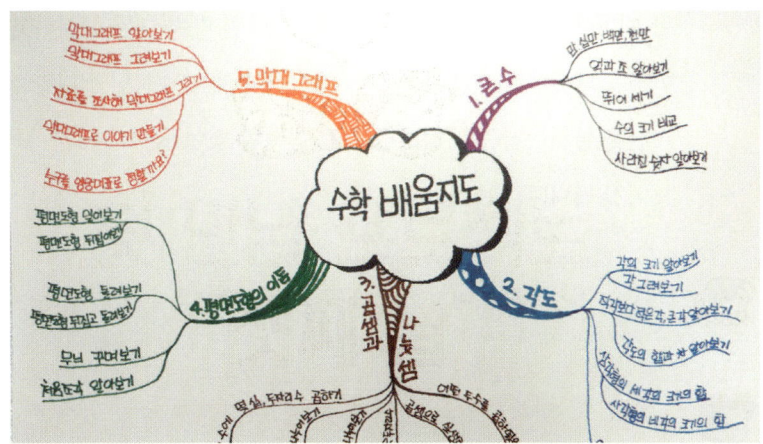

 "그래서 **교과서를 훑어보며 과목명-단원명-**다음에는 먼저 공부하면 재미있겠다 싶은 내용도 정리하게 하는 것이 좋아요.

아이들의 흥미로부터 공부할 내용을 이끄는 것은 동기유발의 기본! 관심도 없는 내용보다 아이들이 재미있어할 것부터 파악할 수 있는 좋은 계기가 될 것입니다. '교사는 어떻게 단련되는가'의 저자, 일본의 수업 명인 아리타 카즈미사는 좋은 동기유발을 마치 신선한 생선과 같다고 했습니다. 아무리 훌륭한 요리사라 해도 상한 생선으로 좋은 수업을 할 수는 없습니다. 하지만 아무리 형편없는 요리사라 해도 아주 신선한 생선만 쥐여 준다면, 제법 괜찮은 요리를 할 수 있습니다."

 "아이들과 처음 모둠 활동을 하며 진지하게 접근하면 아이들 잘 따라줄 것 같아요. 그런데 이렇게 만든 배움지도는 벽에 붙여놓으면 되는 건가요?"

 "일단 만들어둔 배움지도는 교실 한쪽 벽에 게시하여 두고, 단원을 공부할 때마다 공부했음을 표시해 주세요. 단원 앞에 □를 표시하고, 단원을 마쳤을 때마다 아이들이 가서 V 체크를 하게 해주시면 됩니다. 하나하나 미션을 클리어하는 게임처럼 점점 공부할 것이 줄어드는 즐거움이 눈에 보이게 됩니다."

"한번 만들어 놓고, 어디까지 배웠는지를 확인할 수 있어 좋겠어요."

"그리고 각 과목, 매 단원을 배울 때, 미리 아이들이 만든 배움지도에서 '단원별 내용'을 사진으로 찍어 확대해 아이들에게 보여주세요. 그리고 우리가 전체 공부할 내용 중에서 어디까지 와 있는지 확인할 수 있습니다. 나무 사이를 걷다 길을 잃고 헤매지 않도록 전체 숲을 보여주는 거죠."

"아이들이 배움지도를 완성했을 때, 미리 사진으로 찍어 바탕화면에 저장해두어야겠어요."

"이렇게 한 학기 공부를 다 마치고, 그동안 어떤 공부를 했는지 전체적인 복습을 할 때도 만들어둔 배움지도가 큰 힘을 발휘합니다. 배움지도를 교실 앞 칠판에 붙이고, 어떤 공부를 했는지 교과서를 덮은 채로 아이들에게 포스트잇을 나누어 주는 거예요. 그런 후에 배워서 새로 알게 된 점을 포스트잇에 적어 배움지도 위에 붙이게 하면, 그새 우리가 한 학기를 헛보내지는 않았구나! 스스로의 '성장'에 뿌듯함을 느끼게 된답니다."

▶ **6교시 학급 세우기 : 협력 저글링 놀이**

"셋째 날도 정리할 때에는 놀이로 마무리하시는군요. 이번 놀이는 이름만 들어도 재미있을 것 같아요. 서커스에서 본 '저글링'이라니!"

"다른 색깔의 공 3개와 인형을 준비하면 됩니다. 아니면 서로 다른 인형 3개나 4개를 준비하면 할 수 있어요. 이름도 외우면서 즐거운 시간~ **협력 저글링의 유일한 규칙은 '이 공을 떨어뜨리지 않고 모든 아이를 거쳐서 처음 공을 준 사람이 마지막에 받는다. 단, 옆 사람에게는 전달할 수 없다 입니다.'**"

"실제 놀이가 궁금해요. 저글링이라면 서커스 단원들이 공을 공중에 던지는 건데 그건 아니죠?"

"물론이죠. 대신 모두가 책상과 의자를 벽으로 밀고 동그랗게 모여 섭니다. 놀이는 이렇게 진행하시면 돼요."

[놀이 방법]
① 동그랗게 둘러서고, 모두 한 손을 들게 한다.
② 한 가지 규칙을 설명한다.
   규칙 '이 공을 떨어뜨리지 않고 모든 아이를 거쳐서 처음 공을 준 아이가 마지막에 받는다. 단, 옆 사람에게는 전달할 수 없다.'
③ 먼저 선생님부터 가지고 있는 파란 색 공을 건너편 아이에게 살짝 던져 건넨다. 이

때 그 친구의 이름을 부르며 "OO아, 반가워."라고 한마디를 하며 던진다.

④ 공을 받은 아이는 "고마워, OO아"라며 공을 준 아이의 이름을 부르며 손을 내린다.
⑤ 차례대로 손을 든 아이에게 공을 건네고, 공을 받은 아이는 손을 내린다. 이렇게 마지막 아이까지 손을 내리면 저글링 1단계는 성공이다.
⑥ 1단계가 성공하면, 좀 더 빠른 속도로 다시 한번 저글링을 하여 연습한다. 이번에는 손을 들지 않고 진행한다.
⑦ 어느 정도 익숙해지면, 2단계 노란색 공을 하나 더 추가한다. 파란색 공을 첫 번째 받는 아이에게 던지고, 5초 뒤에 노란색 공을 추가해 첫 번째 받는 학생에게 던진다. 2개의 공이 오가기 때문에 좀 더 어려워진다.
⑧ 2단계 저글링이 성공하면, 마지막으로 3단계 빨간색 공까지 추가한다. 처음에 선생님이 파란색 공을 던져 주고 5초 후 노란색 공, 5초 뒤 3단계 빨간색 공을 건네는데 빨간색 공은 던지는 순서를 거꾸로 한다. 즉 파란색 공과 노란색 공을 내게 건넸던 마지막 아이에게 거꾸로 공을 전달해야 한다.

⑨ 떨어뜨리지 않고 3개의 공을 모두 선생님에게 돌아오게 하면 저글링은 성공한다.

 "1단계, 2단계는 할 만한데 3단계 가면 정신없겠어요. 그것도 그렇고 던진 공을 놓치면 서로에게 원망하거나 작은 투덜거림이 나올 것 같아요."

"바로 그거예요. 사실 이 공들은 아이들 사이의 '갈등'을 상징해요. 정 다운 선생님 혹시 '갈등'이 어디서 온 단어인지 알고 계세요?"

 "글쎄요. 한자어라는 것만?"

 "'갈등(葛藤)'은 한자어 그대로 '칡과 등나무'를 뜻하는 말이에요. '갈(葛) ⇒ 칡 갈', '등(藤) ⇒ 등나무 등' 자로, 칡의 줄기는 왼쪽에서 오른쪽으로 감아 올라가고, 등나무 줄기는 오른쪽에서 왼쪽으로 감아 올라가죠. 이처럼 '칡과 등나무'가 서로 얽히듯이 까다롭게 뒤엉켜 있는 상태를 나타내는 말이 '갈등'이에요."

"아이들이 던진 공을 놓치고 허둥지둥댈 때, 아이들은 잠시 놀이를 멈추고 서로 이야기를 나누어야 해요. 그런 문제가 생길 때, 서로를 원망하는 게 아니라 어떻게 하면 이런 문제가 다시 생기지 않을 수 있을지…"

"공을 받고 던진 사람은 앉기, 일정한 패턴을 이용해서 던지기, 하나의 공이 끝난 후 다음 공을 던지기 등 아이들이 스스로 방법을 찾아내어 미션을 해결하도록 지켜봐 주며 격려해 줍니다."

 "마지막에 왜 우리가 이런 활동을 했는지 서로 이야기를 나누어야 하겠어요."

 "우리는 이걸 플레잉과 비교해 '디브리핑'이라고 불러요. '디브리핑'(debriefing)이란 사건 발생 이후 경험을 이야기하는 것을 일컫는 용어로, 아이들에게 물어보는 거예요.

디브리핑 시간을 통해 왜 이런 활동을 하였는지 스스로 생각해 보도록 해 보세요.

'혹시 여러분이 살아가면서 이렇게 공이 날아오는 것처럼 정신없이 해야 할 일들이 쏟아진 경험이 있으면 이야기해 볼까요?' '아, 숙제도 해야 하고, 학원도 가야하고..정신없이 바쁠 때 여러분은 어떻게 문제를 해결하나요?'

'앞으로 올해 우리 반에서는 많은 문제가 발생할 것이며, 우리가 협력 저글링에서 해법을 찾았던 것처럼 이야기하고 소통하면 우리의 문제를 해결할 수 있을 것입니다.' 라고 마지막 마무리를 하며 마칩니다."

"서로 갈등을 이야기 나누는 의미도 있고, 활동 자체로도 이름을 기억하게 하는 재미있는 놀이 같아요. 아이들이 또 하자고 조르겠는 걸요."

"여러 번 해도 재미있는 놀이라 더 좋아요. 다음에는 이름을 다 외웠다면, 그 친구에게 발견한 좋은 점, 즉 장점을 하나 이야기하며 공을 던지게 하는 거예요. 공이 없으면 인형을 준비해 던져도 괜찮아요., 그리고 이건 정말 비장의 팁인데, 3개의 공으로 저글링 하는 활동도 성공한다면, 교실 마스코트 인형을 준비하여 4단계에 도전해 보세요."

"오, 4단계도 있나요?"

"사실 4단계, 5단계...만들기만 하면 되는걸요. 4단계 공을 하나 더 준비해 역방향으로 보내도 정신 없겠죠? 내게 공이 한꺼번에 2개가 날아올 수도 있으니... 진짜 4단계는 인형을 준비하는 거예요."

"아, 공 대신 좀 더 큰 인형을 던지는 거군요."

 "아니요. 놀이하는 동안 또 하나의 미션을 주는 거예요. 3단계 공이 모두 마지막 사람에게 도착할 때까지 인형이 2바퀴 돌아와야 한다. 공이 오가는 협력 저글링 활동 중에 선생님은 이 인형을 시계 방향으로 옆 사람에게 돌려야 하는 거예요. 공도 던져야 하죠. 내게 인형이 오면 얼른 시계 방향으로 돌려 2바퀴를 성공해야 하니, 정신없겠죠? 두 번째 할 때는 3바퀴에 도전합니다."

 "아하핫…. 저부터 머리가 어질어질…. 과연 몇 단계까지 도전할 수 있을까 걱정은 되지만, 아이들이 할 수 있는 만큼 성공하고, 다음에 또 이어서 하면 되니까! 꼭 4단계까지 언젠가 도전해 볼게요…. 아, 아이들과 협력 저글링 할 날이 정말 기대됩니다."

첫 만남 프로젝트 '넷째 날'

 "황금의 3일, 가장 중요하다고 하는 3일이 지났어요. 3일 안에 학급의 구조, 학급의 시스템을 만들어서 제가 결근해도 교실이 돌아가야 한다고 하셨는데, 과연 그만큼 준비가 되었을까 의심도 듭니다. 하지만 그리 크게 걱정하진 않아요. 시간은 충분히 있고, 이렇게 여쭤볼 허쌤이 계시니까!"

 "그럼요. 경륜이 쌓인 교사와 처음 아이들을 가르치는 선생님 사이의 큰 차이를 설명해주는 단어가 '여유'인 것 같아요. 그런 마인드, 정말 좋아요. 못하면 다음 날도 있고, 다음 날도 있으니 괜찮아요. 절대 프로그램에 쫓기지 마세요. 선생님이 쫓기면, 아이들은 선생님이 가르치고 싶은 내용보다 그 조급한 태도만 느끼게 된답니다."

 "4일째, 이제 제법 아이들 이름도 거의 외워진 것 같고 하나둘 작년의 안 좋았던 태도도 살짝살짝 보이는 것 같아 걱정도 시작되지만, 그래도 아이들 생각보다 예뻐서 이렇게만 일 년을 보내면 얼마나 좋을까 싶습니다."

 "아이들이 달라진 게 아니라 학기 초라 그동안 숨겨왔던 진짜 모습이 보이는 거라고 생각하면 됩니다. 원래 그런 아이들이었는데, 아이들도 본성을 숨기고 사느라 조금은 힘들었을 거예요."

 "그렇게도 바라보실 수 있군요. 정말 처음부터 그렇게 생각하고 아이들을 대하면, 따로 크게 실망하지 않을 수 있겠어요."

 "일단 4일째 제가 미리 계획했던 하루는 이랬어요. 물론 늘 계획대로 진행되진 않았지만…"

 허승환
2019년 3월 6일 오후 11:41

5명이 읽었습니다.

[3월7일 목요일 수업 계획]
1교시: [수학] 배움지도 그리기
2교시: [체육] 교실놀이 '까꿍놀이'와 '협동 풍선 띄우기',
3교시: [컴2] 학급 공동의 목표 색칠해 꾸미기
4교시: [영어] 영어 교과전담
5교시: [사회] 공책정리 후 2번 텔레폰퀴즈
6교시: [창체] 국어 / 자기소개 안경 그리기

▶ 허쌤의 첫 만남 프로젝트 넷째 날 스케치

	중요한 프로그램	준비할 것
1교시	공동의 목표 색칠해 교실 게시하기	8절 도화지,유성 매직,색연필
2교시	체육 '위기 탈출 넘버원' 안전 지도	유튜브 영상
3교시	올베우스 4대 규칙 평화교육1	PPT, 현수막
4교시	학교폭력지수 지도	PPT, 현수막
5교시	사회 텔레폰 퀴즈로 친구 가르치기	골든벨 판, 마카, 마카지우개
6교시	학급 세우기 : 까꿍 놀이	무릎담요

 "이제 사회 시간에 이어 수학 교과서도 들어가는군요. 수학 배움지도를 시작하는 걸 보니. 그리고 놀이하는 선생님답게 매일 '놀이'가 아이들 생활 속에 들어가 있군요."

 "1일 1 놀이, 여건만 가능하다면 늘 아이들과 놀고 싶은 교사예요. 그렇게 봐주시니 더 힘이 나는걸요. 2019년 넷째 날 썼던 일기장을 먼저 살펴볼게요."

 3월 7일 교단 일기

"함께 만난 지 나흘째 되는 날입니다. 아이들이 저와도, 친구들과도 조금은 친해졌는지 웃는 모습도 많이 보이고, 활발해져 가는 모습입니다.
오늘은 우리 반이 어떤 반이 되면 좋을지 둘째 날 만들었던 공동의 목표를 마저 완성해서 교실 앞, 칠판 위에 붙여 놓았습니다. 두 시간에 걸쳐 열심히 토론한 끝에 정한 평화 반의 2019년 목표는 '이벤트는 많이! 숙제는 적게! 건강한 5)평화 반'입니다. 앞으로 2019년 한 해, 함께 학교생활이 기쁜 이벤트는 늘리고, 숙제는 최대한 학교에서 하며, 그러면서도 마음도 육체도 건강한 5)평화 반이 되도록 함께 노력합시다."

▶ 1교시: 공동의 목표 색칠해 교실 게시하기

함께 정한 목표를 미리 B4 용지에 크게 인쇄한 후에 모둠별로 2~3장씩 나누어주었습니다. 그런 후에 모둠별로 색칠해 꾸미게 했습니다. 교실 앞 벽 태극기 옆에 붙이니 제법 그럴듯합니다. 앞으로 한 해, 함께 정한 목표대로 노력하는 5)평화 반이 되기 위해 함께 마음을 모아 봅시다.

▶ 2교시: 체육 '위기 탈출 넘버원'을 통한 안전 지도

넷째 날이 되니, 선생님 눈치를 살피며 마치 간을 보듯 슬슬 교실에서 달아나고 쫓아가며 뛰어다니는 아이들이 보였습니다. 이제 드디어 지도할 때가 되었구나! 비장의 무기 '위기 탈출 넘버원' 방송과 학습지를 준비했습니다. 이제 아이들의 움직임이 커지는 만큼, 의도적으로 4일째 되는 날, 체육 '안전' 영역을 먼저 재구성해 '위기 탈출 넘버원' 영상을 보여주었습니다. 초등학교 6학년 학생 552명의 학생을 대상으로 한 한 2004년 연구 논문에 의하면 약 238명의 어린이가 학교에서 안전사고를 당한 경험이 있었습니다. KBS2 '위기 탈출 넘버원' 방송에서 43.2%가 이 원인으로 한 번 이상 사고를 당한 경험이 있다고 하는데, 이것은 무엇일까요? 영상만 틀어놓지 않고, 화면을 멈춰 마치 방송에라도 초대된 양 아이들에게 물어보며 진행하니, 열심히 봤습니다. 어린이 사고의 주요 원인 중 하나인 이것은 '장난'입니다. 아이들에게 발문하고, 결과를 방송으로 보여주었습니다. 바로 '장난'! 2004년 초중고 학교에서 발생한 사고는 4,335건, 그중에 어떤 장난이 사고로 이어지는지 이야기를 나누며 하나하나 방송으로 확인했습니다. 학습지를 작성하면서 특히 '위험한 장난'들을 따로 짚어 주었습니다. 아이들이 막연하게 알고 있던 위험한 장난을 눈으로 확인하고 난 후, 쉬는 시간 적어도 그런 장난이 사라졌습니다.

▶ 3교시: 평화교육 프로젝트 '올베우스 4대 규칙 지도1

평화 반에서 진짜 교실 속 평화가 찾아오려면 어떻게 해야 할까? 고민하다 첫 번째 평화교육은 '올베우스 4대 규칙'으로 시작했습니다. 학교폭력이 일어나면, 많은 아이가 '장난'이었다고 이야기합니다. 먼저 교실에서 벌어지는 '학교폭력'에는 어떤 것들이 있는지 아이들이 그동안 당했던 경험을 중심으로 발표를 들었습니다. 그렇게 학교폭력을 나누어 칠판에 모두 적은 후, 모둠별로 모여 함께 '장난'과 '괴롭힘'의 차이는 무엇인지 생각해보게 했습니다. 모둠별 발표가 끝난 후, 당하는 사람이 기분 좋으면 '장난', 당하는 사람이 기분 나쁘면 '괴롭힘'이라고! 결코 장난치는 사람이, 가해자가 기분 좋으면 '장난'이 아니라고 강조하고 다시 강조했습니다.

남은 시간동안, 피해자의 입장에서 이런 폭력이 생긴다면 어떻게 할지 '어기바'(어! 사실-기분-바람)로 상황을 나누어 연극을 하며 실습을 했습니다.

▶ 4교시: 평화교육 프로젝트 '학교폭력지수' 지도

3교시 역할극을 충분히 할 수 있도록 시간을 주다보니 4교시에도 이어서 발표를 충분히 하며 이야기 나누어야 했습니다. 남은 20분 정도는 교실 앞 현수막 '올베우스 4대 규칙'과 함께 교실 뒤 현수막인 '학교폭력지수'에 대해 이야기를 나누었습니다. 학교폭력에 대해 막연하게 생각하는 아이들에게 '핀란드'에서 학교폭력 예방을 위해 제작해 활용하고 있는 '학교폭력지수'를 지도했습니다. 친구에게 별명을 부르면, 앞으로 우리 평화 반에서는 "야, 별명 부르지 마"가 아니라 "별명을 부르는 행동은 학교폭력지수 몇 단계에 해당하는 폭력이죠?" 라고 선생님이 물어볼 거라고 안내하며, 1단계부터 차례차례 단계별로 안내를 했습니다. 뒷담화도 4단계에 해당하는 높은 학교폭력이라니, 모두 놀라는 눈치였습니다.

▶ 5교시: 사회 1-(1) 우리 국토의 위치 알아보기 텔레폰 퀴즈

오늘은 배움지도를 만들며 어떤 공부를 할지 살펴본 후, 처음 교과서 진도를 나가는 날입니다. 먼저 각 모둠에서 사회를 가장 좋아하는 아이들을 뽑아달라고 부탁했습니다. 그리고 뽑힌 아이들이 사회책을 가지고 복도의 한쪽에 앉을 수 있도록 데려갔습니다.

아이들에게 사회책 1단원 2차시. 우리 국토의 위치 알아보기(사회 10-12쪽) 교과서 내용을 교실에 있는 선생님과 아이들이 공부할 거라고 안내했습니다. 5분 뒤에 여러분이 들어오면, 여러분 친구들이 무엇이 중요한지 가르쳐 줄 거라고, 그런 후에 5분 뒤에 교실 앞에 골든벨 판과 마카, 마카 지우개를 가지고 나와서 5개의 문제를 풀게 될 거라고 수업의 진행을 안내했습니다.

▶ 6교시: 학급 세우기 : 까꿍 놀이

황금의 1주일 동안은 매일 마지막 시간을 아이들과 마음이 연결되는 놀이로 보내기로 했습니다. 오늘은 친구들 이름도 외우며 즐길 수 있는 '까꿍 놀이', 미리 무릎담요를 준비했습니다. 책상과 의자를 모두 벽으로 붙이게 하고, 남자아이들과 여자아이들을 각각 한 팀으로 만들어 모이게 했습니다. 그런 후, 남자 한 명과 여자 한 명 도우미를 지원받아 무릎담요를 두 팀 사이에 들고 있게 했습니다. 두 팀에서 한 명씩 나와 무릎담요를 앞에 두고 상대 팀을 향해 앉아있다 "하나둘셋" 선생님의 신호에 따라 도우미들이 무릎담요를 놓게 했습니다. 그리고 먼저 상대 팀의 이름을 부르면 상대방 아이를 자기 팀으로 스카우트할 수 있다고 약속했습니다. 남자 대 여자의 구조가 아니라 이름을 못 부르면 상대방 팀으로 흡수되는 구조라 아이들이 더욱더 재미있어했습니다. 눈앞에 친구가 있는데도 이름을 부르지 못해 애쓰는 영수 모습 때문에 모두 더 많이 웃었습니다.

"넷째 날에는 이제 진짜 '평화 반' 답게 폭력 없는 반, '평화'에 대한 수업을 하셨군요. 그러잖아도 저도 가장 관심이 가는 주제예요. 워낙 아이들 학교폭력이 생기면, 학부모님들이 무섭게 변해 선생님을 원망하니…."

"맞벌이 부부가 많아지면서 자연스럽게 가정에서 지도되어야할 생활지도를 학교에서 맡아주길 바라는 시각들이 많아진 것 같아요. 민원 문제도 부담스럽겠지만, 그보다는 아이 입장에서 학교에 와서 학교폭력에 대한 두려움, 불안을 안고 생활한다면, 그것만큼 불행한 일이 어디 있을까 싶습니다."

"말씀 감사합니다. 자꾸만 학부모님 민원이 더 걱정되는 새내기다 보니 아이들이 먼저라는 생각을 잊곤 합니다. 정말 아이가 학교에 와서 두렵지 않게 생활할 수 있도록 하기 위해서라도 평화교육 프로젝트는 더 마음 담아 공부하겠습니다."

안전한 교실을 위한 평화교육 시작하기

"허쌤의 4일째 만남은 학교폭력 없는 '평화 반 프로젝트'의 시작이라고 할 수 있겠군요. 교실에 따돌림과 다툼이 없는 교실, 사실 그것만으로도 한 해 학급경영은 성공한 것 아닐까 싶어요."

"여러 선생님께 영향력이 있는 선생님들을 만나 뵐 기회가 참 많았어요. 그분들과 대화를 나누며 느낀 공통점 중 하나가 '상상력'이 아닐까 생각했습니다. 내가 만들고 싶은 교실의 이미지를 상상하는 거예요. 선생님께도 여쭤볼게요. 선생님은 어떤 교실을 만들고 싶어요?"

"갑자기 물어보시니 당황스럽지만…. 생각나는 대로 이야기하면, 제가 어렸을 때 선생님들은 아주 무서우셨거든요. 그래서 친구처럼 이런저런 고민도 이야기할 수 있는 선생님도 되고 싶고, 공부 시간에는 정말 귀에 쏙쏙 재미있고 유머 있게 가르쳐서 아이들이 한 해를 지나고 나서 이전해 보다는 스스로 나아졌구나! 생각하게 하는 선생님이 되고 싶어요. 그리고 반 아이들이 교실에 오면 오늘은 어떤 공부를 할까? 기대감이 있는 교실을 만들고 싶어요. 물론, 이건 제 혼자 노력으로는 안 되겠지만……."

"미국의 심리학자 바움린드는 부모의 유형을 4가지로 구분했는데, 혹시 들어 보셨어요?"

"부모의 4가지 양육 유형이라 아직 결혼도 하지 않은 제가 관심 가지기는 멀었다고 생각했어요. 얼핏 들어만 봤죠."

"부모의 양육 유형이지만, 전 교사와도 일맥상통한다고 감탄했답니다. 그녀는 자녀를 양육할 때 가장 중요한 태도를 '애정'과 '통제'로 생각했어요. 4가지 양육 유형은 허용적 양육 태도, 민주적 양육 태도, 독재적 양육 태도, 방임적 양육 태도로 나뉩니다. 이 중에 어떤 유형의 부모가 가장 아이들을 잘 키웠을까요?"

"허용적 양육 태도와 민주적 양육 태도 아닐까요?"

"정답은 '민주적 양육 태도'였어요. **겉으로 보면 허용적 양육 태도가 가장 아이를 사랑하는 방식으로 보입니다. 아이가 원하는 것을 뭐든 이뤄주려고 애쓰기 때문이죠. 하지만 허용적 양육 태도로 길러진 아이는 타인에 대한 배려도 어렵고, 자신의 나쁜 감정을 스스로 조절하는 것도 어려워했어요. 반면에 민주적 양육 태도를 가진 부모와 교사는 자녀와 학생이 스스로 선택할 수 있는범위 안에서 스스로 결정할 수 있도록 돕습니다."

"아, 정말 아이가 원하는 대로 잘해주는 교사가 아니라 부모처럼 교사로서도 반 아이들에게 자라길 바라는 모습이 있어야겠어요."

▶ 허쌤의 첫 만남 프로젝트 넷째 날 스케치

	중요한 프로그램	준비할 것
1교시	공동의 목표 색칠해 교실 게시하기	8절 도화지, 유성 매직, 색연필
2교시	체육 '위기 탈출 넘버원' 안전 지도	유튜브 영상
3교시	올베우스 4대 규칙 평화교육1	PPT, 현수막
4교시	학교폭력지수 지도	PPT, 현수막
5교시	사회 텔레폰 퀴즈로 친구 가르치기	골든벨 판, 마카, 마카지우개
6교시	학급 세우기 : 까꿍 놀이	무릎담요

▶ 첫째 날 1교시: 공동의 목표 색칠해 교실 게시하기

"선생님도 둘째 날 수업하신 것을 겨우 넷째 날에야 완성하신 거예요?"

"하핫… 바로바로 하면 좋은데, 이런저런 학기 초 업무가 계속 쏟아져서 좀 정신이 없었어요. 새 학기 시간표를 완성해야 했거든요."

"첫날부터 시간표가 완성되는 게 아니군요. 그래서 첫날부터 진도를 나가지 못하는 건가요?"

"그건 아니고, 새로 전입해 오신 선생님들이 종종 교과전담을 맡으시다 보니까 학년과 교과 선생님들 사이에 어떤 교과를 할지 정하는 과정에서 약간의 시간 지연이 있었어요. 그래서 둘째 날, 확정된 시간표를 아이들에게 컬러로 인쇄해서 나누어 주었답니다."

 "시간표는 선생님이 마음대로 짤 수 있는 거군요. 교과전담 수업 시간은 강당이나 교과실 사용 시간이 이미 정해져서 어렵겠지만…"

 "맞아요. 그래서 좀 더 신중하게 짜실 필요가 있어요. 제가 짤 때 활용하는 몇 가지 팁을 전해드릴게요. 물론 결정하시는 건 선생님이지만…. 선생님은 일주일 중에 무슨 요일에 가장 화를 많이 내게 될까요?"

 "화를 내고 싶진 않지만, 아무래도 주말의 피로가 남아있는 월요일이나 점점 지쳐가는 금요일 아닐까요?"

"주말에 청소년단체를 맡거나 연인과 데이트를 하는 등 멀리 다녀오는 날에는 더욱더 피곤해서 수업 준비도 충분하지 못할 수도 있어요. 그런데 묘하게도 아이들은 선생님 수업 준비가 다른 날과 다르면, 더욱 떠들고 딴짓을 하더라고요. 그래서 월요일에 저는 미술 수업을 2시간 오전 중에 넣어두고 있어요. 혹시 수업 준비가 부족하면 교과 시간에 준비할 수 있도록 하려고요."

"오, 정말 꿀팁이에요. 아무래도 미술을 월요일에 하면 선진도 반이 되어서 다른 반을 도와줄 수도 있겠어요."

"개인적으로 가장 좋아하는 교과가 체육과 미술이에요. 역사가 들어 있는 사회도 좋아하고요. 그러다 보니 좀 더 좋아하는 교과를 월요일에 배치하는 편이 덜 힘이 들어서 좋았어요. 금요일은 주로 주말이 눈앞에 다가온 때라 아이들 들떠있는 마음 반영해서 실습이 들어 있는 실과 수업을 1, 2교시에 배치하고 있어요. 금요일 6교시는 도덕 수업을 배치해서 한 주를 마무리하며 학급평화 회의를 하고 있고요. 다음에 더 자세히 말씀드릴게요."

▶ 2교시: 체육 '위기 탈출 넘버원'을 통한 안전 지도

"아 참, 작년부터 친했던 아이들이 교실 책상 사이를 쫓고 쫓기는 일들이 몇 번 있었어요. 선생님이 황금의 3일 동안은 크게 화내지 말라 하셔서 우리 교실에서는 어떻게 하기로 했죠? 정도로만 물었는데… 따로 지도할 필요를 느꼈어요."

"학급에서 학급 규칙을 만들 때 '위험한 행동'은 아예 따로 규칙으로도 만들지 않았었죠. 아이들의 안전을 위해서 당연히 조심해야 할 행동이기 때문입니다. 그렇지만 활력이 넘치는 아이들은 이런 울타리를 쳐주지 않으면 계속 교실에서 뛰어다니고 공을 던지는 모습을 보입니다. 그래서 의도적으로 4일째 되는 날, 체육 '안전' 영역을 먼저 재구성해 KBS 방송의 '위기 탈출 넘버원' 영상을 보여주었어요."

▶ **유튜브 영상 보기:** http://gg.gg/g4998

 "학기 초마다 꼭 보여주시는 영상이라니, 어떤 내용일까요?"

 "6학년 학생 552명의 학생을 대상으로 한 2004년 연구 논문(초등학생의 성격 특성과 학교안전사고, 한국교원대학교 대학원 초등 체육교육 전공, 김창희 교사)에 의하면 약 238명의 어린이가 학교에서 안전사고를 당한 경험이 있다고 해요.
KBS2 '위기 탈출 넘버원' 방송에서 43.2%가 이 원인으로 한 번 이상 사고를 당한 경험이 있다고 하는데, 어린이 사고의 주요 원인 중 하나인 이것은 무엇일까요?"

 "글쎄요. 교실에서 뛰어다니는 문제일까요?"

 "그것도 정답 안에 포함됩니다. 바로 '장난'이에요! 2004년 초중고 학교에서 발생한 사고는 4,335건, 그중에 어떤 장난이 사고로 이어지는지 이야기를 나누며 하나하나 방송으로 확인했습니다. 학습지를 작성하면서 특히 '위험한 장난'들을 따로 짚어 주었습니다. 주로 교실에서 위험한 결과를 초래하는 장난에는 어떤 것들이 있을까요?"

"역시 복도를 빠르게 뛰어다니는 모습이 먼저 떠올라요."

"영상에서는 실제 사례 중에서 '엉덩이 찌르기'(똥침 놓기), '다리 걸기', '말뚝 박기', '레슬링 장난', '의자 빼기'를 소개하고 있어요. 비록 극단적인 결과지만 아이들이 영상을 보며 많은 경각심을 가지게 되더라고요. 학습지를 작성하면서 보게 해서 집중도 더 잘하고요."

"교실이나 복도에서 뛰어다니면 좀 더 단호하게 고함을 쳐서라도 못 뛰게 해야겠어요."

"아, 뛰지 못하게 해야 하는 건 맞지만, 고함을 치며 화를 내는 건 선생님을 위해서도 권하고 싶진 않습니다. 고함치지 않고도 단호하게 이야기할 수 있습니다. 단호함은 고함치는 것보다는 차분한 목소리로, 그리고 이왕이면 질문으로 하는 것이 좋아요. 질문으로 말하면, 아이는 거절할 여지가 자신에게 주어지기 때문에 더욱 존중받는 느낌을 받게 되거든요."

"복도에서 뛰라고 했어? 뛰지 말라고 했어? 설마 이렇게 질문하는 건 아니겠죠? ^^;"

학교 안전	위기 탈출 넘버원 : (　　　)의 위험성	2020년 3월 일
	학교 안전사고 예방을 위하여	서울강일초 5학년 1반 이름 (　　　　)

※ '위기 탈출 넘버원' 방송을 보면서 대답을 찾아 적어봅시다.

1. 초등학교 학교안전 사고원인 중 가장 많은 43.2%를 차지하는 원인은?

　..

2. 학교에서 하는 (　　　) 중에 특히 위험한 5가지를 적어보세요

(　　　)의 종류	왜 위험한가요?

3. 그 동안 (　　　)으로 친구를 다치게 했거나 내가 다쳤던 경험, 또는 다칠 뻔한 경험이 있었다면 적어봅시다.

　..

4. 앞으로의 각오와 프로그램을 보고 느낀 점을 적어보세요.

　..

　..

　..

 "하하핫…. 빵 터졌습니다. 그런 질문은 아니고, 복도에선 어떻게 걷기로 했죠? 라고만 물으면 됩니다. 아이가 '천천히 걸어야 해요.'라고 말할 때, 지금 말한 대로 걸어볼까요? 라고 한마디만 더해 주시면 됩니다."

 "아이도 그 행동이 잘못된 행동인 것을 모르고 그러는 건 아니기 때문에 잔소리하기보다는 스스로 생각하고 대답하게 하는 것! 저도 노력하겠습니다."

▶ **3교시: 평화교육 프로젝트 '올베우스 4대 규칙 지도1**

 "올베우스 4대 규칙? 이게 뭔가요? 평화로운 교실을 위해 꼭 필요한 평화교육이라니, 저도 더 공부하고 싶어요."

 "2014년에 핀란드와 노르웨이, 스웨덴의 학교들을 방문한 적이 있어요. 그때 노르웨이 교실마다 붙어있는 '올베우스 4대 규칙'(4 Olweus Rules)을 알게 되었습니다. 노르웨이에서는 1982년 10~14세 청소년 3명이 집단 괴롭힘의 결과로 잇따라 자살한 사건이 일어났습니다. 이 사건을 계기로 학교폭력을 없애기 위한 '괴롭힘 근절 실천 운동'(Manifesto AgainstBullying) 캠페인을 전국에서 벌였어요."

 "우리나라에서도 2012년 대구 중학생 자살 사건 이후 학교폭력 예방법이 도입되었는데, 비슷한 일이 노르웨이에서 먼저 크게 사회 문제가 되었군요."

"2011년 대구 덕원중학교 2학년인 권모 군이 집단 괴롭힘을 견디다 못해 7층 아파트 베란다에서 뛰어내려 자살했던 사건, 기억납니다. 억지로 컴퓨터 게임을 시키고, 통장에서 돈을 강제로 빼내 가져갔으며, 자신들의 숙제를 대신시켰다네요. 반항을 하면 수십 번씩 두들겨 패고 무릎을 꿇리는 등 이루 말할 수 없는 폭행과 모욕을 가해 온 국민이 분노로 들끓었죠. 그런데 정작 유서에 적힌 가해자들은 유서의 내용을 시인했으나, "장난으로 한 일인데 이렇게 되었다"며 반성의 기미를 보이지 않아 더욱 국민들의 분노를 일으켰어요."

"그런 아픔이 있었군요. 아이를 잃은 엄마는 얼마나 아프셨을까요?"

"노르웨이 베르겐 대학의 심리학자 댄 올베우스(Dan Olweus)가 개발한 이 학교폭력 예방 프로그램을 학생 2,500여 명 대상으로 실시한 결과 2년 사이 학교폭력 사건이 50% 이상 감소하였고, 이후 영국, 독일, 미국 등으로 프로그램이 확산되면서 역시 큰 효과를 보였습니다."

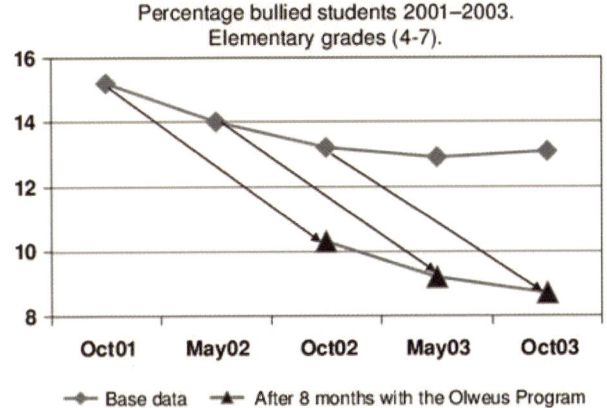

"1979년에는 12,000명의 학생들에게 약 8개월의 올베우스 학교폭력 예방 프로그램을 지도한 후 괴롭힘 / 피해자 문제에서 학교폭력의 실질적인 감소 (32~49%)를 나타냅니다. (Cook & Campbell, Qua-experimentation. Chicago : Rand McNally, 1979)

칠판 왼쪽에 아예 교실 현수막까지 마련해 놓고, 4일에 걸쳐 하루에 하나씩 곶감 빼먹듯 수업을 진행했습니다. 넷째 날 평화교육 첫날은 '장난'과 '괴롭힘'의 차이는 무엇일까? 가 화두였습니다."

"정다운 선생님, 늘 가해자들은 장난이었는데요. 라고 핑계를 대곤 해요. 장난과 괴롭힘은 어떻게 구분할 수 있을까요?"

 "장난은 당하는 사람도 즐거우면 장난이고, 즐겁지 않으면 괴롭힘이라고 생각해요."

 "정답입니다. 그런데 의외로 이 당연한 대답을 아이들은 하지 못해요. 그래서 아이들과 간단한 발문을 해요. 실제 우리 반 수업 장면을 소개해 드립니다."

▶ 학교폭력 예방 수업 과정

교사 : "혹시 지금까지 학교폭력을 당했던 적이 있다면, 누가 솔직하게 발표해 줄 수 있을까요?"

학생1: "누군가 제 실내화를 계속 화장실에 숨겼어요."

학생2: "친구들이 모여서 제 뒷담화를 해서 힘들었던 적이 있었어요."

교사 : "여러분이 당한 학교폭력을 적어보니, 직접적으로 때리고 맞는 물리적 폭력도 있고, 언어폭력, 사이버 폭력, 간접적인 폭력(관계성 폭력)도 있군요. 그렇다면 친구를 때려놓고 장난이야! 라고 말한다면, 진짜 장난일까요?"

교사 : "지금부터 공책에 여러분의 생각을 적어 봅시다."

(1) 장난 :
(2) 괴롭힘 :

교사 : "이제 모둠별로 모여 돌아가며 차례대로 자기 생각을 이야기해 보세요."

교사 : "어떤 것이 '장난'이고 어떤 것이 '괴롭힘'인지 모둠의 토의 결과를 골든벨 판에 적고, 모둠장이 발표해 봅시다."

( )모둠 토의 결과	
장난	
괴롭힘	

학생: "저희 모둠의 토의 결과는 '당하는 사람'이 허락할만한 경우는 '장난'이고, 좀 지나쳤다고 생각이 되면 '괴롭힘'이라고 생각합니다."

교사 : "모둠별 발표 잘 들었습니다. '장난'과 '괴롭힘'의 차이는 간단합니다. 이걸 누가 판단해야 할까요?"

학생 : "괴롭힘당하는 아이요."

교사: "맞습니다. 당하는 아이가 기분 좋으면 장난이고, 당하는 아이가 기분 나쁘면 괴롭힘입니다."

교사: "그렇다면 만약 여러분에게 누가 장난을 치는 데 기분이 나쁘면 어떻게 해야 할까요?"

학생: "기분 나쁘니까 그만하라고 말해요."

교사: "기분이 나쁠 때 자칫 서로 말다툼이 벌어질 수 있으니까 이럴 때 말하는 단계를 업그레이드해볼게요. 바로 '어기바'로 말해 보세요. 어기바? 무슨 줄임말일까요?"

학생: "전혀 모르겠어요."

교사: "'어'는 '어, 사실', '기'는 '기분', '바'는 '바람'의 줄임말이에요. 예를 들어 친구가 내 옆구리를 찔러서 기분이 나빴어요. 그 친구를 째려보며 "야, 옆구리 찌르지 마, 너도 한번 찔러 볼까?"라고 말할 수도 있지만, 어기바로 말해 볼게요."

(어): 어, 사실 네가 내 옆구리를 찔렀을 때

(기): 나는 정말 기분이 나빴어.

(바): 앞으로는 내 옆구리를 찌르지 않았으면 좋겠어!

학생: "아, 이거 '나 전달법'이라고 예전 선생님께 배웠던 것 같아요."

교사: "오, 이걸 기억하는 친구가 있네요. 너 전달법보다 이렇게 '나'를 중심으로 친구가 한 행동에 여러분의 기분, 그리고 바람을 넣어 말하면 상대방은 공격당하는 느낌이 줄어들어요."

학생: "예, 좀 더 조심하며 '어기바' 사용할게요."

교사: "그리고 여기에 '네가', 또는 'OO이 네가' 등 상대방의 이름을 넣어 말하는 것보다 세련된 방법이 하나 더 있어요."

학생: "어떤 방법인가요?"

교사: "'네가'라고 시작하거나 상대방의 이름을 넣어 말하면, 종종 공격받는 느낌을 받아 자신이 잘못하고도 인정하지 않는 경우가 있어요. 그럴 때는 '네가'보다 '누가'라고 바꿔 말하면 훨씬 좋아요. 예를 들어 '어, 사실 나는 누가 내 몸을

허락없이 건드리면 화가 나. 앞으로는 내 옆구리를 찌르지 않았으면 좋겠어.'
라고 말하는 거죠. 어때요? 훨씬 느낌이 다르죠?"

▶ 인성툰 카드로 역할극 하기

교사: "옥이 샘이 만든 '인성툰 카드'을 활용해 모둠별로 역할극을 꾸며 보겠습니다."

교사: "인성툰 카드는 학기 초 학교생활에서 겪는 다양한 상황들 속에서 올바른 '대화'를 통해 공감과 이해를 배울 수 있도록 돕는 카드입니다. 무엇보다 색상별로 구분되어 있어서 좋아요. '보라색'은 '어기바로 대화하기'를 연습할 수 있습니다. 각 모둠에서 한 명씩 나와 보세요."

학생: (모둠 대표 1명씩 교사 앞으로 나온다.)

교사: "선생님이 들고 있는 카드 중에서 한 장을 골라 가져가서 그 상황에 맞는 역할극을 꾸며 발표하겠습니다."

1~10 화가 나거나 불쾌함

- 별명을 부르며 놀리는 친구에게
- 인터넷에 허락 없이 내 사진이나 영상을 올린 친구에게
- 허락 없이 내 학용품을 함부로 사용하는 친구에게
- 급식을 먹기 위해 줄을 서고 있는데, 새치기한 친구에게
- 모둠활동에 열심히 참여하지 않는 친구에게
- 함께 청소 당번인데, 혼자 도망가려고 하는 친구에게
- 내 물건을 빌려가고 돌려주지 않는 친구에게
- 놀이를 할 때 자기 마음대로만 하려고 하는 친구에게
- 함께 보드게임을 했는데 정리를 안하고 가려는 친구에게
- 내 외모에 대해 놀리는 친구에게

학생: (한 모둠씩 뽑은 카드에 맞는 상황대로 역할극을 준비하고, 그냥 다툼이 나는 상황과 그 친구에게 어울리는 '어기바' 대화를 하는 상황 두 가지로 비교해 발표하도록 한다.)

▶ **다툼이 나는 상황 역할극**

(모둠 활동에 열심히 참여하지 않는 친구에게)

경호: (모두 열심히 모둠 활동을 하며 환경 오염 방지 포스터를 그리는데 혼자 놀고 있다.)

영철: "경호야, 왜 우리만 포스터 그려야 하는데…."

경호: "난 그림도 못 그리고…. 글씨도 못 쓰잖아."

미경: "그럼, 일 년 내내 모둠 활동할 때마다 넌 놀겠다는 거야. 우린 뭐 놀고 싶지

않은 줄 알아?"

경호: "왜 나한테만 뭐라 그래? 막상 하면 못했다고 할 거면서…"

지혜: "얘 봐! 아무것도 하지 않고 논 주제에 어디서 큰 소리야! 방귀 뀐 놈이 성낸다더니…"

▶ 어기바 대화 상황 역할극

경호: (모두 열심히 모둠 활동을 하며 환경 오염 방지 포스터를 그리는데 혼자 놀고 있다.)

영철: "경호야, 모둠 활동을 모두 역할을 나눠 하는데, 아무것도 안 하고 놀고 있는 모습을 보니, 조금 속상해. 너도 모둠 활동을 도와줬으면 좋겠어."

경호: "미안해, 나도 돕고 싶은데 내가 하면 더 엉망이 된다며 늘 혼나곤 했거든."

미경: "예쁘게 꾸미는 게 중요한 게 아니라 우리가 서로 도와 모둠 활동을 하는 게 중요하다고 생각해."

지혜: "네 도움이 필요해. 내가 제목 테두리를 크게 그려놓았으니, 글자 안에 색칠 좀 해줄래? 그리고 어떤 내용이 들어가면 좋을지 네 생각도 듣고 싶어."

경호: "색칠 정도라면 할 수 있어. 나는 글과 그림보다는 나중에 우리 모둠 정리한 걸 발표해 볼게. 그게 마음이 편해."

영철: "그거 좋은 생각이다. 그러잖아도 누가 발표하지? 고민 중이었는데, 고마워!"

교사: "역할극을 하면서 느낀 점을 발표해 볼까요?"

학생: "기분 나쁠 때도 참고 넘어가지 않고, 상대방의 기분을 상하지 않게 말하는 방법을 구체적으로 알게 되어서 좋았습니다."

교사: "모두 수고 많았습니다. 우리 평화 반 교실 칠판 왼쪽에 있는 현수막은 '올베우스 4대 규칙'입니다. 그럼 다 같이 평화 반의 평화 규칙 '올베우스 4대 규칙' 중에서 첫 번째 규칙을 읽어볼까요?"

학생: "우리는 다른 친구들을 괴롭히지 않을 것이다."

교사: "여러분이 평화 반답게 한 해 장난이라며 친구들을 괴롭히지 않았으면 좋겠습니다. 그리고 상대방이 장난이라고 할 때 기분 나빴다면, 자기 의견을 적극적으로 밝힐 수 있는 아이로 자라길 기대합니다."

"정말 올베우스 4대 규칙 현수막부터 준비해서 교실 환경을 '평화'에 맞게 구성해야겠어요. 눈을 돌릴 때마다 보이면 아이들 마음에도 더욱 새겨지겠지요?"

"현수막을 꼭 사지 않더라도 플로터로 대형인쇄를 해서 아이들 눈에 늘 보이도록 하셨으면 좋겠어요."

학교폭력지수로 학교폭력 예방하기

👧 "올베우스 4대 규칙을 지도하며 궁금증이 생겼어요. 선생님 교실의 환경 구성에서 교실 앞 칠판 왼쪽은 '올베우스 4대 규칙'이라면, 그것 말고도 평화 반의 평화를 위해 구성된 게시물이 있나요?"

👦 "올베우스 4대 규칙과 함께 핀란드의 학교폭력 예방 및 대책 프로그램 자료를 통해 알려진 '학교폭력지수'도 함께 지도하고 있어요."

👧 "학교폭력지수요? 학교폭력을 수치로 만들어 알려주나 봐요?"

👦 "사실 아이들이 학교폭력에 해당하는 행동을 하면서도 평화 감수성이 떨어지다 보니 모르고 하는 경우가 많아요. 그래서 그때마다 아이들에게 '네가 지금 한 행동은 학교폭력지수 몇 단계에 해당하는 학교폭력이야.'라고 이야기해주고 있어요."

"오, 어떤 행동들일까요? 모르고 그랬다면 용서받을 수 있지만, 알면서 그랬다면 용서받을 수 없으니, 아이들이 늘 보면서 조심할 것 같아요."

▶ 허쌤의 첫 만남 프로젝트 넷째 날 스케치

	중요한 프로그램	준비할 것
1교시	공동의 목표 색칠해 교실 게시하기	8절 도화지, 유성 매직, 색연필
2교시	체육 '위기 탈출 넘버원' 안전 지도	유튜브 영상
3교시	올베우스 4대 규칙 평화교육1	PPT, 현수막
4교시	학교폭력지수 지도	PPT, 현수막
5교시	사회 텔레폰 퀴즈로 친구 가르치기	골든벨 판, 마카, 마카지우개
6교시	학급 세우기 : 까꿍 놀이	무릎담요

▶ 넷째 날 4교시: 학교폭력지수 지도

"학교폭력지수라니 정말 궁금해요. 내용은 어떤 건가요?"

"옥이 샘의 그림으로 만들어진 자료인데, 사실 10단계까지 있답니다."

"10단계는 설마...."

"짐작하시는 대로 '살인'입니다. 교실에 그런 용어를 넣을 수 없어서 9단계까지만 담았어요. 학교폭력은 학생이 누군가를 의도적이고 반복적으로 불편하게 하고, 위협하고, 해치고, 상처를 주는 행위입니다. 신체적인 폭력만 있는 게 아니라 놀리고, 욕하고, 비난하는 행동도, 무시하는 몸짓조차도 심리적 폭력이라고 할 수 있답니다."

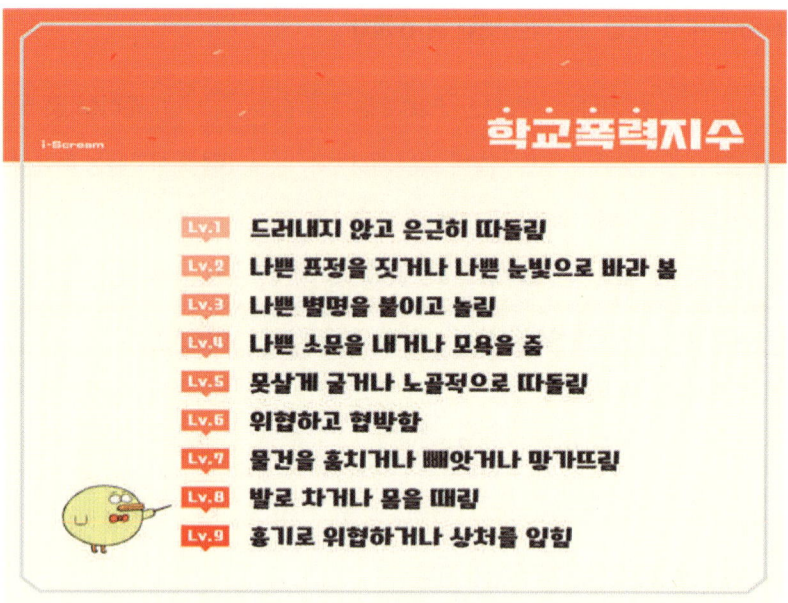

"아이들끼리 다투는 것도 학교폭력이라고 할 수 있나요? 아이들끼리 문제가 생겨 그 과정에서 다툼이 생겼을 때도 아이들이 해결할 기회마저 주지 않고 문제를 키우는 경우도 많은 것 같아요."

"그래서 더욱 '다툼'과 '폭력'을 구분해 생각할 필요가 있어요. '다툼'과 '학교폭력'은 어떤 차이가 있을까요?"

"'다툼'은 둘이 힘이 비슷한 상태에서 싸우는 것 아닐까요?"

"선생님 대답이 정답입니다. '다툼'은 양쪽의 힘에 균형이 있고, '폭력'은 어느 한쪽이 더 세면 '학교폭력'입니다. 해칠 의도가 있으면 학교폭력이고, 해칠 의도가 없으면 다툼이겠죠. 일시적인 다툼이었다면 '다툼'이지만, 주기적, 반복적으로 일어나는 다툼이라면 '학교폭력'이라고 생각하면 됩니다."

"교실에 학교폭력이 없도록 하려면 어떻게 노력해야 할까요?"

"방법은 간단합니다. 학교폭력지수 1단계인 '은근히 따돌릴 때'부터 바로 개입해서 초기에 대응하고 예방해야 합니다. 대부분의 선생님은 5단계인 '못살게 굴거나 노골적으로 따돌리는 경우'에 개입을 시작합니다. 하지만 학교폭력이 없는 교실의 선생님은 은근히 따돌리는 것부터 예방하기 위해 수시로 교실의 아이들을 관찰합니다."

"역시 관심은 관찰에서 시작하는 거군요."

"교실을 둘러보다가 좋지 않은 표정이나 눈빛이 발견되거나 아이들이 두세 명 모여 있는데 분위기가 좋지 않으면 편안하게 다가가서 무슨 일인지 물어보는 거예요."

"아이들 입장에선 별것 아닌 경우일 수도 있지만, 언제든 선생님이 다가와 도와주려 한다고 생각되어 안심되겠어요."

"만약 지호가 친구의 별명을 부르며 놀렸어요. 그때 어떻게 말하면 좋을까요?"

 "올베우스 4대 규칙에 있는 것처럼 그건 장난이 아니라 괴롭힘이야, 다신 그러지 말라고 단호하게 이야기해야 하지 않을까요?"

 "그렇게 해도 충분합니다만, 저는 학교폭력지수가 적힌 현수막을 가리키며 이야기해요. '친구의 별명을 부른 것은 학교폭력지수 몇 단계에 해당하는 학교폭력일까요?'라고 물어봅니다. 아이가 스스로 생각하고 3단계라고 대답하면, '친구가 기분 좋으면 장난으로 별명을 불러도 되지만, 친구가 싫어한다면 그건 괴롭힘이라고 했죠? 올베우스 4대 규칙 중 첫 번째 규칙에서 약속한 것처럼 친구들을 괴롭히지 않는 평화 반이 되어주길 부탁합니다.'라고 이야기합니다."

 "바로 전 시간에 공부한 올베우스 4대 규칙하고도 연결 지어 말씀해주시니까 더욱 뼈가 되고 살이 될 것 같아요."

 "그런데 친구를 흘겨보는 것도 학교폭력일까요?"

 "흘겨보는 것도 상대방이 기분 나쁘면 학교폭력이지 않을까요?"

Lv.1	드러내지 않고 은근히 따돌림
Lv.2	나쁜 표정을 짓거나 나쁜 눈빛으로 바라 봄
Lv.3	나쁜 별명을 붙이고 놀림

"학교폭력지수 2단계가 바로 나쁜 표정을 짓거나 나쁜 눈빛으로 바라보는 것이에요. 1단계는 드러내지 않고 은근히 따돌리는 거고요."

 "아이가 잡아떼며 그런 적 없다고 반항하면 선생님도 곤란할 것 같은데요?"

 "여자아이들의 폭력은 흔히 '관계성 폭력'이라고 합니다. 소녀들이 초등학교 때 맺는 친구 관계는 일종의 유사 '연인 관계'라고 할 수 있어요. 그 관계를 통해서 그 친구를 깊이 받아들였다가 떠나보내는 감정의 연습을 하게 되거든요. 아직 어린 소녀들은 이런 고립에 대한 두려움으로 친구들을 따돌리곤 합니다. 관계에 대한 애착이 빚은 결과입니다."

 "저도 여자지만, 여자아이들 지도하는 건 더 어려운 것 같아요. 저도 어려운데 남선생님들은 더 어려움을 느낄 듯싶어요."

 "'소녀들의 심리학' 책을 보고서 저는 많은 도움을 받았어요. 그래서 학기 초에 친구 갈등을 막아주는 예방주사로 '절대 하지 말아야 할 세 마디'를 따로 지도하고 있어요."

 "친구 갈등을 막아주는 세 마디라니! 정말 귀에 쏙쏙 들어오는데요. 어떤 이야기일까요?"

 "첫 번째 한마디는 단연 '너 쟤랑 놀면 절교야'라는 한마디입니다. 소녀들

의 공격은 알아내기 어렵고 희생자가 입는 상처도 훨씬 깊습니다. 그리고 우정을 무기로 삼는 경우가 많습니다. 친한 친구에게 어느 날, '절교'라는 단어를 들었을 때, 여자아이들은 어떤 감정을 느낄까요?"

 "엄청난 충격을 받을 것 같아요."

 "'소녀들의 심리학' 책에서는 남자아이들에게 단절은 외로움이지만, 여자아이들에게 단절은 '죽음'이라고까지 표현합니다. 그래서 아이들에게 되묻습니다. 친한 친구가 '너 쟤랑 놀면 절교야'라는 말을 들었다면, 어떤 감정이 드는지…. 그리고 어떤 생각이 드는지... 함께 이야기 나누는 건 정말 중요합니다."

 "그래서 여자아이들은 수학여행이나 수련회 갈 때면 누구랑 버스에 타는지, 누구랑 같은 방을 쓰는지에 그렇게 목숨을 거는가 봐요."

 "두 번째로 제가 지도하는 말은 ○○이랑 나랑 누가 네 친구야! 선택해! 라는 한마디입니다. 종종 여자아이들은 자기를 고르게 하려고 극단적인 방법을 선택합니다. 여자아이들의 관계는 아주 복잡합니다."

"소시오그램 친구 관계망 자료를 활용해 반 친구들의 친한 정도를 조사하곤 하는데, 놀랍게도 같이 어울려 다니는 세 아이가 서로 친하지 않은 경우를 많이 알게 됩니다. 둘씩 따로 친한데 함께 친한 아이가 중간에 있어서 어울리는 것뿐인 경우가 많다는 이야기입니다. 그런 상황에서 종종 어느 한쪽을 선택하게 합니다. 이 선택을 강요받은 여자아이는 어느 쪽을 선택해도 상처받을 수밖에 없습니다. 말을 한 이 강성의 아이를 선택했다면, 결국 그 피해는 다른 아이가 입게 됩니다. 이 상처가 폭탄 돌려막기처럼 누군가에게 옮겨갈 뿐입니다. 핑계를 대겠지만, 결국 상처는 나를 가해자 입장에 서게 할 뿐입니다."

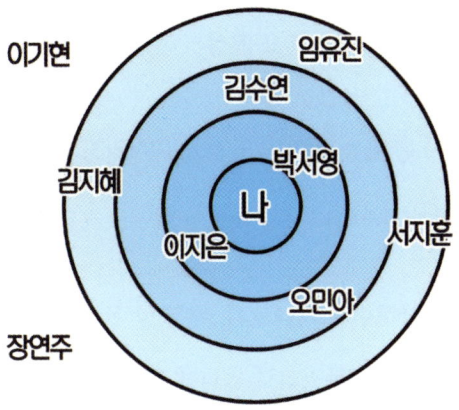

"○○이랑 나랑 누가 네 친구야! 선택해!...정말 친구 관계를 파괴하는 한마디였군요."

"마지막 세 번째 한마디는 ○○이, 좀 나대는 것 같지 않아? ○○이 좀 재수 없지 않아? 라는 한마디입니다. 두 명 세 명 모였을 때 가볍게 시작하는 이 뒷담화가 학교폭력지수에서 몇 단계에 해당할까요?"

"'나쁜 소문을 내거나 모욕을 줌'에 해당하니 4단계겠군요."

"그렇습니다. 실제로 영화 '우리들'에도 이런 대화가 나옵니다. '우리끼리 노는 데 왜 자꾸 끼어들려고 그래…. 근데 쟤한테 이상한 냄새 나지 않아?' 영화 우리들에서 주인공 선에 대한 아이들의 말은 더없이 날카롭고 직설적입니다. 여자아이들은 친구를 따돌릴 때 곧잘 폭력보다 말로써 생채기를 냅니다. 보이지는 않는 말, 실체가 없는 말, 손에 잡히지 않는 말로써 공격합니다. 그로 인한 상처는 남자아이들의 직접적인 폭력, 물리적인 폭력보다 훨씬 더 오랜 상처, 아픔을 만들어내기도 합니다."

 "들어보니 관계성 폭력을 막기 위해서라도 자주 이런 말을 하지 않도록 지도해야겠어요."

"힐끗힐끗 말하면서 쳐다보기, 친구 말 못 들은 척 무시하기, 몰래 귓속말하기, 살짝 작은 목소리로 들리게 험담하기 같은 고급 따돌리기 전략들은 상대방 아이의 가슴에 심각한 상처를 입힙니다. 그리고 그 시작은 언제나 영화에서처럼 ○○이 좀 재수 없지 않아? 라는 작은 한마디로 자기편을 끌어들이며 시작됩니다."

"너 쟤랑 놀면 절교야, ○○랑 나랑 누가 네 친구야? 선택해!, ○○이 좀 재수 없지 않아?"라는 세 마디, 친구들 사이에서 하지 않도록 정말 강조하고 조심시키겠습니다."

"학교폭력지수와 함께 별명을 불린 학생에게도 지도해야 할 게 따로 있습니다. 반 아이가 '야 이 꽃돼지야!'라고 놀렸어요. 아이는 울었고요. 그때 저는 별명을 부른 아이를 지도한 후에는 울고 있는 아이도 따로 불러

이야기 나눕니다. 먼저 자신의 자존감을 높이자고… '너는 품 안에 암행어사 마패를 가지고 있는 암행어사와 같아, 누군가 '야 이 거지야!'라고 놀렸을 때 암행어사는 어떻게 반응할까? 울며 화내고 나는 거지가 아니라고 항변할까?' '아니요.', '그래 맞아', '네가 반응하고 화를 내고 울면 상대방은 자기가 이긴 줄 알고 더 함부로 말하게 돼!'"

 "암행어사의 비유, 정말 절묘한데요. 언젠가 아이들에게 꼭 이야기해 줄게요."

 "괴롭힘은 힘의 불균형입니다. 누군가 더 많은 힘을 갖길 원하는 겁니다. 그들은 상대방이 지길 바라고 본인은 이기길 바랍니다. 상대방이 더 화가 날수록, 상대방이 더 열 받을수록 그들은 더 즐거움을 얻습니다. 그래서 누가 뭐라던 상관하지 않을 회복 탄력성을 가지도록 지도해야 합니다. 유튜브 영상을 하나 추천해 드릴게요. 유튜브에서 괴롭힘을 멈추는 방법(출처: BrooksGibbs.com 포크포크)인데 링크한 주소의 영상 교실에서 아이들과 보여주며 이야기 나누는 시간 가지시길!"

▶ **유튜브 영상 보기:** http://gg.gg/gdqei

 "아, 이거 실제로 대응하는 방법, 저도 본 적이 있어요. 제가 직접 반 아이를 불러서 역할극으로 지도해 볼게요. 잘 할 수 있으려나 걱정되지만, 아이들이 느끼는 게 많을 것 같아요."

텔레폰 퀴즈로 친구 가르치기

 "넷째 날 학급경영의 핵심은 사흘 동안 학급의 기본 구조, 시스템이 잡혔으니 평화로운 교실을 위한 준비를 하는 거로 생각하면 되겠군요."

 "3일 동안 가장 중요한 것은 아이들과의 관계 맺기, 그리고 선생님이 결근해도 학급이 돌아갈 수 있는 구조를 만드는 것입니다. 이제 넷째 날부터는 평화로운 교실을 위해 평화 교실 프로젝트를 시작한다고 생각하면 됩니다. 매슬로의 5단계 욕구 단계설, 교대 다닐 때 공부하셨죠?"

 "매슬로의 욕구 단계설(Maslow's hierarchy of needs), 오랜만에 듣는 용어네요. 하위 욕구가 충족되었을 때만 상위 욕구가 충족된다는…"

 "교실에서도 아이들이 생리적 욕구, 안전의 욕구, 사회적 욕구(애정과 소속의 욕구)가 충족되고 나서야 4단계 '성취', '성장'의 욕구와 5단계, 자아실현의 욕구가 실현될 수 있다고 믿어요. ERG 이론을 봐도 그렇고요."

"ERG 이론은 뭐죠?"

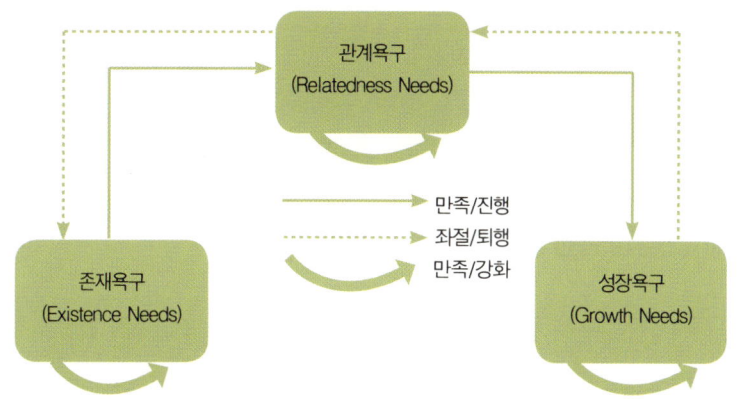

"ERG 이론은 1972년 미국의 심리학자 클레이턴 폴 앨더퍼(Clayton Paul Alderfer)가 인간의 욕구에 대해 매슬로의 욕구 단계설을 발전 시켜 주장한 이론이에요. 에이브러햄 매슬로의 욕구 단계설을 확장한 ERG 이론(Existence, Relatedness & Growth, 존재-관계-성장)으로 유명하죠. **ERG 이론에 따르면 상위에 있는 성장 욕구를 충족시키지 못하면 보다 하위의 관계, 존재 욕구가 더욱 증가하여 이를 충족시키려면 기존의 몇 배나 더 노력해야 한다는 거예요.** 결국 교실에서 먼저 평화로운 욕구가 충족되어야 배움도 함께 한다고 믿습니다."

▶ 허쌤의 첫 만남 프로젝트 넷째 날 스케치

	중요한 프로그램	준비할 것
1교시	공동의 목표 색칠해 교실 게시하기	8절 도화지, 유성 매직, 색연필
2교시	체육 '위기 탈출 넘버원' 안전 지도	유튜브 영상
3교시	올베우스 4대 규칙 평화교육 1	PPT, 현수막
4교시	학교폭력지수 지도	PPT, 현수막
5교시	사회 텔레폰 퀴즈로 친구 가르치기	골든벨 판, 마카, 마카지우개
6교시	학급 세우기 : 까꿍 놀이	무릎담요

▶ 넷째 날 5교시: 사회 텔레폰 퀴즈로 친구 가르치기

 "드디어 사회 수업 시작하는 건가요? 그런데 배움지도로 어떻게 공부할지 설계한 후에 첫 수업은 어떻게 시작하세요? 허쌤"

 "아이들에게 가장 싫어하는 과목을 고르게 하면 어떤 과목을 고를 것 같아요?"

 "수학 과목 아닐까요?"

 "전남교육정책연구소가 141개교에 재학 중인 학생 3,440명을 대상으로 조사한 결과에 따르면 초등생이 가장 싫어하는 과목으로 사회가 꼽혔어요. 의외죠? 초등생들이 가장 싫어하는 과목으로 사회를 꼽은 66%는 공부하기가 어려워서, 11.3%는 시험 성적이 잘 나오지 않아서를 그 이유라고 답했다네요."

 "의외네요. 아마도 외울 게 많아서라는 생각 때문일까요?"

 "그래서 저는 일단 사회 과목을 좋아하게 하는 게 먼저라 생각했어요. 그래서 사회 수업 첫 시간이면 늘 '텔레폰 퀴즈' 놀이 수업으로 진행한답니다. 정 다운 선생님, 혹시 가장 공부에 도움이 되는 강의법이 무엇인지 알고 계시나요?"

 "혹시 동영상을 보거나 직접 역할극을 해보기 아닐까요?"

 "학습 효율성 피라미드를 통해 공부한 후 24시간이 지났을 때 가장 효과적인 강의법은 바로 '서로 설명하기'랍니다. 친구에게 배운 내용을 설명하다 보면, 내가 무엇을 알고 무엇을 모르는지 메타인지가 작동되기 때문이죠."

"텔레폰 퀴즈는 '친구와 서로 설명하기'를 통해 공부한 내용을 90% 이상 자신의 것으로 만들 수 있는 수업 놀이입니다. 일방적인 강의보다 무려 18배나 효과가 좋은 강력한 학습 방법이죠. '텔레폰(Telephone)'이란 이름은 활동이 마치 전화기의 기본 원리와 비슷하다고 하여 지어진 이름입니다."

 "텔레폰 퀴즈, 정말 재미있겠어요? 어떻게 하는 거예요?"

 "텔레폰 퀴즈는 각 모둠에서 가장 사회 교과를 좋아하는 아이를 대표로 한 명씩 뽑아달라고 부탁합니다. 그렇게 뽑힌 대표 학생들이 사회 교과서를 가지고 교실 밖으로 나갑니다. 남은 모둠 학생들이 선생님과 함께 오늘 공부할 내용을 학습하게 합니다. 그런 다음, 밖에 나갔던 친구가 다시 자기 모둠으로 돌아오면 교실에 남아있던 모둠 아이들이 자기가 공부한 내용을 돌아온 학생에게 설명합니다. 이렇게 5분 정도, 친구 가르치기가 끝나면 각 모둠의 대표 학생을 교실 앞으로 나가게 합니다. 이때 골든벨 판과 마카, 마카 지우개를 가지고 교실 앞으로 나가야 합니다. 그리고 선생님이 미리 준비한 5가지 문제를 골든벨 문제처럼 내고, 앞에 나온 모둠 대표들이 풀어가며 친구를 제대로 가르쳤는지 확인하는 놀이입니다."

 "아, 직접 친구들을 가르치고 골든벨 게임을 하는 거군요. 재미있겠어요. 순서를 하나하나 자세히 소개해 주시겠어요?"

 "놀이 방법을 간단히 정리해 봤어요."

【준비물】모둠별 골든벨 판, 마카, 마카 지우개

【대형】모둠 대형

① "먼저 각 모둠에서 가장 사회 공부를 잘하는 아이를 뽑아 달라고 부탁하시면 돼요. 자연스럽게 사회를 가장 잘하는 아이가 뽑히게 되어 있겠죠?"

② "대표가 뽑히면, 각 모둠의 대표들을 5분 정도, 교실 밖으로 나가 있도록 합니다. 그냥 내보내면 복도에서 떠들고 장난치거든요. 그래서 전 사회 교과서를 가지고 나가게 해요. 교과서를 가지고 나갈 때 공부할 부분(우리 국토의 위치 알아보기 (사회 10-12쪽)를 알려주면, 자기 모둠에게 도움이 되고 싶어서 나름 열심히 책을 읽는답니다. 하지만 기억하세요? 학습 피라미드에서 책만 읽으면 10%밖에 기억하지 못한다는 사실!"

이때 교실에서 선생님은 교실에 남은 모둠 번호 2, 3, 4번 학생들과 그날 공부할 학습 내용을 영상이나 교과서를 읽는 과정을 통해 전체적으로 훑어 지도합니다.

③ "선생님의 설명이 끝나면, 모둠 아이들끼리 모여 밖에 나간 친구에게 어떻게 나누어 설명할지 상의하고 준비할 시간을 주어야 해요. 자칫 알아서 하게 하면, 두 번째로 똑똑한 친구가 혼자 가르치기 쉽거든요. 저는 처음부터 서로 미루지 않게 하려고, 모둠 번호별로 가르칠 내용을 나누어 줘요. 2번은 교과서 10쪽, 3번은 11쪽, 4번은 12쪽…. 이런 식으로 정해주고 그쪽 안에 있는 내용만 가르치게 해요."

④ "5분 정도 시간이 지나 교실에서 공부가 끝나면 교실 밖에 나갔던 학생들을 불러주세요. 모둠 대표들은 이제 교실 안, 자기 모둠으로 돌아갑니다. 모든 아이가 자리에 앉았을 때부터 설명을 시작할 수 있어요. 교실에 남아있던 아이들은 밖에 나가 있던 학생에게 각자 공부한 내용을 설명해 줍니다. 이때 교과서를 보여주지 않도록 꼭 약속하셔야 해요. 종종 설명하지 않고 교과서를 보여주는 경우가 있는데, 이렇게 공부하면 메타인지는 작동하지 않습니다."

⑤ "자, 이제 텔레폰 퀴즈의 하이라이트! 모둠의 설명을 들은 모둠 대표들은 골든벨 판과 마카, 마카지우개를 가지고 교실 앞으로 나가야 합니다. 이게 뭐라고 긴장한 아이들의 모습이 정말 재미있답니다. 보상도 없는데...

그리고 오늘 공부한 내용 중에서 가장 중요한 5가지 문제를 한 문제씩 차례대로 아이들에게 내주세요. 아이들이 정답을 쓰면, 하나둘셋 신호와 함께 골든벨 판을 들어야 해요."

⑥ "친구들이 문제를 틀렸을 때 종종 서로 다투는 경우가 있습니다. '언제 가르쳤어?', '그렇게 설명해줘도 틀려?'라며…. 그때 꼭 기억해 주세요. **놀이에서 가장 중요한 것은 실패한 아이들에 대한 선생님의 반응을 준비하는 것이라는 것을!!** 우리 반의 공동체적인 놀이 문화를 위해서 선생님이 가지셔야 할 눈은 친구가 틀렸을 때 '괜찮아, 일부러 틀린 게 아니잖아.', '다음에 잘하면 돼! 아자'라고 외치며 격려하는 아이를 찾고, 그런 아이를 모두가 보는 앞에서 칭찬해주셔야 합니다. 이런 격려는 교실의 놀이 문화를 바꿉니다.

문제를 다 풀고 들어갈 때는 열렬히 환대하고 손뼉 쳐 주도록 약속하고 들어가야 합니다. 이러한 과정이 없으면, 들어가자마자 서로 언제 가르쳤냐며 다툼이 일어날 수 있습니다. 텔레폰 퀴즈 테스트를 마친 후에는 많이 틀린 부분들에 대해 좀 더 자세히 설명하고 수업을 마치면 됩니다."

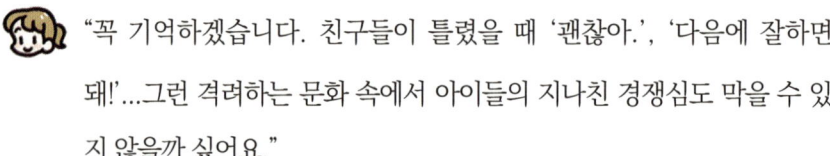

"꼭 기억하겠습니다. 친구들이 틀렸을 때 '괜찮아.', '다음에 잘하면 돼!'…그런 격려하는 문화 속에서 아이들의 지나친 경쟁심도 막을 수 있지 않을까 싶어요."

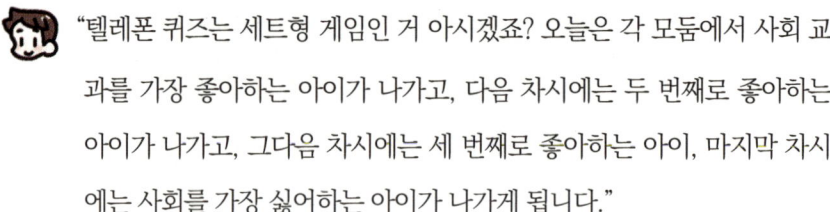

"텔레폰 퀴즈는 세트형 게임인 거 아시겠죠? 오늘은 각 모둠에서 사회 교과를 가장 좋아하는 아이가 나가고, 다음 차시에는 두 번째로 좋아하는 아이가 나가고, 그다음 차시에는 세 번째로 좋아하는 아이, 마지막 차시에는 사회를 가장 싫어하는 아이가 나가게 됩니다."

"적어도 4시간 동안은 텔레폰 퀴즈로 수업을 하겠군요. 모둠에서 가장 비슷한 수준의 아이들이 함께 겨루는 거라서 조금은 부담이 덜하겠어요."

"맞아요. 게다가 1등을 해도 보상이 없어요. 그래서 아이들은 정말 재미와 즐거움을 위해 기쁜 마음으로 참여하게 되어 있답니다."

 "텔레폰 퀴즈, 재미있을 것 같아요. 그런데 처음 진행하면서 조심해야 할 게 있나요?"

 "처음에 진행할 때 '본질'을 놓치지 마세요. 우리가 '텔레폰 퀴즈'로 우리나라의 위치를 공부하는 까닭은 사회 교과를 재미있게 공부하면서 사회를 좋아하게 하고 싶어서라는 것을!! 종종 등수를 가리는 데 집착하다 보면, 틀린 아이들이 같은 모둠 아이들의 비난에 상처 입을 수 있답니다. 그러니 문제를 낼 때도 75% 정도, 네 모둠 중에서 세 모둠은 맞힐 정도의 난이도로 내주시고, 무엇보다 '학습문제'와 관련된 것만 문제로 내주시길 다시 부탁드립니다."

 "허쌤이 늘 강조한 것처럼 틀린 아이들을 비난하지 않고, '괜찮아'라고 격려할 수 있도록 지도하겠습니다."

▶ 넷째 날 6교시 학급 세우기 : 까꿍 놀이

 "넷째 날도 마지막은 관계 맺기 놀이로 마무리하시는군요. 하루의 마무리를 놀이로 하면, 행여 서운한 마음이 있던 아이들도 기분 좋게 집에 돌아갈 수 있겠어요."

"제 마음속을 들여다보신 느낌인데요. 사실 첫 주에 수업을 시작할 때보다 끝날 때 놀이로 마무리하는 이유가 그 때문이에요."

 "오늘 놀이는 '까꿍 놀이', 왠지 재미있고 귀여운 느낌의 놀이네요. 어떤 놀이인가요?"

 "가운데 무릎담요 하나만 준비하면 쉽게 도전할 수 있는 놀이에요. 학기 초라면 서로의 이름을 외울 때 주로 활용하지만, 꼭 학기 초가 아니라고 해도 응용해 다양한 방법으로 즐길 수 있지요."

 "놀이 방법 좀 소개해 주시겠어요?"

 "먼저 책상과 의자만 벽으로 밀어놓으면 됩니다. 무릎담요나 돗자리 등 두 팀 가운데 막아 서로가 안 보이게 할 수 있는 도구만 준비하면 됩니다."

① 아이들을 두 팀으로 나눈다. 간단히 남자와 여자 두 팀으로 나누어도 좋다.

② 팀별로 모이고, 두 팀의 사이에 2명의 놀이 도우미 아이가 무릎담요를 들고 서 있어야 한다. (남자 1명, 여자 1명 지원을 받아 '도우미'로 도움을 요청한다.)

③ 두 팀에서는 상의한 후, 각각 한 명씩 무릎담요 앞에 앉게 한다. 그리고 "하나둘 셋" 신호와 함께 놀이 도우미들은 무릎담요를 손에서 놓는다.

④ 서로의 얼굴을 보고 먼저 이름을 외치는 아이가 승리한다. 1대 0 점수가 되고, 다시 무릎담요를 가리고 다른 아이를 담요 앞으로 불러온다.

⑤ 처음 나왔던 아이들은 이제부터 놀이 도우미가 되어 양쪽에서 담요를 들어주도록 한다.

⑥ 같은 요령으로 차례차례 두 팀이 겨루게 한다.

승부가 끝난 후에도 두 아이의 이름을 아이들에게 되물어 외울 수 있는 시간이 되도록 배려한다. 【아이들을 사로잡는 교실 놀이 88쪽 참조】

 "넷째 날이라 아직 이름 외우기가 어려울 수도 있겠어요."

 "그게 전략이에요. 되도록 아이들이 이름을 잘 외우지 못한 아이들, 예를 들어 내성적이고 조용한 아이들이 자주 담요 앞에 나갈 수 있도록 하는 게 좋겠죠?"

 "그런데 40분 동안, 이 놀이만 진행하면 조금 지루하지 않을까요?"

 "까꿍 놀이에는 두 가지 변형 버전이 준비되어 있어요. 첫 번째 버전은 이름 불린 아이가 상대 팀으로 흡수되는 놀이에요. 자연스럽게 남자-여자 구분 없이 어느 쪽 팀이 더 많이 남아있는가로 승부를 가릴 수 있어서 더욱더 재미있어요."

 "오호…. 그런 방법이 있었군요. 다른 버전도 궁금해요."

 "서로의 이름을 다 외운 뒤에도 '까꿍 놀이 시즌 2'로 변형해 놀면 더욱더 재미있습니다."
"두 팀에서 뽑은 대표가 담요 앞에서 상대방을 보는 게 아니라 우리 팀을 보고 앉게 합니다. 이때 '하나둘셋' 신호와 함께 담요를 내리면, 구경만 하던 아이들은 자기 팀 대표 선수에게 상대편 아이가 어떤 아이인지 그 아이의 특징을 살려 설명해 줍니다. 이때 도전의 기회는 3번 있으니 신중하게 '정답'을 외쳐야 합니다."

 "생각해 보니 정답을 외치는 목소리로 상대방에게 들킬 수도 있겠어요."

 "정말 예리하십니다. 그래서 정답을 외칠 때 아이들이 목소리를 변형해서 대답하는데 그게 또 색다른 재미가 있어요. 물론 목소리를 바꾸라는 이야기를 미리 해주지 않으셔야 아이들이 스스로 터득하게 되어 있어요."

 "뭐랄까 존재감이 없는 조용한 아이들이 주인공이 되는 놀이 같아서 더욱 의미 있는 놀이란 생각이 들었어요. 꼭 교실에서 아이들과 해보겠습니다. 기대되네요."

첫 만남 프로젝트
'다섯째 날'

"이제 아이들과 처음 만나고 한 주의 마지막 날, 황금의 1주일, 마지막 날이 왔어요. 어느 때보다 서로가 어색하고 긴장감도 있고 불편해서 더 에너지를 뺏긴 것 같은 한 주였어요. 황금의 첫 주, 마지막 날은 어떻게 보내야 할까요?"

"정말 수고 많으셨어요. 아이들을 처음 만나 1주일을 보낸 신규 교사와 2학기에 발령 나거나 중간에 잠시 기간제로 들어와 이런 과정을 겪어 보지 못한 교사와는 차원이 다른 세상을 이제 알게 되신 거예요."

"오! 그리 말씀해 주시니 뭔가 진짜 선생님이 된 것 같은 느낌인데요. 아직도 마음은 제가 진짜 선생님이 된 것 맞나 싶기만 한데…."

"일단 5일째 한 주의 마지막 날, 제가 미리 계획했던 하루는 이랬어요. 물론 늘 계획대로 진행되진 않았지만…"

▶ **허쌤의 첫 만남 프로젝트 다섯째 날 스케치**

	중요한 프로그램	준비할 것
1교시	창체: 전교 어린이회 선거	
2교시	국어 배움지도 만들기	PPT, 4절지
3교시	과학 교과전담	포스트잇
4교시	올베우스 4대 규칙 평화교육2	PPT, 현수막
5교시	학급 세우기 : 우정의 거미줄 놀이	뜨개질 실, 풍선 1개
6교시	도덕: 학급평화 회의	인형

 "일주일의 마지막은 학급평화 회의로 마무리하시는군요. 이제 조금 익숙한 배움지도, 그리고 어제에 이어 올베우스 4대 규칙 중 두 번째 규칙에 관해 공부하는 날이기도 하고요. '우정의 거미줄' 놀이는 뭔가 마음이 따뜻할 것 같아 이름만 봐도 기대가 됩니다."

 "1일 1 놀이, 여건만 가능하다면 늘 아이들과 놀고 싶은 교사예요. 그렇게 봐주시니 더 힘이 나는걸요. 2019년 넷째 날 썼던 교단 일기를 먼저 살펴볼게요."

 **3월 8일 교단 일기**

"5기평화 반에 함께 한 지 벌써 5일이 흘렀습니다. 오늘 아침 소나기 공책에 한 친구가 써준 글입니다.

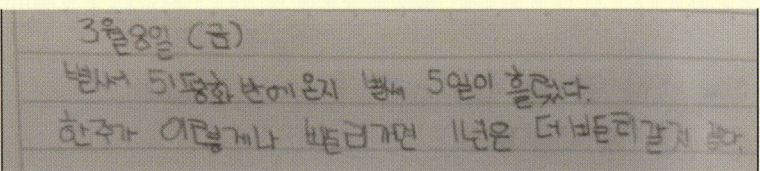

"벌써 5기평화 반에 온 지 벌써 5일이 흘렀다. 한 주가 이렇게나 빨리 가면 1년은 더 빨리 갈 것 같다."

힘들면 시간이 늦게 가는데, 이렇게 빨리 갔다니 뭔가 기대되고 즐거웠지 싶어서 선생님도 함께 힘이 났습니다. 선생님도 함께 낯설고 어색한 느낌들이 조금씩 지워지고 있어서 행복한 한 주였어요

새로운 교실, 새로운 선생님, 새로운 친구들과 만나서 함께 호흡 맞추느라 애쓰고 있는 거 알아요. 나름 잘해왔다고 생각합니다. 아직 호흡이 안 맞는 부분도 시간이 가면 점점 좋아지리라는 것을 믿어요. 일주일간 정말 잘해 준 여러분, 모두 수고했고 고맙습니다."

▶ 1교시: 창체-전교 어린이회 임원 선거

그동안의 전교 어린이회 임원선거와 달리 교실에서 이천중학교 수석 교사인 김 정식 선생님이 만드신 '전자 투표 프로그램'으로 진행되는 점이 이채로웠습니다. 다만 자꾸만 글자가 마음대로 입력되는 버그 때문에 약간 진행이 어려웠습니다.

▶ 2교시: 국어 배움지도 만들기

엄마·아빠와 여행을 떠나려면 안전띠를 하고 가장 먼저 부모님이 하시는 일이 무엇일까요? 맞습니다. 내비게이션을 통해 목적지를 입력합니다. 다음 주부터 시작되는 공부도 마찬가지입니다. 무엇을 배우는지 목적지를 확인도 하지 않고 가다 보면 공부의 숲에서 길을 잃기 쉽습니다. 그럼 더욱 공부가 재미없어지지요. 그래서 오늘은 모둠별로 모여 앞으로 국어 시간에 어떤 공부를 하게 될지 마인드맵으로 '배움지도'를 만들어 보았습니다.
어린이회 임원선거로 시간이 부족했지만, 배움지도의 단원까지는 모두 파악하고 몇 모둠은 재미있어 보이는 부분도 포스트잇으로 정리했습니다.

▶ 3교시: 과학 교과전담

▶ 4교시: 평화교육 프로젝트 '올베우스 4대 규칙 지도2

지난 시간에는 '장난'과 '괴롭힘'이 어떻게 다른지 공부했습니다. 오늘은 두 번째 규칙! '우리는 괴롭힘을 당하는 친구를 도울 것이다.' 규칙에 대해 알아봤습니다. '나보다 더 센 아이가 반 친구를 괴롭히고 있을 때 어떻게 해야 할까요?' 함께 3의 법칙에 대해 EBS 영상을 보여주며 방조자가 아니라 방어자로 친구를 도우려면 어떻게 해야 할지 생각해보고, 역할극으로 그 상황 속에서 어떻게 할지 표현해 봤습니다.

▶ 5교시: 학급 세우기 : 우정의 거미줄 놀이

6교시 운동장에 나가 합동 체육을 하려고 했는데, 미세먼지 때문에 나가지 못하고 교실 놀이로 대체했습니다. '안조빠', 책상을 밀 때의 원칙에 대해 다시 한번 기억을 살려 질문했습니다. 동그랗게 모여 의자에 앉은 후에 털실 뭉치를 저부터 던질 수 있는 거리만큼 풀어서 준비하고, 각자 자신의 이름과 올해 이루고 싶은 소망을 발표하게 했습니다. 그런 후에는 앉아있는 아이 중 한 아이의 이름을 부르며 "OO아, 올해 같은 반이 되어서 반가워"라며 굴렸습니다. 이때 자신이 잡은 털실 부분은 꼭 잡고 굴려야 합니다. 털실 공을 받은 아이가 남자라면 여자에게, 여자라면 남자에게 털실 공을 던지며 "올해 같은 반이 되어 반가워"라며 던지게 했습니다. 이렇게 모든 아이에게 털실 공이 돌아다니면 아이들 사이에 별처럼 털실이 연결됩니다. 그때 아이들에게 이렇게 이야기해 주었습니다.

"우리 반 안에서 올해 우리는 모두 털실로 연결되듯 모두 연결되어 있습니다. 이렇게 실을 잡고 있는 모든 손이 소중합니다. 올해 이렇게 좋은 인연으로 한 반이 되어 너무 기쁘고, 이렇게 서로 연결된 털실처럼 서로 가까워지기를 소망합니다."라는 이야기를 하면서 1년 학급 운영의 핵심인 '평화'에 대해 다시 한번 이야기 나누었습니다.

아이들이 줄을 잡고 있을 때 그 위로 미리 불어둔 풍선을 던지고, 아이들이 몇 번을 튀길 수 있는지 도전했습니다. 털실이 연결된 사이에 풍선이 빠져버려 좋은 기록이 나오지 않았습니다. 어떻게 하면 더 좋은 기록이 나올 수 있을지 토의하게 하고 다시 도전했습니다. 아이들의 최고 기록은 15번!

이제 실뭉치를 역으로 보내면서 털실 뭉치를 감으면서 앞사람의 이름과 꿈을 한 번 더 숙지하고, 마지막 털실 뭉치가 선생님에게 올 때 '선생님은 올해 1년 여러분들과 연결된 이 끈을 끝까지 놓지 않고 잡고 있을 것'을 이야기하고 마쳤습니다.

▶ 6교시: 도덕 – 제1회 학급평화 회의

'안조빠' (안전하고 조용하고 빠르게) 로 책상을 벽에 밀고 의자만 가지고 동그랗게 모여 앉았습니다. 5J평화 반과 함께 보낸 일주일이 어떠했는지 '좋아바'(좋았던 점,

아쉬웠던 점, 바라는 점)을 중심으로 이야기했습니다. 특히 우리 반 마스코트 호랑이를 넘겨주면 마스코트를 받은 아이만 발표하기로 했습니다. 절반 정도의 아이들은 선생님이 놀이를 많이 해줘서 좋았다고 대답했고, 좋은 친구들이 같은 반이라 좋았다는 아이들도 많았습니다. 첫인상이 좋으니 일 년이 지금 같기를...

남은 시간은 포스트잇을 한 장씩 나누어주고, 올해 친구들에게 가장 듣고 싶은 이야기를 포스트잇에 써달라고 부탁했습니다. 그런 후에 가지고 있는 포스트잇을 시계 방향으로 왼쪽 아이에게 각자 넘기게 했습니다. 그런 후에 저부터 받은 포스트잇을 다시 내게 포스트잇을 건네준 오른쪽 아이에게 읽어 주었습니다. 잔잔한 배경음악을 틀어놓고, 한 명씩 돌아가며 듣고 싶은 이야기를 전하게 하니, 교실의 분위기가 따뜻했고, 이런 좋은 느낌 좋은 기운으로 한 해를 보낼 수 있으면 얼마나 좋을까 기대도 되었습니다. 올 한해가 이번 한 주 같기를 기원하며 수업을 마쳤습니다.

"오, 우정의 거미줄 놀이도 그렇지만, 학급평화회의때 '격려 포스트잇' 전달 활동은 정말 마음이 따뜻해지겠어요."

"지금까지 학교폭력을 다룬 다수의 연구 결과들은 전체 학생의 70~80%가 학교폭력의 피해자-가해자가 아닌 방관자, 방조자, 방어자, 동조자임을 보여줍니다. 한 주를 마치며 가장 중요한 평화교육의 당사자들인 방관자들이 어떻게 평화를 지켜가야 하는지도 평화교육의 핵심 포인트라고 생각해요."

"올베우스 4대 규칙 2번째 규칙! 좀 더 자세히 어떻게 지도해야 하는지 궁금했어요. 기대됩니다."

평화를 지키는 방어자로 서기

 "다섯째 날, 한 주를 잘 마무리하면서도 이제 본격적인 배움의 준비를 할 때라는 생각이 들어요."

 "드디어 긴장되면서도 새로운 선생님, 새로운 친구들과의 첫 만남이 조금씩 익숙해져 가는 다섯째 날이에요. 오늘은 서로 긴장하고 어색했던 첫 만남 첫 주 프로젝트를 마무리하는 날이기도 합니다."

▶ **허쌤의 첫 만남 프로젝트 다섯째 날 스케치**

	중요한 프로그램	준비할 것
1교시	창체: 전교 어린이회 선거	
2교시	국어 배움지도 만들기	PPT, 4절지

3교시	과학 교과전담	포스트잇
4교시	올베우스 4대 규칙 평화교육2	PPT, 현수막
5교시	학급 세우기 : 우정의 거미줄 놀이	뜨개질 실, 풍선 1개
6교시	도덕: 학급평화 회의	인형

▶ **4교시: 올베우스 4대 규칙 평화교육2**

"정 다운 선생님, 학교폭력이 가장 많이 발생하는 장소는 학교 어디일까요? 그리고 어떤 시간에 가장 많이 발생할 것 같나요?"

"아무래도 수업 끝나고, 아이들이 보지 못하는 학교 건물 뒤쪽이나 화장실 등이 아닐까요?"

"저도 교육부 통계를 보기 전까지는 그렇게 생각했는데, 실제 결과는 전혀 뜻밖이었어요. 경기도 교육청이 2017년 도내 초중고생 110만여 명을 조사한 결과, **학교폭력이 일어나는 장소는 교실 안이 50.6%로 가장 많았고,** 복도 25.7%, 운동장 17%, 학교 내 다른 장소 13.7% 등 대부분 학교 안에서 발생했습니다. 그리고 **발생 시간도 쉬는 시간 56%, 점심시간 30.5%, 하교 시간 이후 27.2% 순으로 조사됐습니다.** 전혀 뜻밖이죠? 학교폭력이 가장 많이 발생하는 때와 장소가 쉬는 시간, 교실이라니! 학교폭력이 발생하는 곳은 교실, 화장실, 복도, 운동장 등 대부분 학생의 왕래가 잦은 곳입니다. 그런데 보는 사람은 많은데 왜 아무도 말리지 않고 구경만 하는 것일까요? 왜 아무도 교사나 학교에 폭력 사실을 말하지 않을까요?"

"주로 선생님 안 계실 때겠죠? 방관자 아이들도 대부분 자신의 생존을 위해 가해 학생 무리에 합류하거나 모르는 척하는 방법을 선택하는 것 같아요. 소모적인 일에 끼어드느니 내 일이나 열심히 하는 것이 똑똑한 처신이라고 판단하는 거겠죠?"

 "엄명용·송민경(2011)의 연구에 따르면 **학교폭력 역할 유형에서 학교폭력에 반응하지 않고 피하는 방관자의 태도를 취하는 학생은 60% 이상을 차지하며, 피해자 편을 들어주는 방어자는 겨우 28% 정도인 것으로 나타났어요.**"

살미발리(Salmivalli 외(1996))는 학교폭력 역할 유형을 여섯 가지로 분류하였는데, 이를 토대로 엄명용과 송민경은 한국 초·중·고등학생 1,822명을 대상으로 역할 유형을 분석하였습니다.

역할	역할 설명	빈도
가해자	적극적, 주도적으로 괴롭힘 행동을 이끌어 가는 사람	5%
조력자	가해자의 추종자로서 가해자를 도와주는 사람	12.7%
강화자	가해자의 행동을 격려해주는 사람	9.5%
방어자	피해자의 편을 들어주는 사람	28.2%
방관자	학교폭력에 대해 반응하지 않고 피하는 사람	60.8%
피해자	학교폭력에서 희생당하는 사람	5.5%

출처: 엄명용, 송민경(2011). 학교 내 청소년들의 권력 관계 유형과 학교폭력 참여 역할 유형. 한국 사회복지학, 63(1), 241-266

"표에서 보듯이 우리나라 학교폭력 행위자 유형 중 가장 높은 비율을 차지하는 범주는 방관자(60.8%)였으며, 다음으로 방어자(28.2%), 조력자(12.8%), 강화자(9.5%)의 순이었고, 가장 낮은 비율을 차지하고 있는 것은 가해자(5.0%)와 피해자(5.5%)로 나타났죠. 결국, 가장 중요한 건 가해자-피해자 교육보다 방관자 교육이에요. 그런 점에서 올베우스 4대 규칙 중 두 번째 '우리는 괴롭힘을 당하는 친구를 도울 것이다.' 규칙의 지도가 꼭 필요하답니다."

 "더욱 설득되는 규칙이네요. 어떻게 지도하면 좋을까요?"

 "아이들과도 이런 이야기를 나눠 봐야 합니다."

교사: "퀴즈를 내 볼게요. 어떤 일이 일어났을 때 보고만 있고, 행동하지 않는 사람을 무엇이라고 할까요?"
학생: "구경꾼?"
교사: "정답은 방관자입니다. 오늘은 '방관자 효과'라는 영상을 하나 볼게요."

▶ **유튜브 영상 보기:** http://gg.gg/g4vqi

학생: (다 함께 제노비스 사건에 대한 영상을 함께 시청한다.)

교사: "영상에서 제노비스의 살인 사건을 목격한 사람은 38명이었습니다. 그런데 왜 그 많은 목격자 중에 단 한 명도 신고조차 하지 않았을까요?"

학생: "사건을 목격한 사람이 많으면 책임감이 분산되기 때문입니다."

교사: "그걸 '방관자 효과(Bystander Effect)'라고 하죠. 혹시 여러분 중에서도 친구들에게 괴롭힘을 당하고 있는데 아무도 도와주지 않았던 경험이 있으면 솔직하게 발표해 줄 수 있을까요?"

학생: "친구와 사소한 오해로 치고받고 싸웠는데, 아이들이 모두 구경만 하고 있어서 서운했어요."

교사: "친구들이 학교폭력을 말리지 않으면 정말 속상했을 것 같아요. 그럴 땐 '3의 법칙'을 기억해 주세요. 영상을 같이 볼까요?"

▶ **유튜브 영상 보기:** http://gg.gg/g4vt7

교사: "EBS 인간의 두 얼굴 실험 영상 속에서 몇 명이 모이니 사람들이 모두 하늘을 쳐다봤나요?"

학생: "세 명입니다."

교사: "세 사람이 함께하면 누구도 함부로 할 수 없는 힘이 생깁니다. 이것을 영상에선 뭐라고 했나요?"

학생: "3의 법칙이라고 했습니다."

교사: "교실에서 괴롭힘당하는 친구가 있을 때 몇 명만 같은 편이 되면 친구가 따돌림받지 않을 수 있을까요?"

학생: "3명입니다."

교사: "그 친구와 그 친구를 방관하지 않고 방어해주는 2명이 더 있으면 됩니다. '학교폭력예방 및 대책에 관한 법률 제 20조'에서 '학교폭력 현장을 보거나 그 사실을 알게 된 자는 학교 등 관련 기관에 이를 즉시 신고하여야 한다.'라고 정해져 있습니다. 즉 방관자는 이러한 법률을 지키지 않게 되는 것입니다. 또한, 방관자는 자신도 모르게 학교폭력에 가담하고 있다고 할 수 있어요. 방관자는 신고하지 않음으로써 피해자를 돕지 않고 오히려 가해자를 지지하는 격이 되는 거예요. 이로 인해 가해자는 갈수록 더욱더 심하게 폭력을 가하게 되는 것이고 피해자는 더 괴롭게 되는 것입니다. 이런 학생들이 어른이 되면 어떤 일이 벌어질까요?"

학생: "점차 폭력이라는 옳지 못한 행동에 대해 무뎌지고, 고통받는 이웃에 대한 이기주의가 가득한 세상이 될 거라고 생각합니다."

교사: "이제부터 즉흥극으로 여러분이 방관자가 아닌 방어자로서 3의 법칙을 연습해 보겠습니다."

학생 6~7명이 한 모둠이 되어 즉흥극으로 연습합니다.

(상황) 생일에 초대한 아이(가해자)와 초대받은 아이(가해자), 초대에서 따돌림 당한 한 명의 아이(피해자)와 그 친구를 안타깝게 지켜보는 아이(방관자)의 이야기로 구성합니다. 각각의 입장과 생각을 함께 의논하며 대사도 만들어보고, 연극에 필요한 소도구와 소품도 직접 정해 짧게 즉흥극으로 표현해 봅시다.

"꼭 생일 초대 상황이 아니라 겪었던 일이나 있을 수 있는 일 중에서 상황을 정해도 괜찮습니다. 방관자가 방어자가 되어 행동하려면 어떻게 하면 좋을지 역할극을 꾸미는 동안에도 둘러보면서 살펴봐 주면 좋습니다."

"대본을 주고 그대로 연습시키는 것보다 어설퍼도 아이들이 직접 역할을 나눠 진행하는 것! 진짜 공부가 되겠구나 싶어요."

▶ 5교시: 학급 세우기 : 우정의 거미줄 놀이

 "한 주를 마무리하면서 서로의 특별한 인연에 대해 생각해보며 감동과 재미를 줄 수 있는 관계 맺기 놀이를 준비했어요. '우정의 거미줄'이라는 놀이인데, 놀이위키 신명진 선생님의 아이디어를 더해 더욱 특별한 놀이가 되었답니다."

 "오, 그냥 재미만 있는 놀이보다 의미가 있는 놀이 정말 좋아요. 놀이는 어떻게 진행하나요?"

 "안조빠, 기억하죠? 책상을 벽으로 밀 때의 기본 원칙!"

 "물론이죠. 안전하고 조용하게, 그렇지만 빠르게! 움직여야죠."

 "책상과 의자를 다 벽으로 밀고 진행할 수도 있고, 책상만 벽으로 밀고 의자에 동그랗게 앉아 진행해도 괜찮습니다. 오늘은 책상만 벽으로 밀고 동그랗게 의자에 모여 앉을게요. 물론 선생님도 함께 앉아야 합니다. 준비물은 털실 뭉치 하나만 준비하면 됩니다. 다이소에서 1,000원이면 살 수 있어요."

교사: "한 주가 지났는데 이제 친구들 이름을 다 외웠나요? 관심이 있으면 더 빨리 외울 거라고 믿습니다. 혹시 못 외운 친구를 위해 먼저 각자 돌아가며 시계 방

향으로 자신의 이름과 올해 이루고 싶은 소망을 발표해 볼까요? 선생님부터 시작합니다. 선생님 이름은 허 승환이고 올해 매일 만 보를 걸어서 건강해지고 싶어요."

학생 1: "저는 김 지인이고 올해 목표는 살을 빼는 거예요."

학생 2: "저는 최 재윤이고 올해 책을 많이 읽고 싶어요."…

교사: "선생님 손에는 털실 뭉치가 있습니다. 선생님이 털실 뭉치를 저부터 던질 수 있는 거리만큼 풀어서 준비하고, 앉아있는 아이 중 한 명의 이름을 부르며 'OO아, 올해 같은 반이 되어서 반가워'라며 바닥으로 굴릴게요.

이때 자신이 잡은 털실 부분은 꼭 잡고 굴려야 합니다. 털실 공을 받은 아이가 남자라면 여자에게, 여자라면 남자에게 털실 공을 던지며 'OO아, 올해 같은 반이 되어 반가워'라며 던지면 됩니다. 이때 털실을 받은 아이도 '나도 반가워, OO아'라고 대답해주세요."

학생: "털실을 못 받은 아이는 손을 들고 있게 하는 게 어떨까요?"

교사: "그러잖아도 설명하려 했는데, 알아서 물어주니 고맙습니다. 누가 남았는지 모를 수 있으니, 털실을 아직 못 받은 친구는 친구가 털실을 던지려 할 때 살짝 손을 들어 표시해 주세요."

(이렇게 모든 아이가 털실 공을 서로에게 굴리면 아이들 사이에 별처럼 털실이 연결된다.)

교사: "첫날 선생님이 칠판에 적은 편지 기억이 나요? 평생 우리가 만나는 사람은 3,000명 정도입니다. 그중에 평생 인연을 맺고 사는 사람은 150명밖에 안 된다고 해요. 그리고 그런 특별한 인연으로 올해 우리 교실에서 서로 만났고, 모두 털실로 연결되듯 모두 연결되어 있습니다. 이렇게 실을 잡고 있는 모든

> 손이 소중합니다. 올해 이렇게 좋은 인연으로 한 반이 되어 너무 기쁘고, 이렇게 서로 연결된 털실처럼 서로 가까워지기를 바랍니다."
> 아이들이 줄을 잡고 있을 때 그 위로 미리 불어둔 풍선 한 개를 던지고, 아이들이 몇 번을 튀길 수 있는지 도전합니다. 풍선이 떨어지는 쪽 털실을 잡고 움직이지 않으면, 털실이 연결된 사이에 풍선이 빠져버려 좋은 기록이 나오지 않았습니다. 어떻게 하면 더 좋은 기록이 나올 수 있을지 토의하게 하고 다시 도전했습니다. 5분 동안 도전한 아이들의 최고 기록은 15번!
> 이제 실뭉치를 역으로 보내면서 실뭉치를 감으면서 앞사람의 이름과 꿈을 한번 더 숙지하고, 마지막 실뭉치가 선생님에게 올 때 "선생님은 올해 1년 여러분들과 연결된 이 끈을 끝까지 놓지 않고 잡고 있을 것을 이야기하고 마쳤습니다."

 "와... 결혼식 폐백 음식 치장할 때 청실홍실이 들어간 것처럼, 월하노인은 인연이 있는 사람을 청실홍실로 이어준다는 데 뭔가 특별한 인연으로 연결되었다는 느낌이 들 것 같아 좋아요. 잔잔한 음악까지 준비해서 해 봐야겠어요."

좋아바로 꾸리는 학급평화 회의

 "다섯째 날, 한 주를 잘 마무리하면서도 이제 본격적인 배움의 준비를 할 때라는 생각이 들어요."

 "드디어 긴장되면서도 새로운 선생님, 새로운 친구들과의 첫 만남이 조금씩 익숙해져 가는 다섯째 날이에요. 오늘은 서로 긴장하고 어색했던 첫 만남 첫 주 프로젝트를 마무리하는 날이기도 합니다."

▶ 허쌤의 첫 만남 프로젝트 다섯째 날 스케치

	중요한 프로그램	준비할 것
1교시	창체: 전교 어린이회 선거	
2교시	국어 배움지도 만들기	PPT, 4절지
3교시	과학 교과전담	포스트잇

4교시	올베우스 4대 규칙 평화교육2	PPT, 현수막
5교시	학급 세우기 : 우정의 거미줄 놀이	뜨개질 실, 풍선 1개
6교시	도덕: 학급평화 회의	인형

▶ **6교시: 도덕 학급평화 회의**

 "한 주의 마무리에서 가장 중요한 건 역시 '학급평화 회의'라고 생각합니다. 정 다운 선생님은 혹시 학교에 다니며 '학급 회의'하면 어떤 기억이 떠오르나요?"

 "학급회장 부회장들이 나와서 전교 임원 회의에서 정하는 이번 주 목표에 따라 실천사항을 아이들이 발표하고, 그런 다음 미화부, 총무부 등이 돌아가며 모둠별 목표와 활동 사항을 발표했어요. 사실 그마저도 거의 진도 나가느라 하지 않았던 것 같아요."

 "2015년 개정 교육과정에서 길러내고 싶은 인간은 '바른 인성을 갖춘 창의융합형 인재'입니다. 인문학적 상상력과 과학기술 창조력을 갖추고 바

른 인성을 겸비하여 새로운 지식을 창조하고 다양한 지식을 융합하여 새로운 가치를 창출할 수 있는 사람을 창의융합형 인재라고 표현하고 있습니다.

창의융합형 인재로 길러내고 싶은 모습은 자주적인 사람, 창의적인 사람, 더불어 사는 사람, 교양 있는 사람입니다. 2015 개정 교육과정을 통해 길러내고 싶은 첫 번째 목표인 자주적인 사람을 길러내기 위해서는 무엇보다 아이들이 민주시민으로 자랄 수 있도록 학급 안에서도 자율성을 주어야 합니다. 학생들이 자치를 경험하는 과정에서 직접 민주주의를 체험할 수 있어야 합니다. 그리고 그렇게 자치를 경험하는 프로그램 중에 가장 권하고 싶은 프로그램은 역시 '학급평화 회의'라고 생각해요."

"말씀 들으며 새삼 교대를 다니며 배운 썸머힐, 슈타이너 학교, 키노쿠니 학교 등 해외 대안학교는 모두 아이들이 학교의 모든 일을 회의를 통해 결정하는 시간이 있다고 들었어요."

"먼저 '안조빠' (안전하고 조용하고 빠르게) 로 책상을 벽에 밀고 의자만 가지고 동그랗게 모여 앉습니다. 이때 선생님도 함께 아이들 사이에 앉습니다. 이렇게 동그랗게 앉을 때의 좋은 점은 무엇일까요?"

"일단 모두를 다 한 번에 볼 수 있다는 점, 그리고 돌아가면서 누구나 자기 생각을 들을 수 있는 것 아닐까요?"

"그렇습니다. 그래서 전 제가 먼저 하는 멘트가 있어요. 제법 멋져서 외워두시길 권합니다. **우리가 이렇게 처음과 끝도 없이 동그랗게 앉아있는**

것은 우리가 서로 연결되어 있다는 것을 상징합니다. 이렇게 선생님도 여러분도 동그랗게 함께 앉아있는 것은 우리가 서로 동등하다는 것을 상징합니다."

교사: "우리는 동그랗게 앉아있습니다. 원은 시작과 끝을 찾을 수 없이 연결되어 있습니다. 이것은 모두가 평등하다는 뜻이고 우리는 연결되어있다는 뜻이기도 합니다. 이 자리는 서로의 마음과 생각을 들어보고 서로를 이해하고 공감하는 자리입니다. 지금부터 우리는 30분 정도 학급평화 회의를 할 것입니다."

교사: "학급평화 회의를 할 때는 네 가지 규칙에 동의해주셔야 시작할 수 있습니다 첫째, 토킹 스틱(Talkingstick)을 가진 사람만 이야기 할 수 있습니다. 자신의 순서가 될 때까지 기다려주시고 다른 사람이 이야기하는 동안 집중해 주세요. 우리 반 토킹 스틱은 우리 반의 마스코트 '호랑이 인형'으로 정하겠습니다. 인형을 건네받았는데 생각이 나지 않으면 옆으로 넘길 수 있고 두 번째로 돌아올 때 얘기해주면 됩니다. 동의합니까?"

학생: "예, 동의합니다."

교사: "둘째, 다른 사람의 이야기를 끝까지 들어줍니다. 다른 사람이 이야기할 때 끼어들거나 방해하지 않아야 합니다. 동의하나요?"

학생: "동의합니다."

교사: "셋째, 서클은 처음부터 끝까지 유지되어야 합니다. 함께 대화하는 시간이니 동그란 자리를 끝까지 지켜주고, 필요할 경우 진행자에게 요청해주길 바랍니다. 동의합니까?"

학생: "동의합니다."

교사: "넷째, 서클에서 나온 이야기는 비밀을 보장해주어야 합니다. 여기서 말하

고 들은 내용은 반드시 비밀을 지켜 서로를 믿을 수 있도록 도와주세요. 동의합니까?"

학생: "동의합니다."

교사: "그럼 지금부터 돌아가면서 '좋아바', 즉 한 주 동안 좋았던 점-아쉬웠던 점, 바라는 점을 차례대로 발표하겠습니다. 먼저 한 주 동안 '좋았던 점'부터 돌아가며 발표할게요. 선생님부터 시작하겠습니다. 선생님은 처음 5학년을 가르치게 되었을 때, 내내 6학년만 가르쳤기 때문에 오랜만에 가르치는 게 부담도 됐고, 새로운 학교로 옮겨왔던 터라 새로운 아이들이 어떤 아이들일까 걱정도 되었지만, 한 주를 지내보니 선생님 생각보다 너무 말을 잘 따르고, 무엇보다 친구들을 격려하는 모습을 많이 발견해서 행복한 한 주였습니다. 여러분과의 한 해! 더욱 기대됩니다."

학생 1: (호랑이 인형을 시계 방향으로 건넨다.) "저도 새로 오신 선생님이라 무서운 선생님일까 봐 걱정했는데, 저희를 존중하면서 대해주셔서 편안한 한 주였습니다."

학생 2: "저는 반 친구 중에서 친한 친구가 같은 반이 되지 않아서 모두 어색했는데, 웃으며 말을 건네 준 친구들이 많아서 좋았습니다."

교 사: "이번에는 한 주 동안 아쉬웠던 점을 발표하겠습니다. 아쉬운 점을 발표할 때는 친구를 공격하는 말투가 아니라 부탁하는 말투로 해주길 바랍니다. 선생님은 이번 한 주를 보내면서 아쉬운 점이 딱 하나 있습니다. 우리가 함께 정한 규칙이 '고인사인', 네 번째 규칙이 '인사하기'인데, 아직 조용히 들어와 선생님과도 친구들과도 인사하지 않고 앉아 하루를 시작하는 학생이 다섯 명 정도 됩니다. 잊지 않고, 하루의 시작을 서로 존중하는 인사로 시작할 수 있기를 부탁합니다."

학생 1: "저는 우유 당번이 우유를 미리 나눠주었으면 좋겠습니다."

학생 2: "저는 따로 아쉬운 점이 없는 한 주였습니다."

교사: "우유 당번은 친구가 해준 이야기를 마음에 담고, 다음 주 월요일부터는 8시 40분 전에 책상 위에 우유를 놓아주길 부탁합니다. 이제 '바라는 점'을 이야기할 차례입니다. '아쉬운 점'과 '바라는 점'의 차이가 무엇일까요?"

학생: "아쉬운 점은 불만만 이야기한 거고, 바라는 점은 불만을 어떻게 해결하면 좋을까 자기 생각을 이야기하는 것이라 생각합니다."

교사: "그렇습니다. 아쉬운 점과 달리 바라는 점은 '우리 반 투표'로 찬성과 반대를 정할 수 있는 이야기가 나오면 좋겠습니다."

학생1: "중간놀이 시간에 보드게임을 한다고 뒤쪽 자리를 다 차지하고 있어서 지나갈 때 불편합니다."

교사: "중간놀이 시간에 보드게임을 하며 많은 공간을 차지해 불편하다는 이야기가 나왔습니다. 어떻게 해결하면 좋을지 토의해 볼까요? 의견이 있으면 발표해 주세요."

학생1: "창가 쪽에서만 놀면 좋겠습니다."

학생2: "창가에서 놀려면 두 모둠 정도밖에 놀지 못합니다. 뒤쪽에도 보드게임 존(ZONE)을 만들었으면 좋겠습니다. 그리고 그 안에서만 놀면 친구들이 지나갈 때 방해가 되지 않을 것입니다."

학생3: "뒤쪽에선 보드게임은 하지 않았으면 좋겠습니다. 자기 자리에서도 할 수 있는 놀이가 많다고 생각합니다."

교사: "또 다른 좋은 의견이 있나요? 그렇다면 세 가지 의견에 대해 투표를 시작하겠습니다."

학생: (세 가지 의견 중에서 한 가지 의견에 거수한다.)

교사: "투표 결과, 다음 주 월요일부터 교실 뒤쪽에 테이프로 보드게임 존을 만들고, 그 안에서만 보드게임을 하기로 약속하겠습니다. 잘 지켜주길 바랍니다."

"선생님 반의 시나리오를 들어보니, 어떻게 진행되는지 감이 조금 오네요. 이렇게 하고 마무리하는 건가요?"

"저는 시작할 때 두 바퀴 정도는 제가 중요하게 생각하는 두 가지를 넣어서 모두 발표를 시키고 있어요."

"어떤 발표를 시키시는데요? 궁금해요."

"첫 번째는 이번 주 의미 있는 역할을 어떻게 실천했는지 돌아가면서 스스로 평가하며 발표하게 하려고 해요. 제가 맡은 의미 있는 역할은 학습 준비물 가져오기입니다. 스스로 생각할 때 90점은 줄 정도로 열심히 했지만, 딱 한 번 아직까지 반납을 하지 않은 유성 매직이 있습니다. 이런 식으로……. 두 번째는 정 다운 선생님께 배운 대로 저부터 '이번 주에 읽고 있는 책은 '당신이 옳다'라는 정 혜신 선생님의 글입니다.' 라고 이야기하고, 시계 방향으로 다음 아이가 지금 읽고 있는 책을 친구들에게 보여주며 간단히 소개하는 시간을 가지려고 생각 중이에요."

"아하! 매번 스티커를 붙이거나 검사하는 대신 스스로 자신을 돌아보게 하는 방법, 마음에 들어요. 첫 주의 마지막은 그렇게 '좋아바'로 돌아가며 이야기 나누고 끝내는 건가요?"

"마지막 10분, 격려 포스트잇으로 서로를 격려하며 따뜻하게 마무리하는 팁 하나 소개해드릴게요."

"포스트잇을 준비하면 되는 건가요?"

 "예, 포스트잇을 한 장씩 나누어주고, 올해 친구들에게 가장 듣고 싶은 이야기를 포스트잇에 써달라고 부탁하는 거예요. 그런 후에 가지고 있는 포스트잇을 시계 방향으로 왼쪽 아이에게 각자 넘기게 했습니다."

 "듣고 싶은 글이 적힌 포스트잇을 왼쪽 아이에게 줘서 읽으라는 건가요?"

 "아, 그건 아니고요. 잔잔한 배경음악을 틀어놓고 받은 포스트잇을 다시 건네준 아이에게 읽어 주게 하는 거예요. 한 명씩 차례대로 돌아가며, 자기가 가장 듣고 싶은 말을 직접 친구가 전하게 하니, 교실의 분위기가 따뜻해져서 좋았어요.
이런 좋은 느낌, 좋은 기운으로 한 해를 보낼 수 있으면 얼마나 좋을까 기대도 되었습니다. 올 한해가 이번 한 주 같기를 기원하며 수업을 마쳤습니다."

 "오, 우정의 거미줄 활동도 그렇지만, 학급평화 회의 때 '격려 포스트잇' 전달 활동은 정말 마음이 따뜻해지겠어요. 선생님 덕분에 아이들 마음을 말랑말랑하게 하는 멋진 방법들을 많이 알게 되어 기대됩니다. 이번 한 주도 고맙습니다."

첫 만남 프로젝트 '여섯째 날'

 "이제 아이들이 한명 한명 눈에 들어오며 교실에 들어오는 기분이 안정된 기분이에요. 본격적으로 공부할 준비를 시작할 때라는 생각이 들어요. 교과 전담 선생님들도 수업에 들어오시니…"

 "아이들과의 첫 일주일은 학급의 규칙을 확립하는 시간이에요. 사실 첫 일주일 동안 아이들은 선생님의 반응을 지켜보고 있어요. 지각하거나 떠드는 아이들, 다투는 아이들, 큰소리를 지르는 아이들에게 선생님이 어떻게 반응하는지 지켜보고, 여러 가지 질문을 하며 어떻게 나오는지 확인하고 있는 기간이라고 생각하면 정확합니다. 그래서 일주일 동안 선생님은 아이들의 실수나 실패, 문제 행동에 대해 어떻게 반응해야 할지 스스로 의식하고 신중하게 행동해야 합니다."

"아, 그렇게 말씀하시니 제가 하는 말, 제가 아이들을 대하는 태도 하나하나가 우리 반 아이들의 태도를 만드는구나 싶어서 더 말과 행동이 조심스러워지는 것 같아요."

1. 지시의 원칙: 한 번에 한 가지씩, 반드시 확인하기

"황금의 2주, 이제는 일인일역, 청소 당번, 급식 당번 활동 등을 어떻게 활동할지도 꼼꼼하게 약속되어야 하는 시간입니다. 의미 있는 역할(일인일역)을 할 때는 칠판 지우는 방법과 우유를 나누어주고 확인하는 방법까지 구체적으로 정하고 직접 시뮬레이션하듯 봐주셔야 합니다. 당번 활동은 빗자루와 쓰레받기를 사용하는 법, 빗자루 거는 법, 쓰레기통에 쓰레받기의 쓰레기를 비우는 방법, 급식 당번이 배식하고, 잔반을 버리는 방법에 이르기까지 일일이 세세하게 지도하셔야 합니다."

"그런 세세한 활동은 어떻게 지도하는 게 좋을까요? 처음이라 저도 서툴러서 아이들에게 미안해요."

"지도에는 원칙이 있어요. 뇌과학적으로 인간은 원래 멀티태스킹이 되지 않는다고 해요. 그래서 껌을 씹으며 공부하면 암기력이 20% 떨어진다는 연구 결과도 있고, 핸즈프리나 블루투스로 전화를 하며 운전하면 사고율이 평균적으로 음주운전 수준으로 떨어진다는 연구 결과도 있습니다. '아이들이 열중하는 수업에는 법칙이 있다.'라는 책에서 수업의 명인 무꼬야마는 제2법칙으로 〈일시 일사의 원칙〉을 제시합니다. 바로 '한 번에 한 가지를 지시하라'는 원칙이죠. 기억하세요."

---

1. 한 번에 한 가지씩 지시하고, 반드시 확인해야 한다.

2. 여러 가지를 지시하려면 반드시 칠판에 순서대로 적어주어야 한다.

3. 시범 보이기 → 시키기 → 격려의 과정에 유의하여 반복해 지도한다.

"공책에 알림장을 쓰세요. 끝나면 선생님 책상 위에 제출하고 책을 읽으세요. 책을 읽기 전에는 자신의 사물함을 먼저 정리해야 합니다."
"이런 지시는 괜찮나요?"

"어? 저도 종종 저렇게 지시하곤 하는데, 뭐가 잘못된 건가요?"

"이런 식의 지시에 아이들은 혼동을 느끼게 되어 있습니다. 또 결국 '자기 사물함 정리한 다음이라고 말했지? 몇 번을 말해야 하겠니!' 라며 고함을 지르는 상황이 반복됩니다. 사실 교사는 1.알림장 쓰기 2.제출하기 3.책 읽기 4.먼저 사물함 정리하기의 4가지를 한꺼번에 지시해 아이들을 헷갈리게 한 것입니다. 늘 원칙은 '지시는 하나씩' 그리고 꼭 확인해야 합니다. 예를 들어 '사물함을 먼저 정리하세요. 시간은 2분입니다.' 그 뒤에 알림장을 쓰도록 해야 합니다. 아니면 칠판에 모두 순서대로 써주는 것이 낫습니다."

"아이들에게 미술 시간에 '모두 이쪽을 보세요. 중요한 이야기니 잘 들어야 합니다.'라고 이야기한 적이 있어요. 그런데 아이들이 미술 활동하느라 쳐다보지 않는 아이들이 많아 한번 무섭게 고함을 쳤던 기억이 나네요. 부끄럽게..."

 "특히 손에 뭔가를 가지고 있는 상태에서 지시한 것은 지시한 게 아니라는 것을 기억해 주세요. 미술 활동을 계속한 건 사실 아이의 잘못이 아니라 활동을 멈추게 지시하고, 다음 단계로 지시를 하지 않은 지시의 문제라고 생각해요."

"손에 있는 것을 모두 내려놓으세요." (지시)

"선생님을 바라봅니다." (확인)

"3월 한 달 동안은 어떻게 하는지 시범을 보여주는 취지로 교사가 한 단계씩 지시하며 함께 급식 및 청소를 하는 것이 좋습니다."

 "지시의 원칙! 또 하나 배웠습니다. 열심히 실천하려고 노력할게요. 그런데 또 하나 고민되는 게 있어요. 아이들에게 고함치고 화내지 않으면서도 차분한 교실을 만들고 싶은데, 자꾸만 따르지 않는 아이들에게 고함치고 화를 내게 되네요. 슬슬 간을 보는 아이들이 있는 느낌이에요."

 "차분한 교실의 분위기를 잡으려면 무엇보다 ① 교실 이동시 줄서기 ② 정리 정돈하기 ③ 수업 시간과 쉬는 시간 구별하기 ④ 지시 빠르게 따르기, 이 네 가지가 중요해요. 특히 '지시 빠르게 따르기'가 가장 중요하다고 생각합니다. 복도에 줄을 서라고 했는데, 좀처럼 나오지 않고 줄을 서지 않아 일찍 선 아이들이 3~4분 기다리게 된다면, 이미 차분한 교실은 물 건너간 거라고 보면 됩니다.

시키는 대신 직접 시범을 보이고 긍정적인 행동을 격려해주는 것이 중요합니다. 교사가 함께 특히 1,2주에는 급식 당번 및 청소 당번을 아이들과 함께하며 어떻게 하는지 보여줄 필요가 있어요."

 "급식 지도할 때 주의할 점이 어떤 게 있을까요?"

 "점심을 다 먹고 식판을 쌓는 규칙을 예로 들어볼게요. 처음에 누군가 첫 식판을 제대로 놓지 않으면 식판이 엉망으로 쌓일 확률이 매우 높습니다. 가장 먼저 식판을 놓는 아이들은 대개 빨리 운동장에 나가 축구나 놀이를 하고 싶은 욕심에 대충 던져놓는 경우가 많습니다. 첫 식판을 제대로 놓았다고 해도 10번째 식판이 약간 어긋나게 쌓였다면 그 위로 계속 식판이 어긋나게 쌓여지겠죠.

그러나 식판이 어긋나게 쌓였다고 바로 무너지진 않아요. 아이들도 곧 '무너질 수 있겠구나!' 생각은 하면서 아무도 그 상황을 바꾸려 하지 않습니다. 마치 '산가지 놀이'를 할 때처럼, 내가 놓을 때 무너지지 않으면 된다는 생각으로 대충 식판을 던져 넣고 나가버립니다. 그러다 어느 순간, 식판은 와장창 무너지게 됩니다.

식판이 무너진 것은 누구의 잘못일까요?"

"무너뜨린 아이 잘못이라고 하기엔 여러 아이 잘못이 하나하나 쌓여서 누구를 따로 지정해 혼내기도 어렵겠어요. 그렇다고 모든 아이를 혼내면 아이 중에는 억울한 마음에 반항심도 생길 것 같고요."

 "서투른 교사는 마지막 무너뜨린 아이를 혼낼 것입니다. **하지만 노련한 교사라면 처음부터 제대로 지도하는 방법을 택해야 합니다. 바로 3월 '황금의 2주일 안에 첫 식판을 잘 놓도록' 지도하는 방법입니다. 처음부터 제대로 지도하면 아이들도 별로 힘들이지 않고 잘 따라올 수 있습니다.**

그런데도 결국 식판 탑이 쓰러졌다면, 노련한 교사는 이 문제를 모두의 문제로 환원하여 지도합니다. 교실의 모든 학생이 잠시 급식 먹는 것을 멈추고, 모두 함께 식판을 정리하는 데 집중할 것입니다. 책임은 교사에게 있다고 할 것이고 그 자리에서 아이들을 혼내진 않습니다. 그래 봤자 소용없다는 것을 잘 알기 때문입니다."

"왜 급식 판이 이렇게 쓰러졌을까요?"

"급식 판이 쓰러지지 않으려면, 우리는 어떻게 해야 했을까요?"

"저는 아이들이 각자 식판을 하나씩 가져가 한 명씩 나와 다시 식판을 놓는 과정을 반복해 연습했습니다. 그리고 일 년 동안 다시 식판이 무너지는 일은 없었습니다.

학급경영은 '식판 쌓기'라고 할 수 있습니다. 학급경영의 문제 상황들은 예방이 최선입니다. 앞서 말한 2주 정도의 시간이라면, 어느 정도 기본적인 지도가 가능합니다."

"학급경영이 '식판 쌓기'라는 비유가 정말 마음 깊이 다가옵니다. 이제 본격적인 6일차 이야기 부탁드릴게요. 7일이면 기본적인 학기 초 관계맺기 관련 지도는 거의 마무리된다고 들었는데, 이제 어떻게 보내면 될까요?"

"다시 말씀드리지만, 프로그램에 매몰되면 안 됩니다. 제가 말씀드리지 않았지만, 학기 초에 꼭 해보시면 좋을 프로그램은 널려 있어요. 서준호 선생님의 '완벽한 선생님은 없어', PDC의 '상처받은 영대', '정글 속의 동물 활동' 등은 저도 따라 활용하며 감탄하는 학기 초 프로그램입니다. 하지만 꼭 해야 하는 프로그램은 없어요. 들으면 다 하고 싶고, 하면 좋을 것 같지만 아이들과 보낼 시간은 일 년, 충분합니다. 꼭 학기 초에 하지 않아도 교육과정과 맞물려 필요한 시간에 교육과정 재구성을 통해 여유 있게 해보시길 권합니다. 직접 해보셔야 나와 맞는지, 우리 반 아이들과 맞는지를 판단할 수 있어요."

"나만의 교육철학을 가지고, 그 철학에 구슬을 꿰어 아이들을 만나는 것, 첫 만남 프로그램을 하느라 아이들의 눈을 먼저 마주 보는 걸 놓치지 않겠습니다. 감사합니다."

"제가 준비한 학기 초 아이들과 만나는 계획은 7일차까지면 충분해요. 시간이 부족하면 좀 더 여유있게 다음 시간에 이어 하시면 됩니다. 첫 만남 프로젝트 6일차는 이렇게 스케치 했어요."

▶ 허쌤의 첫 만남 프로젝트 여섯째 날 스케치

	중요한 프로그램	준비할 것
1교시	배움덕목 만들기	포스트잇
2교시	'인사약'으로 사과하기	인성툰 카드

▶ 1교시: 배움덕목 만들기

"교실에서 생기는 문제 중 많은 경우는 서로 존중하지 않는 데서 생깁니다. 아이들이 어떻게 해야 서로 존중할 수 있을까요?"

"친구를 존중하는 태도는 사실 가정에서 기본적으로 가르쳐야 하는 것 아닐까요?"

"교육기업 아이스크림 미디어가 2019년 12월, 전국 초등학교 교사 1,856명을 설문한 결과, 교사들이 가장 곤란해하는 학부모로는 잦은 민원을 제기하거나 과도하게 간섭하는 '극성 부모'가 아니었어요. 뜻밖에도 학생의 책임을 무조건 학교에 떠넘기는 '무책임 부모'가 꼽혀 눈길을 끌었습니다. 가장 대하기 힘든 학부모 유형으로 '학생의 생활지도를 학교에 떠넘기는 학부모'(31.1%)를 지목했고요."

"출산율이 감소하고 맞벌이 부부가 증가하면서 자꾸만 가정에서 기본적으로 지도되어야 할 생활 지도를 학교에 떠넘기는 것 같아요. 학교뿐만 아니라 가정에서도 배려와 양보의 가치를 우선해 가르쳐야 한다고 생각합니다."

"사이다예요. 정말 제가 하고 싶은 이야기예요. 한편으론 외동아이들이 많다 보니 친구를 존중하는 태도는 가정에서 모두 책임지고 지도하기 어려운 점도 있을 것 같아요.
친구를 존중하는 태도는 바로 선생님이 먼저 아이들을 진심으로 존중하며 대하고, 아이들도 서로 존중하도록 가르쳐야 합니다. 이러한 가치를 선생님이 먼저 실천하고 아이들에게 가르치고 격려해 주는 반과 그렇지 않은 반은 눈에 보일 정도로 명확한 차이가 있습니다. 바로 선생님이 교실에 계시지 않을 때와 계실 때의 차이랍니다."

"아, 제가 없을 때도 아이들이 차분하게 앉아있는 교실, 생각만 해도 좋은데요."

"그러기 위해서는 학급 임원들의 도움이 꼭 필요해요. 저는 선생님 없을 때 아이들 떠드는 건 당연하다고 생각합니다. 저도 학생이라면 떠들었을 거예요. 제가 없을 때 무얼 시키는 게 아니라 학급 임원이 교실 앞에 나오고, 아이들이 돌아다니지 않고 자리에 앉게 해달라고만 부탁합니다. 그리고 임원 중에 한 명은 선생님이 어디 계신지 찾아오라고 부탁했어요. 대개 선생님은 학년 연구실이나 교무실로 오면 된다고…. 혹시 선생님이 바쁜 상황이라면 뭘 준비하고 있으면 되는지 안내해 주겠다고..."

"선생님이 안 계실 때 아이들 떠드는 건 당연한 거라는 선생님 말씀이 위로됩니다. 전 다른 반 아이들은 안 떠드는 데 우리 반 아이들만 그렇게 난리인가 싶어서 잔소리 엄청 많이 했거든요."

 "3월 둘째 주에는 꼭 시간을 내어 EBS 다큐프라임 '학교란 무엇인가?' 3부. 이우 학교 이야기 편의 수업 동영상(11분11초 ~15분33초)을 아이들에게 보여줍니다."

▶ **유튜브 영상 보기:** http://gg.gg/g518a

교사: "이우 학교 이야기 영상을 보고 느낀 점을 누가 손들고 발표해 볼까요?"
학생1: "모두 수업에 진지하게 참여해요."
학생2: "선생님만 가르치는 게 아니라 모두 자유롭게 묻고 대답하는 모습이 보기 좋았어요."
학생3: "수업이 맛있다는 대답이 기억에 남았습니다."
교사: "사실 교실에서 진짜 배우는 사람은 선생님일까요? 학생일까요?"
학생: "학생입니다."
교사: "맞습니다. 학생입니다. 그런데, 정작 배워야 할 학생은 수업 준비를 하지 않고, 선생님만 열심히 수업 준비를 하고 있다는 생각이 들었습니다. 선생님은 정말 최선을 다해 수업 준비를 해오겠습니다만, 여러분도 수업 준비를 해와야 한다고 생각합니다."
(아이들이 의아해할 때 되물었습니다.)
교사: "그렇다면, 배우는 여러분들이 해야 하는 수업 준비는 무엇이 있을까요?"
학생1: "교과서와 준비물을 잘 챙겨요."
학생2: "숙제를 잘 해와요."
학생3: "열심히 선생님 말씀을 들어야 해요." (아이들의 말에 덧붙여 이야기했습니다.)

교사: "어려운 질문인데도 자기 나름의 생각을 잘 발표했습니다. 숙제를 잘 해오고, 교과서와 준비물을 잘 챙기는 것, 그리고 또 하나 수업 시간에 선생님과 수업을 할 때 준비된 수업 태도가 필요합니다. 이것을 어려운 말로 '배움덕목'(저학년에서는 배움예절)이라고 부릅니다."

그동안 '배움덕목'은 아니지만, 저 나름대로 9가지 성품을 칠판 위쪽에 게시해 두고, 지도할 때마다 가리키며 "존중은 우리 모둠 발표 준비를 멈추고, 열심히 준비한 다른 모둠의 발표를 존중하며 듣는 것입니다"라고 따라 말하게 하곤 했습니다.

성품의 종류	성품의 정의
경청 Attentiveness	친구의 말과 행동을 잘 집중하며 들어서 친구의 의견이 얼마나 중요한지 인정해 주는 것

존중 Respect	친구를 소중하게 여기고 배려해주는 것
감사 Gratefulness	다른 친구가 나에게 어떤 도움이 되었는지를 인정하고 말과 행동으로 고마움을 표현하는 것
책임 Responsibility	내가 해야 할 일들이 무엇인지 알고 끝까지 맡아서 잘 수행하는 태도
인내 Patience	좋은 일이 이루어질 때까지 불평 없이 참고 기다리는 것
절제 Self-control	내가 하고 싶은 대로 하지 않고 꼭 해야 할 일을 하는 것
창의 Creativity	모든 생각과 행동을 새로운 방법으로 시도해 보는 것
정직 Honesty	어떠한 상황에서도 생각, 말, 행동을 거짓 없이 바르게 표현하여 신뢰를 얻는 것
협동 Cooperation	친구들과 함께 생각하고 함께 해결하는 것

2013년 학습연구년 기간에 존경하는 최 혜경 수석 선생님의 수업을 참관하기 위해 대구의 들안길초등학교에 방문했습니다. 5학년 학생들의 전체적인 수업 태도가 너무 좋아서 비결이 무엇일까? 궁금했어요. 선생님과 이야기를 나누다 아이들이 직접 만든 '배움덕목'을 알게 되었습니다. 아이들의 차분하고 안착된 분위기에 '배움덕목'이 적잖은 영향을 주었을 거라 생각했고, 3월 둘째 주 수업을 본격적으로 시작하기 전에 '배움덕목' 만들기에 도전했습니다.

① 모둠별로 4절지와 포스트잇 나눠주고 토의하기

이전 선배님들이 만든 배움덕목을 보여주고, 나누어준 포스트잇에 수업을 준비할 때 필요한 덕목을 하나씩 쓰게 했습니다.

"난 친구들이 발표할 때 잘 들어주는 것이 무엇보다 중요하다고 생각해."라고 이야기하며 '경청'이라고 쓴 포스트잇을 2절지 아무 곳에나 붙이자고 했습니다. 번호순으로 돌아가며 제시하되 아직 생각이 안 나면 "통과"라고 이야기하기로 했습니다.

② 가장 좋은 의견 3가지 뽑아 모둠별로 발표하기

개인별로 동그란 스티커를 10개씩 나누어주고 자기 의견이 아닌 의견에 스티커를 최대 3장까지 붙일 수 있다고 안내했습니다. 순위가 결정되면, 결정된 의견을 제시한 아이가 모둠 대표가 되어 친구들 앞에서 발표하게 하였습니다. 발표하고 보니, 모둠별로 겹치는 의견들이 있어서 칠판에 붙여 하나로 모았습니다.

③ '배움덕목' 최종 투표하기

   1 모둠은 적극성, 긍정, 열정

   2모둠은 경청, 존중

   3모둠은 배려, 발표

   4모둠은 바른 자세, 협동

   5모둠은 노력, 친절, 믿음

   6모둠은 이해, 집중이 뽑혔습니다. 1모둠의 '생각' 덕목에는 ?가 달려있어 의견을 제안한 아이와 대화해보니, 긍정적인 생각을 의미하기에 '긍정' 으로 수정했습니다.

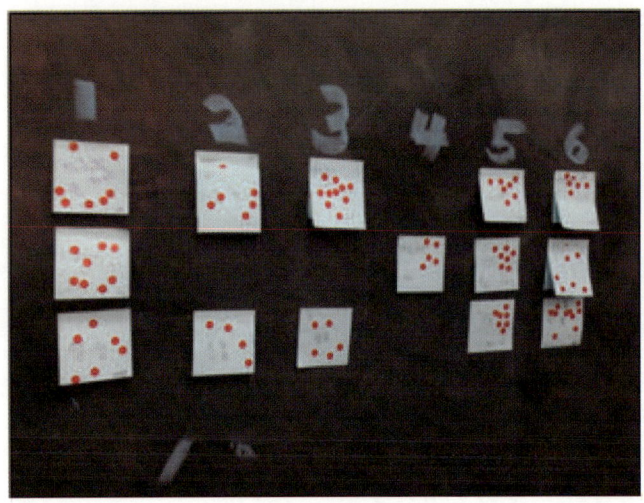

   공부를 좋아하지 않는 6모둠 종명이의 의견중 '눈빛' 이 인상적이라 물어보니, 수업시간엔 선생님만 바라보며 집중하는 눈빛이어야 한다고 말했습니다. 그래서 눈빛은 '집중' 에 포함하기로 했습니다.

④ 교실 앞 게시판에 게시하기

최종 배움덕목을 예쁘게 출력하고 뒷면에 고무 자석을 붙여 칠판에 붙였습니다. 월요일에 뒷면에 자석을 덧대어 붙이고, 수업에 활용하기 시작했습니다.

"수업의 진짜 주인이 '아이들'이란 깨우침이 참 소중하다는 생각을 했어요. 진짜 가르친다고 아이들이 배우는 게 아닌데 싶고요. 배움덕목, 자주 교실에서 활용하겠습니다. 실제로는 어떻게 활용하면 좋을까요?"

"저는 수업을 시작할 때에 종종 아이들에게 되물어요. 친구들이 모둠별로 발표를 하려고 하는데, 여러분이 준비해야 할 배움덕목은 무엇이 있을까요? 아이들이 '친구들이 발표할 때 '경청'해야 합니다. 친구들의 발표할 때 '존중'한다면 자기 모둠 발표 준비를 하지 말아야 한다고 생각합니다. 등의 발표를 한 후에 보통 2개 정도의 배움덕목만 칠판에 내려 붙이는 편이에요."

"배움덕목을 더 잘 활용하는 방법을 고민하겠습니다. 감사합니다."

▶ **2교시: 아이들 싸움이 일어났을 때: 인사약으로 사과하기**

 "정 다운 선생님, 지난주에 아이들 싸움이 일어났다고 걱정하셨는데…. 잘 해결되었나요?"

 "쉬는 시간에 자기 발을 밟고 지나갔다고 화를 냈는데, 밟은 아이…. 일부러 그런 것도 아닌데 그렇게 화를 내냐고 되레 화를 냈대요. 말리느라 혼났어요."

 "'미안해, 됐지?' 잘못한 아이에게 사과하라고 하면 흔히 듣는 대답입니다. 어떤 선생님은 '네가 잘못했네, 잘못했다고 말해', '사과했으니까 됐지?'라며 아직 감정이 풀리지 않은 아이에게 억지 사과를 받게 하기도 합니다. **하지만 '미안해.'라고 말한다고 마음이 풀리는 건 아닙니다. 어떻게 사과하느냐에 따라 관계는 회복되기도 하고, 악화되기도 하거든요.**"

 "그러잖아도 선생님께 꼭 여쭤보고 싶었어요. 교대 다닐 때는 이런 상황에 대해 따로 배운 적이 없다 보니, 어떻게 할지 모르겠어요."

 "두 아이가 서로 치고받고 싸운다고 반 아이가 알려왔어요. 선생님은 그때 어떻게 해결하세요?"

 "대개 두 아이를 떼어놓고 잠시 흥분을 가라앉힐 시간을 줘요. 그런 후에는 한 명씩 돌아가면서 왜 싸웠는지 이야기하게 하죠."

"그런 다음에는요?"

 "어느 쪽이 잘못되었는지 가린 후에는 잘못한 아이에게 사과하라고 해요. 왜 잘못했는지 조목조목 알려주고…"

 "그럼, 잘못한 아이가 사과하던가요?"

 "사과는 하는데…. 왠지 억지로 사과하는 것 같은 느낌이었어요. 그리고 사과를 받는 아이도 마음이 풀린 것 같진 않았고요. 아무래도 억지로 사과를 시키다 보니 진심이 느껴지지 않아서인가 봐요."

"상대방에게 단단히 화가 났는데, 어째서 화가 났는지 헤아리지도 않고, 대뜸 '미안해'라는 말을 던지면, 오히려 갈등은 커질 수 있어요. 마치 상대가 이 문제를 중요시하지 않는 것처럼 느껴지기 때문입니다.

'그래, 내가 잘못했다고 생각해, 하지만 네게 상처를 줄 생각은 없었어.' 라고 말하는 대신 '내가 잘못했어, 진심으로 미안해'라고 사과해야 합니다. '내가 잘못했어. 하지만 네 행동도 조금은 문제가 있어' 대신 '내 행동을 되돌아보니, 정말 잘못했다는 생각이 들어. 진심으로 사과할게' 라고 이야기한다면, 친구의 마음도 풀릴 것입니다."

 "정말 사과는 삶의 기술이란 생각을 새삼 하게 되네요."

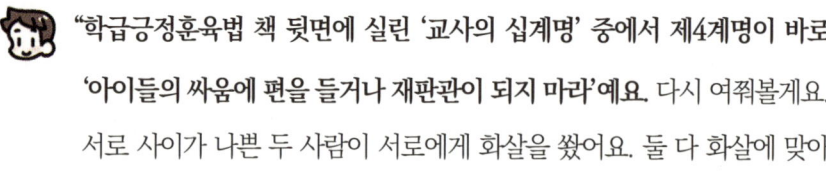 "학급긍정훈육법 책 뒷면에 실린 '교사의 십계명' 중에서 제4계명이 바로 '아이들의 싸움에 편을 들거나 재판관이 되지 마라'예요. 다시 여쭤볼게요. 서로 사이가 나쁜 두 사람이 서로에게 화살을 쐈어요. 둘 다 화살에 맞아 다쳤어요. 이걸 발견한 당신이 가장 먼저 해야 할 일은 무엇일까요?"

 "화살을 뽑고 상처를 치료해야겠지요."

 "맞아요. 먼저 다친 상처를 치료해야 해요. 그런데 우리는 종종 누가 먼저 화살을 쐈냐고 상처 입은 두 아이에게 물어보고 재판관을 자처하죠."

 "아… 정말 생각을 바꾸게 하는 질문이네요. 부끄러워집니다."

 "돌발 복습 질문, 피해자가 먹는 아이스크림은 무엇이었죠?"

 "어기바!! 기억하고 있어요. 아이들에게도 참지만 말고 상대방에게 '어기바'(어, 사실-기분-바람)로 자기 생각을 전하게 하자고 이야기하고, 역할극도 재미있게 했답니다."

 "그렇다면, 가해자가 먹는 약을 소개해 드릴 시간이에요. 바로 '인사약'이라는 약인데, '인사약'이 무슨 말의 줄임말일까 맞혀 보실래요?"

 "인사약? 도대체 무슨 말일까요?"

 "우리는 대개 칭찬이나 감사 등 긍정의 말만이 신뢰를 쌓는 말이라고 생각하지만, 진심을 담은 사과의 말은 상황을 전환하고 오히려 신뢰를 회복할 수 있는 기회가 됩니다. 사과할 일을 미리 만들지 않는 것이 최선이겠지만, 사람인 이상 아이들은 실수하기 마련입니다. 그리고 배운 적이 없으니 아이들은 '미안'이라고 하면, 사과가 되는 줄로 압니다. 그러나 '미안'이란 말은 사과하는 말치고는 참 간단합니다. 사과받는 사람의 마음을 풀어주기에는 역부족입니다. 그래서 평화 반에서는 '인사약'이라는 마법의 약을 활용해 사과하도록 지도하고 있어요."

'인사약'은 '인정'-'사과'-'약속'의 줄임말이에요.

▶ '인사약'으로 사과하기

> 인(인정) : "네가 싫어하는 별명을 불러서"
> 사(사과) : "정말 미안해."
> 약(약속) : "앞으로는 절대로 그 별명을 부르지 않을게."

① 인(인정): 사과의 첫 단계는 자기의 잘못을 '인정'하는 것부터 시작되어야 합니다.

"네가 없을 때 친구들에게 네 뒷담화를 해서"라고 뒷말 없이 인정해야 합니다.

② 사(사과): 두 번째로 자신의 진심을 담아 '사과'합니다.

"정말 미안해."

③ 약(약속): 마지막 단계는 관계를 유지할 수 있는 적절한 행동을 약속하도록 합니다.

예를 들어 이렇게 약속하는 것입니다.

"앞으로는 다른 친구들에게 네 이야기를 하지 않을게."

"어기바, 인사약...입에 쫙쫙 붙는 말인데요."

 "아이들 간에 싸움이 있으면 저는 따로 학년 연구실이나 복도 쪽, 아이들이 없는 공간으로 데리고 가요. 가는 동안에도 조금은 아이들 마음이 차분해지거든요. 그런 후에는 두 아이에게 서로 돌아가며 있었던 일을 이야기하게 해요. 들어보면 어느 한 아이가 잘못했다기보다 서로 서운한 점이 있어요. 그래서 두 가지만 핵심으로 잡아 지도하고 있어요."

 "어떤 포인트일까요?"

 "어떤 다툼이 있어도 상대방의 몸에는 손대지 않기, 상대방의 몸에 일부러 손을 대고 때렸다면 그 아이는 따로 남아 상담을 받도록 했어요. 그리고 두 번째는 서로의 서운한 점을 상대방에게 이야기하고, 인정할 수 있는지 물어보죠. 지금 감정이 어떤지? 서로 서운한 점을 이야기하고 나면, 인사약으로 상대방 눈을 바라보며 말하는 시간, 전 아이가 인사약으로 사과하는 걸 어려워하면 저를 따라 말하라고 시범을 보이곤 합니다. **그런 후에 꼭 '그렇게 말해줘서 고마워. 사과는 정말 용기가 있는 사람만이 할 수 있는 행동이야…' 라고 이야기해줍니다.** 아, 피해자 아이에게도 이렇게 이야기를 해요. '지금 사과를 듣는다고 금세 마음이 풀리지 않을 거라는 걸 알아, 다음에도 혹시 이런 일이 있으면 꼭 선생님에게 이야기해주렴. 그땐 꼭 선생님이 뛰어와 도와줄게.'"

 "잘못해서 사과한 아이에게도 '그렇게 말해줘서 고마워!' 라고 말씀하시다니…. 아이가 더욱 용기를 내어 사과할 수 있는 분위기가 되겠어요."

 "제가 하나 더 신경 쓰는 일이 있어요. 이렇게 다툼이 일어난 후에는 교실에 들어와 사건의 전모를 이야기하고, 서로 어떻게 사과하고 사과를 받아들였는지를 꼭 이야기해줘요. 그러면서 이야기하죠. 우리가 집에서도 인터넷, 유튜브로 공부할 수 있는데 학교에 오는 이유가 바로 이런 것 때문이라고…. 이렇게 친구 간에 갈등이 있을 때 어떻게 해결하는지 알아가고 용기를 내어 사과하는 것이 가장 큰 공부라고!"

 "아이들끼리만 서로 사과하고 끝내는 게 아니라 앞으로도 일어날 수 있는 상황이니 다른 친구들에게도 어떤 갈등이 있었는지, 그리고 어떻게 갈등을 풀었는지 들려주는 것! 정말 도움이 되겠어요."

11~20 미안함

- 피구를 하다가 내가 던진 공에 얼굴을 맞은 친구에게
- 내가 복도에서 뛰다가 부딪힌 친구에게
- 수업 시간에 내가 친구에게 말을 걸어서 함께 혼난 경우, 그 친구에게
- 내가 흉을 봐서 마음의 상처를 입은 친구에게
- 서로 싸우고 나서 화해하고 싶은 친구에게
- 모둠 활동 준비물을 안 가져온 경우, 모둠 친구들에게
- 급식 시간에 식판을 들고 가다가 실수로 국물을 친구에게 쏟은 경우, 그 친구에게
- 줄을 서다가 친구의 발을 밟은 경우, 그 친구에게
- 친구를 때린 경우, 그 친구에게
- 친구와의 약속 시간에 늦은 경우, 그 친구에게

"인성툰 카드 중에는 아이들이 학교에서 겪을 수 있는 문제상황이 카드로 만들어져 있어요. 붉은색 카드 중에서 한 카드를 골라 모둠별로 역할극을 꾸미고, 인사약을 직접 실습으로 발표하게 하는 시간을 가지시길 권합니다. **아이들이 문제해결을 위한 기술을 사용하면 많은 문제로부터 자신을 보호하고 스스로 해결할 수 있게 되며 문제해결에 대한 책임감과 선생님으로부터 보호를 받는다는 안전함을 느끼게 됩니다. 이러한 문제해결 기술로도 해결하기 어려운 경우는 바로 선생님에게 도움을 요청하도록 하셔야 하고요.** 이런 내용은 올베우스 4대 규칙 4번째 규칙을 지도할 때 다시 이야기 나누었으면 좋겠습니다."

첫 만남 프로젝트
'일곱째 날'

"이제 평화로운 교실을 위한 기초 주춧돌은 이제 어느 정도 놓은 것 같아요. 선생님이 예전 '승승장구 학급경영'책에서 소개한 〈학급경영 3.7.30의 법칙〉에서 '30일의 법칙'이 생각나요."

"30일의 법칙은 7일 동안 정착시킨 학급의 토대를 정착 시켜 시스템화하는 시간입니다. 일인일역, 급식 당번, 청소 당번 등의 활동에 대해 교사가 철저하게 체크하고 정착 시켜 나가야 해요. 30일 동안 '7의 법칙'을 통해 만들어낸 구조를 더욱 철저히 반복하고 지도해야 합니다."

"기억하고 노력하겠습니다. 짧은 경력이지만, 이제야 선배님들이 학기 초에 무섭게 하라는 이야기가 무섭게 고함지르고 화를 내라는 이야기가 아니라 함께 정한 원칙은 철저히 원칙대로 지킬 수 있도록 노력하라는 말로 들려요."

 "제 초임 때를 생각해보면 정말 엄청난 경지인걸요. 아이들에게 고함지르고 화를 내고 나면 어떤 감정이 드나요?"

 "늘 답답하고 자신에게 진 것 같아서 후회가 남곤 했어요."

 "재가 수행자인 고대승이 남긴 글에 이런 문장이 있어요.
화가 나서 한번 치받으려다 생각합니다. 이렇게 하면 행복할까? 아이들을 위해서가 아니라 선생님 자신을 위해서 고함지르며 화를 내는 대신 아이들에게 말해 주세요. 우리 이럴 땐 어떻게 하기로 했죠?"

 "아직은 어렵지만, 해마다 조금씩 나아지겠죠? 이제 처음이라 아이들에게 화를 내고 미안할 때가 많아요."

 "저도 해마다 아이들과 생활하는 것이 조금씩 달라져요. 몇 년 전부터는 매일 아이들이 오늘 체육 시간에 뭐해요? 사회 수업 뭐해요? 물어볼 때마다 친절하게 대답이 안 나오고 짜증이 나오는 걸 느끼곤 아예 칠판 오른쪽에 '하루 예보'를 만들었어요."

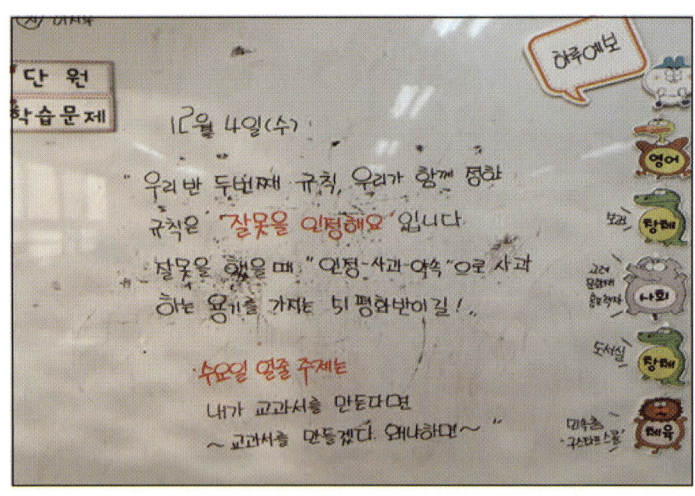

 "하루 예보라니…. 일기예보처럼 오늘 무슨 공부를 하는지 안내해주는 칸이군요. 아이들 아침에 교실에 오면 하루가 머릿속에 그려지겠어요."

 "교실에서 선생님이 자꾸 꼰대처럼 잔소리를 하고 있다면…. 그리고 잔소리가 아이들을 변화시키지 않는다는 것을 깨달으셨다면…. 교실에서 고민이 시작되어야 합니다. 오늘은 특히 잔소리가 많은 고자질 이야기를 조금 해볼게요."

▶ 허쌤의 첫 만남 프로젝트 일곱째 날 스케치

	중요한 프로그램	준비할 것
1교시	올베우스 4대 규칙 평화교육3	PPT, 현수막
2교시	고자질 VS 알리기 지도 올베우스 4대 규칙 평화교육4	포스트잇

▶ 1교시: 올베우스 4대 규칙 평화교육3

"올베우스 4대 규칙도 세 번째 '우리는 혼자 있는 친구들과 함께할 것이다.' 규칙에 대해 함께 이야기 나누는 날입니다. 따돌림 문제에서 대부분의 사람은 다수를 차지하는 따돌리는 세력의 입장에서 따돌림당하는 사람에게 문제가 있다고 편견을 가지기 쉽습니다. 불쌍하기는 하지만 '무슨 문제가 있기에 사람들이 저리 싫어하겠지'라고 쉽게 생각하기도 합니다. 그래서 저는 **학기 초 '너랑 안 놀아 라고 말하지 않기'라는 규칙을 아이들이 함께 지킬 수 있도록** 꼭 혼자 있는 친구들과 함께하려면 어떻게 할 것인지 이야기를 나누곤 합니다."

"너랑 안 놀아 라고 말하지 않기! 언어폭력 못지않게 아이들 마음속에 서러운 한마디 같아요. 미리 학기 초에 이야기 나누고 규칙으로 정해도 괜찮겠어요."

"먼저 아이들과 '투명인간'이라는 광고 영상을 보고 이야기를 나눕니다."

▶ **유튜브 영상 보기:** http://gg.gg/g5406

교사: "영상 속에서 반 친구들이 여자아이를 투명 인간처럼 대한 경우는 언제였나요?"

학생1: "아무도 말을 걸어주지 않았습니다."

학생2: "모여 있다 가까이 오면 고개를 돌렸습니다."

교사: "투명 인간 같았던 여자아이가 언제 다시 몸이 나타나게 되었나요?"

학생3: "급식 시간, 옆에 앉은 친구가 말을 걸어주었기 때문입니다."

교사: "여러분도 혹시 동영상 속 여자아이처럼 왕따를 당했던 경험이 있나요? 그때 어떤 기분이었는지 솔직한 경험을 용기 있게 이야기해줄 수 있나요?"

학생4: "친구들과 사이가 나빠져서 교실에서 아무도 이야기하는 아이가 없었는데, 정말 힘들었습니다."

교사: "교실에서 따돌림은 언제나 아무도 신경 쓰지 않고, 말을 건네지 않는 친구, 혼자 학교 오고 혼자 외롭게 온종일 지내는 친구에게 찾아옵니다. 올해 평화 반에서 혼자 있는 친구가 있다면, 여러분은 어떻게 그 친구를 도울 수 있을까요?"

학생1: "교실에 들어올 때 다가가 큰소리로 인사를 합니다."

학생2: "혼자 있으면 가까이 다가가 같이 놀래? 라고 묻습니다."

교사: "지금부터 하트 모양의 포스트잇을 나누어 줄 테니, 우리 교실에 혼자 있는 친구가 있다면 그 친구를 어떻게 도와줄 것인지 적어 주세요. 다 적은 친구는 칠판에 선생님이 커다랗게 그려놓은 하트 그림 안쪽에 붙여주세요."

학생: (하트 모양의 포스트잇에 친구를 도울 방법을 적고, 먼저 적은 친구부터 칠판에 붙인다.)

교사: (반 친구들이 적은 포스트잇 글을 하나하나 읽어준다.)
"여러분들이 한 약속을 소중하게 하나하나 읽어주며 행복했습니다. 무엇보

다 교실에 와서 같이 이야기를 나눌 수 없다면 얼마나 그 친구는 외롭고 힘들까요? 그런 친구의 마음을 함께 느끼고 친절하게 대해주는 것이 '공감'의 힘입니다. 공감이란 겪어보지 않고도 친구의 마음을 아는 것이기 때문입니다."

👧 "우리는 혼자 있는 친구들을 도울 것이다. 정말 좋은 약속이네요."

👧 "올베우스 4대 규칙의 네 번째 규칙은 따로 지도하지 않아도 아시겠죠? 뭘까요?"

👧 "만약 누군가 괴롭힘을 당하는 것을 알게 되면, 우리는 학교나 집의 어른들에게 이야기할 것이다. 입니다."

👦 "저는 올베우스 4대 규칙의 네 번째 규칙은 2교시에 공부할 '알리기'와 '고자질' 지도와 연결해서 지도하고 있어요."

▶ 2교시: 고자질 VS 알리기 지도

👧 "아이들을 지도할 때 가장 교사를 지치게 하고 짜증 나게 하는 일이 반복되는 고자질이 아닐까 싶어요. 특히 저학년 아이들은 수시로 나와서 고자질을 하는 데 지도를 해도 쉽지 않네요."

👦 "선생님, 미영이가 제 지우개 가져갔어요. 선생님, 진수가 제 발 밟고 갔어요. 선생님, 혜리가 몰래 과자 먹어요. 선생님... 아이들의 고자질, 정말 저희들을 지치게 하죠. 그런데 관점을 바꿔 생각해보면, **고자질은 성가신 것이 아니라 교사의 특권이 됩니다. 아이가 외면당하거나 무시당하게 되면, 교사와 관계 맺는 유일한 기회가 사라질 수도 있습니다.**"

🧒 "아이들의 고자질하기에 어떻게 반응하느냐에 따라 아이들은 미래에 도움이 필요한 상황에서 무엇을 할지 결정할 수 있게 되겠군요."

🧑 "바꿔서 이야기해볼게요. 같은 학년 교사들이 겪는 곤란한 문제를 관리자에게 가서 이야기하는데, 교장 선생님이 '그건 심각한 문제는 아닙니다.', '괜찮습니다.', '좀 무시할 수 있어야 해요.'라고 이야기한다면, 우리는 어떤 기분일까요?"

🧒 "그렇게 입장을 바꿔 생각하도록 말씀하시니 더욱 실감 나네요."

🧑 "아이들은 그들의 문제를 해결할 방법을 모르기 때문에 교사의 도움을 필요로 합니다. 아이들은 교사에게 다가올 때 다가온 이유가 있으며, 다가옴으로써 안전을 느낍니다. 아이들의 고자질에 더욱 긍정적으로 반응하는 것은 아이들에게 힘을 전해줄 것이고, 미래에 그들 자신의 문제를 해결할 때에 건강한 선택을 하도록 도와줄 거예요."

🧒 "일전에 역사 강의하는 설민석 씨 강의를 들으니, 고자질이 고자들이 하는 거라는 방송을 본 적이 있어요."

🧑 "고자질의 어원부터 알려주시면 재미있어 해요. 두 가지 설이 있는데, 그중의 하나는 고자질(鼓子질), 왕 옆에 있는 내관들이 임금에게 있는 말 없는 말을 전했던 것에서 유래되었다고 합니다. 내관들이 남의 이야기하

는 걸 즐겨하니까 비꼬아서 만들었다는 말이죠."

▶ **유튜브 영상 보기:** http://gg.gg/g53e6

"아, 역사를 배우는 아이들이라면 설명 안 해도 알아듣겠죠? 정말 아이들이 불필요한 고자질을 하러 오는 건 막고 싶어요. 고자질과 알리기, 어떻게 구별해 지도해야 할까요?"

"두 가지 방법으로 지도를 하고 있어요. 가장 쉽게 설명하려면 이 표만 보여주시면 됩니다 간단하죠?"

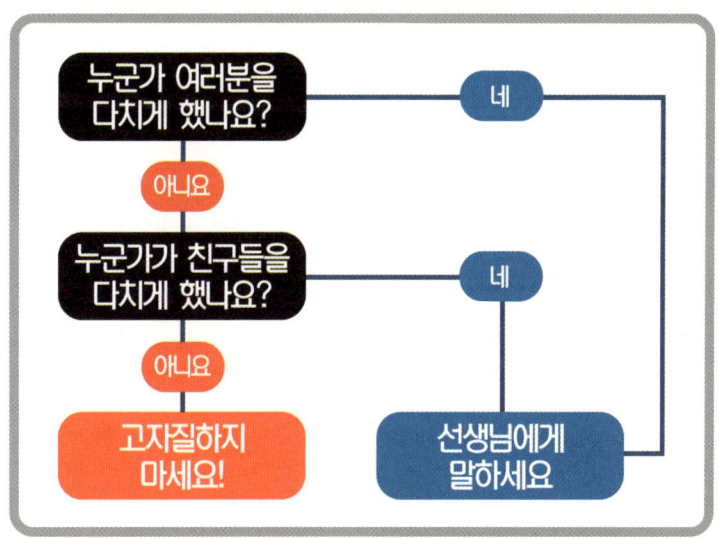

"또 한 가지 방법은 영어 공부를 조금 한 고학년 아이들에게만 통하는데, 4B만 기억하게 했어요."

① Bleeding(피 흘리기) ② Barfing(토하기)
③ Bullying(왕따)   ④ Behaving dangerously(위험한 행동)

"학기 초부터 ① 친구가 피를 흘리고 있거나 ② 친구가 토하거나 ③ 친구가 따돌림받고 있거나 ④ 위험한 행동을 하고 있을 때에만 알려달라고 강조하고 부탁했어요."

"구체적인 사례를 통해 아이들이 구별할 수 있으면 좋겠어요."

"저는 따로 PPT를 만들어 지도하고 있어요. PPT 안에 있는 질문 중에서 몇 가지 문제로 내 볼 테니 직접 풀어보실래요? 선생님도 '꿀잼교육연구소' 유튜브 채널에서 다운로드받아 활용하셨으면 좋겠습니다.

(1) 누군가 마카로 내 책상 위에 낙서했을 때 (고자질, 알리기)
(2) 누군가 새치기할 때 (고자질, 알리기)
(3) 누군가 정말 나를 아프게 때렸을 때 (고자질, 알리기)
(4) 중간놀이 시간, 보드게임을 하는 데 친구가 나를 속였을 때 (고자질, 알리기)
(5) 누군가 싫어하는 별명을 불렀을 때 (고자질, 알리기)
(6) 누군가 더럽게 코를 팠을 때 (고자질, 알리기)
(7) 누군가 내 머리를 잡아당겼을 때 (고자질, 알리기)
(8) 누군가 선생님 책상 속 돈을 가져갔을 때 (고자질, 알리기)

(9) 누군가 몰래 내 일기장을 봤을 때 (고자질, 알리기)

(10) 누군가 주먹으로 쳐서 친구가 배가 아프다고 했을 때 (고자질, 알리기)

▶ 이 중에 진짜 선생님에게 알려야 할 것은 몇 번일까요?

 "고자질이 습관이 된 아이들을 도울 방법은 없을까요? 뭔가 관심이 필요해서 습관적으로 나오는 아이들도 있더라고요."

 "크리넥스 티슈 곽으로 '고자질 몬스터'를 하나 만들어 교실에 두시는 것도 좋은 방법이에요. 아이들이 선생님께 고자질하고 싶을 때마다 고자질 몬스터 옆에 둔 포스트잇에 고자질할 내용을 글로 적어 고자질 몬스터 입에 넣어두는 거죠."

 "입에 넣어둔 포스트잇은 어떻게 활용하는 건가요?"

🧒 "수업이 끝나고 집에 가기 전에 고자질 몬스터 입에 들어가 있는 포스트 잇을 하나씩 꺼내서 지금도 이 사연이 중요한지? 그리고 지금도 해결되지 않았는지? 를 물어봐 주시는 거예요. 의외로 별거 아닌 문제였음을 아이들이 스스로 깨닫게 해주는 좋은 장치랍니다."

👧 "오, 깨알 같은 팁까지 감사합니다. 잘 활용할게요."

🧒 "아이들은 고자질했을 때 선생님의 반응을 지켜보고 있으며, 선생님의 대응으로부터 문제를 어떻게 해결하는지 배웁니다. 선생님이 침착하고 빠르게 반응할 때, 아이들은 미래에 이러한 문제를 만났을 때 침착하게 대응할 수 있는 삶의 기술을 배우게 됩니다. 고자질하는 상황은 교사들에게 아이들의 삶에 긍정적인 영향을 미칠 기회가 제공되는 셈입니다."

👧 "고자질에 대한 짜증스러운 대응보다 따뜻하고도 빠른 대응을 통해 선생님이 돕고 싶어 한다는 마음을 전할 수 있어야 하겠어요."

🧒 "올베우스 4대 규칙 중 네 번째 규칙 역시 '알리기'와 관계 깊습니다. 4B 중에서 Bullying(왕따) 관련 문제가 있다면, 곧바로 어른들에게 도움을 요청해야 합니다. 아이들이 학교에서 도움을 요청할 사람은 누가 있을까요?"

👧 "담임선생님, 부모님, 교장 교감 선생님, 보안관 아저씨, 학교폭력 담당

선생님, 보건 선생님, 상담 선생님, 그 밖에 학교에 있는 모든 어른들에게 도움을 요청하도록 지도해야겠어요."

"아이들이 자신의 고민을 선생님에게 터놓는 경우는 통계청 조사 결과 1.4%라고 합니다. 특히 고학년으로 올라갈수록 아이들은 대부분의 고민을 부모님보다 친구들과 나눕니다. 그래서 친구들의 인정을 받게 할 좋은 장치가 매달 마지막 날 익명으로 작성하는 '학급 살이 설문지'입니다. 그냥 백지로 해도 좋으니 달에 한 번은 꼭 이렇게 아이들 마음을 살펴보는 시간이 있었으면 좋겠습니다. 걷어 1,2번은 아이들에게 들려주세요."

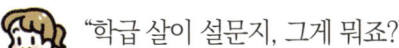

"학급 살이 설문지, 그게 뭐죠?"

"교실에서 아이들이 스스로 학교폭력으로 고통 받는 상황을 선생님에게 이야기한다면 가장 좋겠지만, 그렇지 않더라도 상황을 알고 있는 친구들이 익명으로 도울 수 있는 창구를 마련해야 합니다. 용기를 내지 않으면 교사에게 도움의 요청이 들리지 않을 수 있기 때문입니다. 오래전 박항재 선생님이 만들어주신 자료를 살짝 수정해서 정말 잘 쓰고 있습니다."

"선생님은 학급 살이 설문지를 언제 활용하세요?"

"매달 마지막 날 아침 자습에는 'O월 학급 친구 생활 살펴보기' 학습지를 미리 인쇄해서 아이들 책상 위에 놓아둡니다. 그리고 익명으로 한 달을 돌아보게 하는 거예요. 물론 이름을 쓰고 싶은 아이는 써도 괜찮다고 허용하고요.

'이달에 친구들을 가장 존중하며 대해준 친구', '지난달보다 말과 행동이 좋아졌다고 생각하는 친구', '아직도 폭력적인 말이나 행동으로 힘들어 하는 친구', '우리 반에 도움이 필요한 친구', 우리 반 친구 중에 속상한 마음이 남아있는 친구', '이달에 선생님에게 부탁하고 싶은 말' 등을 그 까닭과 함께 남기게 했습니다."

 "선생님께 찾아와서 이야기하기 곤란하거나 어려워하는 아이들을 위해 꼭 말로 하지 않아도 아이들이 익명으로 글을 쓰게 하는 것, 괜찮네요. 저도 잊지 않고 매달 활용하겠습니다."

 "문제행동을 하는 아이들을 변화시키는 건 선생님의 칭찬이나 격려도 힘이 세지만 더 센 게 있어요. 바로 친구들의 인정이랍니다. 특히 직접 듣는 칭찬보다 전해 듣는 칭찬은 더욱 고래도 춤추게 하지요. 학급 살이 설문지의 1,2번 내용을 읽어주는 과정을 통해 선생님의 인정보다 반 아이들의 평화에 대한 역동이 전해지면 더욱 빨리 변화될 수 있습니다. 강력하게 추천해 드립니다."

☀ 3월 학급살이 돌아보기 ☀

3월 31일 내 이름 : (   )

"**우리는 어느 누구도 차별하거나 따돌려서는 안 됩니다.**
우리 모두는 누구나 평화롭고 행복한 학교생활을 할 권리가 있습니다. 따라서 자기 마음대로 힘을 쓰는 사람이 있다면 모두가 그 친구가 마음을 바꾸도록 해야지 그 친구 밑에 비겁하게 따라서는 민주주의를 이룰 수 없습니다. 다른 누구에게 부당한 대우를 하는 것은 자기 자신을 그렇게 대해도 괜찮다는 뜻인데 그것은 무척 불행한 일입니다. 여러분은 옳지 않은 것에 대해 말할 수 있는 용기 있는 사람입니다. 그리고 그것이 그 친구가 스스로를 돌아보고 성장하도록 돕는 것입니다.
모두 방관자가 아닌 **민주주의와 평화를 지켜내는 방어자**가 되길 바랍니다."

1. 이번 달에 친구들을 차별하지 않고 친절한 말과 행동으로 잘 대해 주며 존중하고 있는 친구들은 누구입니까? 직접 보거나 겪은 일, 들은 일을 이것저것 자세하게 써 보세요!

   ....
   ....

2. 지난 학년이나 예전 모습과 비교해 말과 행동이 좋아졌다고 생각하는 친구는 누구입니까? 자세하게 써 주면 그 친구가 더 잘 할 수 있으니 어떻게 좋아졌는지 자세히 써 주세요.

   ....
   ....

3. 아직도 다른 친구를 놀리는 말 또는 비꼬는 말, 따돌리는 말 등을 해서 다른 친구에게 상처를 주거나 폭력적인 말, 폭력적인 행동으로 다른 친구들을 힘들게 하는 친구는 누구입니까? (보거나 겪은 일, 들은 일을 자세하게 써 보세요! 그리고 그 친구에게 하고 싶은 말도 써 보세요!)

   ....
   ....

4. 우리 반에 도움이 필요하다고 생각하는 친구는 누구인지 까닭과 함께 써 보세요! 그리고 그 친구에게 하고 싶은 말도 적어 보세요!

   ....
   ....

5. 다른 친구를 힘들게 하는 친구는 마음이 행복하지 못한 친구입니다. 친구들을 힘들게 해 평화롭고 행복한 학급 생활을 방해하는 친구에게 마음을 바꿔 서로 행복한 친구가 될 수 있도록 도움이 되는 말을 해주세요! ㅇㅇ아, ㅇㅇ야!

   ....
   ....

6. 지금 반 친구들 가운데 속상한 마음이 남아있는 친구가 있나요? 무슨 일 때문인지, 그 친구가 어떻게 노력을 하면 관계가 더 나아질 수 있겠는지 그 친구에게 바라는 점을 이야기하듯 적어주세요!

   ....
   ....

문장 퍼즐 게임으로
배려 익히기

 "고자질 몬스터도 재미있었고, 매달 마지막 날 학급 살이 설문지도 새로운 통찰을 주는 것 같아서 마음이 부풀었어요. 서두르지 않고, 지치지 않을 정도로 에너지를 남겨서 여유가 되면 하나하나 해보겠습니다."

 "그럼요. 정말 좋은 활동이지만 나랑 맞지 않는 프로그램도 있을 수 있어요. 그걸 인정하고 아이들을 만나셔야 합니다. 우리 반 아이들은 세상에 하나밖에 없는 아이들이니까요. **토드 휘태커의 글에서 늘 열정적인 38년 차 여 선생님은 어떻게 늘 열정적일 수 있는지 묻는 말에 '38년째 5학년을 가르치지만, 이 아이들을 가르치는 건 올해가 처음이거든요.'라고 대답했답니다.**"

 "아, 그녀가 타성에 빠지지 않는 이유는 아이에 대한 사랑에서 출발하지 않았을까요? 저도 오래오래 그렇게 살고 싶어요."

"저도 그렇답니다. 그런데 선생님, 혹시 채 인선 씨가 쓴 아름다운 가치 사전 1, 2권 읽어 보셨어요?"

"아, 한 선배님께서 도덕 시간에 많이 활용하신다고 했어요."

"사실 도덕 시간에 '배려'라는 가치를 가르치게 되면, 교사는 관념적인 상태로 그 개념을 가르치게 되는 경우가 많아요. 그런데 그 책에는 '배려'란 친구를 위해 걸음을 천천히 걷는 것, 배려란 엄마가 전화를 받으실 때 목소리를 낮추는 것이라고 나와 있어요."

"아, 멋지네요. 아이들이 직접 만든 사전이라니!"

"실제로 우리 반 아이는 '배려'를 이렇게 적었어요. '배려란 슈퍼에 가기 전에 언니 뭐 필요한 거 없어? 라고 물어보는 것'이라고... 수업을 아이들의 삶으로 끌어들일 수 있는 좋은 아이디어구나! 싶어서 그때부터 문장 퍼즐 게임을 학급경영과 수업에 도입하기 시작했어요."

"문장 퍼즐 게임? 아름다운 가치 사전만큼이나 기대되는걸요? 어떤 놀이에요?"

"문장 퍼즐 게임은 제목에 드러나듯 모둠별로 가치에 대한 문장을 만들고 그 문장을 섞어 퍼즐로 만들어 다른 모둠과 바꿔 풀어보는 놀이에요."

1. 놀이 방법

【준비물】 빨강, 파랑 두 가지 색깔의 포스트잇, 4절 색지

【대형】 모둠

① 모둠별로 파란색 포스트잇 20장, 빨간색 포스트잇 4장을 나누어 준다.

② 포스트잇을 받으면 4절 색지에 가로 5장씩 4줄로 붙인다.

③ 이제 모둠별로 모여 '배려'를 교실에서 실천할 수 있는 예를 20자로 만들도록 미션을 준다. 예를 들어 친구가 준비물을 가져오지 않았을 때 빌려주는 것! 이렇게 함께 상의하여 글자 수를 20자 이내로 메모한다.

④ 모둠별로 상의한 글자를 파란색 포스트잇 한 장마다 한 글자씩 크게 쓴다

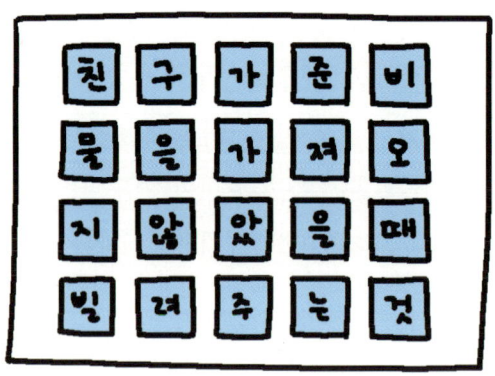

⑤ 작성한 20자의 글자 중에서 4장의 글씨는 따로 뽑아 빨간색 포스트잇 4장에 각각 그림이나 숫자, 한자, 영어로 바꿔 적는다. 되도록 그림으로 그리는 것이 좋다.

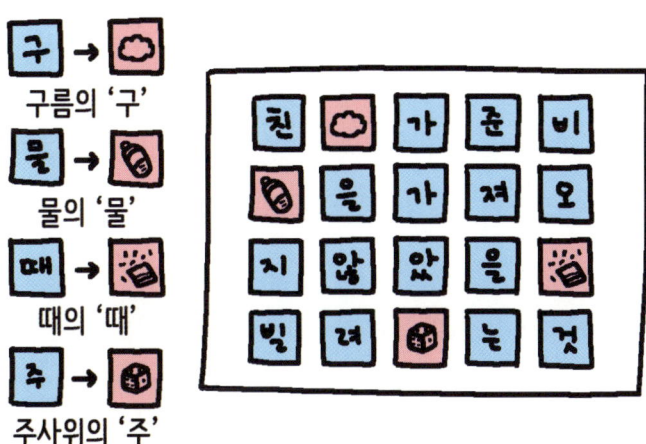

⑥ 모둠별로 문장 만들기를 끝내면, 모둠이 만든 문장은 다른 모둠이 풀어야 한다. 포스트잇의 위치를 바꿔 퍼즐로 만든다. 이때 포스트잇을 돌리거나 뒤집지 않고 위치만 바꾸도록 약속한다.

⑦ 준비가 다 되었다면, 각 모둠 + 1 해서 문장 퍼즐을 넘겨 준다. 1 모둠은 2 모둠으로, 2 모둠은 3 모둠으로…. 6 모둠은 1 모둠으로 섞어놓은 문장 퍼즐을 넘겨 주면 된다.

2. 놀이 지도 시 유의할 점

 "사실 이 놀이를 하면서 고민이 있었어요. 첫째는 너무 문제가 어려워서 못 푸는 모둠을 기다리다 일찍 푼 모둠에선 지루하게 기다려야 했어요."

 "문장이 섞여 있는 퍼즐 문제니 얼마나 어렵겠어요. 그런데 너무 시간이 걸리면, 전체 수업 진행이 되지 않아 고민이 될 거예요. 그럴 때 제가 효과를 본 방법이 있어요."

 "어떤 방법인데요?"

 "5분이 지나면, 각 모둠에서 도저히 알기 어려웠던 포스트잇 한 장을 문장 퍼즐을 만든 모둠에게 물어볼 수 있도록 하는 거예요. 예를 들어 이 그림은 무슨 글씨냐고 물어보면 되겠지요?"

 "아, 정말 좋은 아이디어네요. 감사합니다. 하나 더! 문장 퍼즐 게임을 할 때 겪었던 일인데, 글쎄 정답을 확인하게 했더니 정작 문제를 만든 모둠도 정답이 무엇인지 헷갈리는 거예요."

 "충분히 일어날 수 있는 상황이에요. 그래서 **저는 문제 만들기를 끝낸 후에는 모둠에서 한 명이 휴대전화를 꺼낼 수 있도록 했어요. 사진으로 찍게 하는 거죠.** 아예 포스트잇 한 장에 정답을 적어두게 하는 방법도 괜찮았어요."

👧 "모둠별로 문장 퍼즐을 푸는 시간도 너무 차이가 났어요. 어떤 모둠은 너무 빨리 끝내버려서 지루하게 기다려야 했거든요."

👦 "너무 빨리 푸는 경우를 보면 십중팔구 대 놓고 알 수 있는 그림을 그렸더라고요. 예를 들어 친구의 '구'자를 한자어 九나 숫자 9로 표현한 거예요. 그러니 얼마나 풀기 쉽겠어요. 그렇게 하는 대신, 헷갈릴 수 있는 '구두' 그림을 그리는 건 어때요? 물론 구두 그림인데, 보기에 따라 신발로도 해석할 수도 있어서 풀 때 까다롭겠죠."

👧 "정말 강조해 안내해야겠어요. 문장 퍼즐 놀이의 수준을 높이려면 그림으로 표현하는 포스트잇의 수를 늘리면 되겠네요."

👦 "다만 너무 과하지 않도록 그림으로 표현해야 해요. 그래서 저는 문제를 만들 때 다른 모둠의 욕을 먹을 정도인지 돌아다니며 살핀답니다."

👧 "또 하나, 글씨를 잘 쓰고 그림을 잘 그리는 아이 한둘이 다하니까 옆에 있는 아이들이 빈둥빈둥 노는 느낌이 들기도 했어요."

👦 "이게 그림 잘 그리는 아이들만 참여하면 제대로 된 놀이가 아니라고 생각합니다. 각자 자신의 맡은 역할이 있을 때, 아이들은 더욱 책임감을 느끼게 된다고 믿습니다. 그래서 저는 4장의 빨간 포스트잇을 각각 한 장씩 가져가서 그림을 그리도록 하고 있어요."

3. 이렇게 놀면 더 재미있어요!

 "그런데 생각을 해보니 놀이하는 도중에는 무척 재미있었는데, 이렇게 퍼즐 맞추고 끝내기에는 너무 들인 시간이 아깝다는 생각이 들었어요. 허쌤은 문장 퍼즐 게임을 하고 난 후에 어떻게 정리하세요?"

 "학기 초에 교실 속 배려에 대해 아이들이 문장을 완성하면, 저는 모둠별로 교실 뒤 게시판에 붙여놓아요."

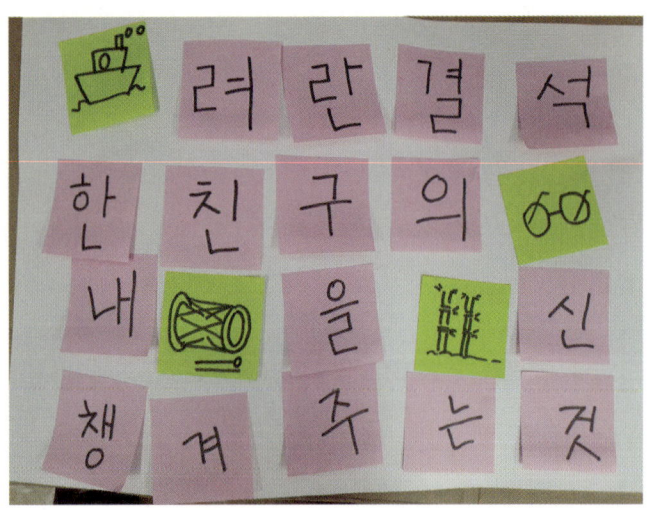

 "환경 게시판에 붙여 예쁘게 꾸민다는 말씀이죠? 알록달록하니 예쁘긴 하겠어요."

"물론 그게 전부는 아니랍니다. 예를 들어 어떤 모둠의 문장이 '친구가 준비물을 가져오지 않았을 때 빌려주는 것'이라면, 실제 교실 상황에서 누군가 친구에게 준비물을 빌려주면 저는 이런 행동을 개인의 성품보다 학급의 공동체 문화를 만들어가는 것으로 해석해 줍니다. 일부러 문장 퍼즐을 가리키면서 말을 꺼냅니다."

"경철이가 친구에게 준비물을 빌려주는 모습을 보니, 우리 반이 더욱 친구를 배려하는 교실이 되는 것 같아 기쁩니다."

"아이들이 작성한 '문장 퍼즐'이 아이들의 삶으로 들어와 재현되었을 때마다 '배려'가 있는 학급공동체를 격려하며 함께 기뻐하는 거죠."

'가깝고도 먼 학부모 상담 준비하기'

"3월 첫 만남 프로젝트를 진행할 때 가장 부담되는 게 아이들이 아니라 학부모 상담이에요. 예전과 달리 한분 한분 미리 상담 예약을 받고 20분에서 30분 정도 이야기를 나누어야 하는데, 그 시간이 많이 부담되네요."

"같은 편인 듯하면서도 자식의 이해관계 앞에서는 돌변하는 학부모님들을 종종 보아 왔기 때문에 교사들은 흔히 학부모님을 일컬어 '가깝고도 먼 당신'이라는 말을 합니다. 그럼에도 불구하고 아이를 위해 교사와 학부모는 한 팀이 되어야 합니다. 태어나서 성인이 될 때까지 아이에 대한 책임은 분명 부모에게 있습니다. 교사는 그 과정 중 1년 동안 아이를 바람직하게 성장시키기 위한 동일한 프로젝트에 참여하는 셈이기 때문입니다."

"일 년짜리 동반자라는 말씀에 정말 공감됩니다. 한편으론 아무래도 아이를 키워본 경험 때문인지 학부모님들은 결혼도 안 했는데 뭘 알겠냐는 심정으로 학부모 상담을 오는 분도 계신 것 같아 더욱 불편해지는 자리 같아요."

"학부모님이 부담되시겠지만 그래도 좀 더 대범해지셨으면 좋겠어요. 한 아이를 키우는 건 학부모님이 전문가지만, 여러 아이를 함께 놓고 지도해본 경험으론 선생님이 전문가니까요."

"그렇게 말씀해주시니 좀 더 힘이 나네요."

"학부모님과의 관계는 사실 아이가 아니라 선생님을 위해서 더욱 공조의 필요성이 크다고 생각해요. 2019년, 1,856명의 초중고 선생님 설문조사 결과, 가장 선호하는 학부모로는 '교사를 믿어주는 학부모'가 77.2%로 압도적으로 많았어요. 그래서 더욱 새내기 선생님들이 얼마나 열심히 노력하는지를 학부모님들께 알려드렸으면 좋겠어요. 아이들에게 최선을 다하며 노력하는데 정작 아이들은 그런 이야기를 집에서 하지 않거든요. 그러다 보니, 내내 잘하고도 한번 서운한 일이 벌어지면, 아이 이야기만 듣고 학부모님이 무섭게 돌변하는 것 아닌가 싶어요."

"아이들과 열심히 노력하는 모습을 조금은 뻔뻔하게 가정에 알려야겠어요."

🧑 "언젠가 반 아이가 저에게 서운한 일을 엄마에게 이야기했는데, 엄마가 너희 선생님이 무슨 이유가 있겠지 라고 이야기해서 엄마에게 더 서운했다는 말을 전해 들었어요. 그때 새삼 평소 부모님께 선생님의 노력을 일부러 알릴 필요를 느끼게 되었답니다."

👧 "그렇다면 어떻게 부모님께 선생님의 노력을 전할 수 있을까요? 선생님 예전 글을 보면 매주 학급신문을 만들며 노력하시던데…. 그건 제가 엄두가 나지 않고..."

🧑 "처음 시작할 때는 매달 학부모님께 보내는 편지를 인쇄해 나누어주시는 방법을 권합니다. 편지 안에는 자녀교육에 도움이 되는 글도 담고, 아이들과 보내며 느낀 점, 부탁할 점을 담아도 좋아요.
밴드나 클래스팅 등 SNS 서비스를 통해 학급에서 이루어지고 있는 일들을 알려주셔도 좋겠어요. 저 같은 경우는 매일 아이들과 함께 하고 있는 생활을 수업 일기로 써서 부모님들이 옆에서 함께 수업하는 느낌이 들도록 노력하고 있어요. 2019년 학부모님들이 써주신 교원 만족도 평가 글을 보면, 이런 노력 덕분에 부모님들이 저를 믿어주시지 않았나 생각해 봅니다."

"선생님도 처음 발령 났을 때는 아이들에게 화를 내다 교실을 사흘 동안 나가 계셨을 정도로 화를 참지 못하셨다고 하셨는데...이런 글을 받으시다니...정말 행복하셨겠어요."

성 명 : 허승환

답변
아이들을 잘 이해해주십니다.
다양한 수업방법을 고민하시고 아이들의 눈높이에 맞춰서 항상 연구하시는 모습에 감사드립니다.
아이들의 장점, 좋아지는 행동들을 칭찬해 주셔서 밝은 열심하려고 하고 학교 가는걸 좋아하는 아이가 되었어요. 넘 감사해요.
칭스승이란 선생님을 두고 나온 말인듯합니다. 저희 아이가 선생님을 만난건 정말 행운이라고 생각합니다. 항상 아이들의 관점에서 바라봐주시고 세심하게 보살펴주시고 가르쳐주시고 등등 이루말할수 없이 선생님께 감사드리고 존경합니다.
매일 활동 사진 및 알림장을 밴드를 통해서 공개해 주셔서 소통할수 있어서 좋았습니다. 감사합니다.
아이들의 마음을 잘 헤아려주십니다
매일매일 밴드로 아이들의 학교생활을 상세하게 알려주십니다. (사진포함)
다양하고 흥미로운 게임을 공부에 적용하여 지루하지 않게 학습합니다.
욕심이 없으십니다
아이들을 무한신뢰하고 사랑으로 늘 격려하며 지지합니다.
마음이 따뜻한 분이십니다
너무 많은 좋은점이 있으시지만 가장 큰 장점은 아이들 개개인의 눈높이 교육으로 바라봐 주신점이다
더이상 무얼 바랄까요? 너무나 완벽한 스승님이십니다.
오래오래 교단에서 아이들과 함께 해주세요

"나이가 드니 아이들 마음 얻는 시간이 조금 더 걸리는 어려움이 있어서 선생님의 젊음이 한없이 부럽답니다. 제 나이에는 노력하지 않으면 아이들 문화를 이해하기 어려워지고 있어서 자꾸만 꼰대가 되지 않으려 고군분투(?)하고 있어요."

"저도 젊음이 무기가 아니라 마음을 잘 읽어주고 싶어요. 어렵기만 한 학부모님을 제대로 대하며 상담하기 위해선 어떤 준비가 필요할까요?"

"일단 학부모 상담을 시작하기 전에 세 가지 생각의 전환이 필요하다고 믿습니다."

첫째, 학부모를 한 아이의 전문가로 인정하기!

"교사가 아이에 대해 파악하는 것은 부모가 자식에 대해 알고 있는 것에 비하면 아주 일부분에 지나지 않습니다. 아이가 무엇을 좋아하고 싫어하는지, 친구 관계는 어떻고 어떠한 상처가 있는지 등 아이가 자라오면서 형성된 모든 것에 대해 가장 잘 알고 있는 사람은 부모입니다. 아이에 대한 전문가를 모시고 아이에 대한 충분한 이야기를 듣는다는 생각으로 임해야 합니다. 앞으로도 아이의 미래에 대해 가장 많이 고민할 사람도 역시 부모님이기 때문입니다."

"명심하겠습니다. 교실에는 너무 많은 아이들이 있다 보니..종종 이 아이들 한명 한명이 가정에서 그리도 소중한 한 명이라는 사실을 놓치곤 해요."

둘째, '학업 상담'보다 '학교 적응' 관련 상담하기
"처음 상담할 때에 교사나 학부모, 모두 아이에 대한 부정적인 이야기를 꺼립니다. 따라서 자녀가 학급에 적응을 잘하고 있는지 편하게 이야기 나누며 따뜻하게 시작할 필요가 있습니다. 자칫 최근에 치른 평가 결과를 가지고 이야기를 꺼내다간 학부모 상담의 시작부터 자녀에 대한 부정적인 감정이 올라오기 때문에 삭막하고 답답한 감정을 토로하게 되기 쉽습니다."

셋째, 친구 관계 조사표를 활용하기
"학부모님이 가장 궁금한 것은 역시 교실 속 친구 관계입니다. 선생님이 관찰한 내용을 이야기하는 것도 좋지만, 교우관계 조사표를 작성하여 제시하면 친구들이 내 자녀를 어떻게 보는지 한눈에 알 수 있어서 학부모님들이 좋아하십니다."

교 우 관 계 조 사

6학년 1반 번 이름(   )

1. 내 생일날 꼭 초대 하고 싶은 친구(3명)

이 름	좋 아 하 는 이 유

2. 내 생일날 초대하고 싶지 않은 친구(3명)

이 름	싫 어 하 는 이 유

"아이들이 적은 표를 두 번째 '선생님, 제 친구 관계는요' 교우관계 분석표에 정리하고 보면, 아이들의 교우관계가 머릿속에 그려집니다."

2020학년도

선생님, 제 친구관계는요

서울강일초등학교   제 6학년 1반   담임: 허승환   <남자>

번호	학생명	좋아하는 까닭	싫어하는 까닭
1	김**		장난이 심함 많이 친하지 않아서
2	김**	큐브를 잘 해서	나를 놀려 화가 나게 해서
3	김**	함께 많이 놀아서(상원) 재밌고 착해서 웃기고 잘 도와주어서 남의 이야기를 잘 들어준다. 친하고 재미있어서	
4	김**	많이 놀아서 친하기 때문에 친구들에게 베풀줄 알아서	놀리고 태연하게 행동해서
5	류**	배려를 많이 한다. 연필을 자주 빌려줘서 친해서	맨날 나를 놀려서
6	박**	재미있다. 작년부터 친하게 지내서	자꾸 놀려서, 나를 놀려서
7	심**	나랑 친하다 운동을 잘 한다. 착하고 친구들 잘 배려해줘서 재밌어서	

"말씀 안 들었으면, 사이에 치른 평가 결과 보며 부족한 공부에 대해 이야기하다 상담을 마칠 뻔했어요."

"다행입니다. 교사들에게는 학부모 상담이 학부모와의 관계를 형성하는 첫 단추가 되거든요. 짧은 만남을 통해 담임교사에 대한 신뢰감을 형성하도록 해야 합니다. 가능한 아이들에 대한 긍정적인 말로 시작하는 것이 좋습니다."

학부모 상담을 하다 보면, 자칫 교사의 기준에 따라 평가하거나 학부모님의 말에서 학생의 문제행동의 원인을 찾으려는 교사도 있습니다. '다음엔 무슨 이야기를 하지?'라는 생각에 상담에 집중하지 못해 공감해주지 못하는 선생님께 실망하는 학부모님도 있을 수 있습니다. 먼저 편안한 마음으로 깊은 대화를 나눌 수 있도록 따뜻한 차를 준비해 놓으시길 부탁드립니다. 늘어지는 상담 시간이 염려되신다면, 작은 알람시계를 함께 준비하는 것도 좋습니다. 다음 학부모님이 기다리실 수 있으니 '5분 정도 시간이 남았네요. 말씀을 정리하면...' 이렇게 상담을 맺으면 자연스럽습니다."

① "학교에 오기 어려우셨을 텐데 이렇게 와주셔서 감사합니다."

직장에 근무하는 학부모님에겐 시간을 따로 내 자녀를 위하여 학부모 상담을 신청하고 학교에 오는 것이 정말 어려울 수 있음을 알아주세요. 그 마음을 헤아려 학부모 상담에 오기 위해 애쓴 노력을 인정해주며 시작하시면, 오늘 상담으로 인한 긴장과 불안이 사라지게 됩니다. 그리고 책상도 마주보기보다 L 자형(직각 구도)로 앉는 게 좋습니다. 정면으로 시선을 교환하면 압박감이나 긴장감을 느끼기 쉬우며, 대결 구도가 형성될 수 있다고 합니다. 이렇게 L자로 앉아 대화를 나누면 학부모님과 시선 처리하기에도 좋고, 심리적 부담도 훨씬 덜하답니다.

② "그동안 어떻게 해 오셨나요?"

"선생님, 우리 민서는 주의집중도 못 하고 너무 산만한 것 같아요. 어떻게 하면 좋을까요?" 학부모님이 아이에 대한 조언을 구할 때 선생님은 어떻게 대답하시나요? 무언가 전문가의 입장으로 대답을 해줘야 할 것 같은데 머릿속만 복잡할 뿐 대답이 잘 나오지 않는 경우가 많습니다. 이럴 땐 교사가 답을 주는 것이 아니라 그동안 학부모님이 해온 노력들을 함께 이야기하면서 해결의 실마리를 찾는 것이 좋습니다. 많은 학부모님의 경우, 지금의 자녀 문제에 대해 얼마나 많은 노력을 기울였는지 교사에게 알리고, 그것에 대해 격려를 듣고 싶어 하기 때문입니다. "그동안 정말 많은 노력을 기울이셨군요.", "그래도 효과가 있었던 방법은 무엇이 있었나요?", "효과가 없었던 이유가 무어라 생각하세요?" 선생님의 충고나 조언보다 학부모님 스스로 그동안의 노력을 돌아볼 기회를 주시면 충분합니다.

③ "어머님께서는 어떻게 생각하세요?"

"지우는 수학이 약한데 학원에 다녀야 할까요?" 학부모님의 질문에 일일이 답을 하다가 어느 순간 막막함을 느낄 때가 많습니다. **"어머님께서는 어떻게 생각하세요?"** 는 어색한 분위기를 깨거나 자녀교육에 관심 많은 부모로 비치고 싶어 형식적으로 묻는 말인지, 정말 답을 구하는 질문인지 파악함으로써 불필요한 답을 위해 쏟는 선생님의 노력을 줄일 수 있습니다. 게다가 이런 열린 질문은 학부모님이 충분히 자기 이야기를 할 수 있도록 도와줍니다.

"오, 제가 주도하는 상담이 아니라 학부모님의 마음속 생각들을 이끌어내며 상담할 수 있어서 좋은 팁이에요. 감사합니다."

"무엇보다 학부모 상담의 결과는 꼭 기록해 두고 아이들과의 생활 속에서 반영하도록 노력해야 합니다. 학부모 상담을 해치워야 할 일이 아니라 학부모님과 선생님이 함께 온전히 '아이의 미래'를 위해 손잡을 때, 교직은 정말 아이들의 영혼을 치료하는 일이 될 거예요."

'학급경영 카드'로 학급 세우기

 "허쌤 덕분에 아이들과의 긴장되는 첫 만남 프로젝트가 머릿속에 설계되면서 좀 더 마음 편하게 아이들을 만날 수 있을 것 같아요. 감사합니다."

 "저도 함께 즐거웠어요. 함께 나눈 대화가 진짜 도움이 된다면 얼마나 기쁠까요? 다만 혹시라도 평화 반의 노력들을 정 선생님 교실에서 실제로 적용하려 했는데 생각처럼 안 되는 경우, **절대 자책만은 하지 마시길 부탁드립니다. 어느 교실에나 통하는 솔루션은 존재하지 않습니다. 학급경영의 기술에 대한 과도한 신념화는 복잡미묘한 교실 상황에서 여러 가지 어려움을 겪게 되어 있어요.** 그럴 때마다 왜 우리 교실에선 안되지? 내게 무슨 문제가 있는 게 아닌가? 생각하지 마시길 바랄게요."

 "연수를 받을 때마다 강사님의 연수 결과물만 받아들일 게 아니라 그분이 그동안 어떤 사유를 거쳐 그런 강의를 하고 있는지 생각해야 한다는 말씀으로 기억하겠습니다."

 "가장 중요한 건 좋은 선배님, 좋은 책들을 만나며 선생님만의 교육철학의 구슬을 하나하나 꿰어가는 것입니다. 이런 노력들이 교실 속 아이들과의 관계에서 맥락을 읽는 힘을 길러줍니다. 무엇이 문제인지, 지금 해야 하는지 말아야 하는지 판단할 수 있도록 도와줄 것입니다. 여기에 마지막으로 아이들에게 지도하면 좋을 학급경영 카드를 선물로 전해드립니다. 잔소리 대신 아이들과 놀이 삼아 반복하여 즐기고, 매일, 또는 그 주에 강조하는 카드를 칠판에 붙여 강조할 수도 있습니다. 교실 맥락에 따라 어울리는 카드를 붙이는 게 더욱더 좋습니다."

🧒 "오…. 저도 자주 하는 말이 있는데 백지 카드도 있어서 더 좋은데요. 뭐랄까 제가 지도하고 싶은 성품들이 카드로 나와 있어서 흥미로워요. 어떻게 활용하는 거예요?" (3월초 학급경영 카드 출시)

"2015 개정 교육과정의 비전은 ① '미래사회가 요구하는 창의융합형 인재 양성'과 ② '학습경험의 질 개선을 통한 행복한 학습의 구현'으로 요약할 수 있습니다. '창의융합형 인재'라는 용어는 새로운 교육과정을 통해 공부한 학생들이 궁극적으로 갖추어야 할 성향과 능력, 즉 역량을 드러내고 있는 것이라 할 수 있습니다. 이는 학생들이 무엇을 배워야 하는가보다는 학교 교육을 통해서 어떤 사람이 되어야 하는가에 초점을 둔 접근이라 하겠습니다. 그런 점에서 학생들에게 길러주고 싶은 사회적 기술을 카드로 정리했어요. 집중적으로 지도해보시길 권해요."

▶ 허쌤의 학급경영 카드 지도 방법1

(모둠별로 학급경영 카드를 한 세트씩 나누어 준다.)

교사: "지금부터 책상 위에 있는 '학급경영 카드'를 모두 뒤집어 책상 위에 펼쳐주길 바랍니다."

학생: (가져온 카드를 뒤집고, 책상 위에 골고루 펼쳐 놓는다.)

교사: "지금부터 각 모둠의 1번부터 차례대로 책상 위의 카드 중에서 2장을 뒤집습니다. 이때 만약 서로 짝인 카드라면 자신이 가져갈 수 있습니다. 이때 카드의 짝을 맞추어서 한번 친구들에게 읽어 주고 자기 자리 앞에 내려놓습니다. 짝이 맞지 않으면 원래대로 카드를 뒤집어 놓아야 합니다. 다른 친구들이 뒤집을 때 카드의 위치를 잘 기억해 두세요. 자! 시작해 볼까요?"

학생: (각 모둠의 1번부터 카드를 뒤집어 서로 짝이 되면 가져간다. 이때 모두가 동의하지 않으면, 선생님에게 가져와 맞는 짝인지 확인받는다.)

교사: (학급경영 카드의 짝을 가장 많이 모은 친구가 누구인지 확인하고 칭찬한 후 정리한다.)

▶ 허쌤의 학급경영 카드 지도 방법2

교사: (학급경영 카드(52장 1세트) 4세트를 골고루 섞는다.)

교사: "지금부터 한 사람당 학급경영 카드를 5장씩 나누어 주겠습니다."

학생: (한 명씩 나와 5장씩 카드를 가져간다. 이때 만약 같은 카드가 2장 이상이면, 다른 카드로 바꿔 가도록 한다.)

교사: "지금부터 선생님이 민수와 시범을 보여주겠습니다. 먼저 일어나서 다른 모둠의 아이와 만나면 하이파이브를 합니다."

학생: (하이파이브하며) "안녕하세요."

교사: "이제 서로 가위바위보를 하겠습니다. 가위바위보"

교사: "가위바위보를 해서 이긴 학생은 진 학생이 트럼프 카드처럼 펼친 카드 중에서 한 장을 뽑아 가져갈 수 있습니다." (민수와 가위바위보 하여 선생님이 이겼다. 선생님이 민수가 들고 있는 5장의 카드 중에서 한 장을 가져간다.)

교사: "이때 두 장의 카드가 서로 짝일 경우 그 카드는 짝이 완성되어 내가 가질 수 있습니다. 주머니에 넣도록 할게요."

(선생님이 민수에게서 뽑은 카드에는 '의자를 밀어 넣는다.'라고 적혀 있었고, 선생님은 가지고 있던 카드 중에서 그 카드의 짝인 '교실을 떠날 때는' 카드를 뽑아 짝을 확인하고 주머니에 넣는다.)

학생: "선생님, 두 장이 짝인지, 아닌지 헷갈릴 때는 어떻게 해야 할까요?"

교사: "선생님에게 가져와 확인받으면 됩니다."

학생: "이 게임은 언제 끝나나요?"

교사: "정해진 시간동안 가장 많은 카드의 짝을 모은 사람이 우승합니다. 내 카드가 모두 떨어졌을 때에는 자기 자리에 돌아가 앉으면 됩니다. 지금부터 음악과 함께 놀이를 시작할게요."

학생: 서로 하이파이브하고 인사한 후, 가위바위보를 하여 상대방의 카드를 따 가져간다.

▶ **허쌤의 학급경영 카드 지도 방법3**

모둠별로 4명씩 모이고 학급경영 카드를 한 세트 준비합니다.

> 교사: "각 모둠의 1번은 카드를 섞은 후에 각자 5장의 카드를 나누어 주도록 합니다. 그리고 남은 카드 더미는 책상 위에 뒤집어 놓습니다. 각 모둠의 1번부터 시계 방향으로 진행합니다. 먼저 1번이 학급경영 카드 중에서 한 장을 꺼내 들고, 모둠 아이 중에서 한 명을 지명하며 짝이 되는 카드를 가졌는지 묻습니다. 만약 가지고 있다면, 1번은 두 장의 카드 짝을 자신의 앞에 내려놓을 수 있습니다. 성공했기 때문에 또 다른 학급경영 카드를 보여주며 다른 상대방을 한 번

더 지명할 수 있습니다. 만약에 지명받은 학생이 카드가 없다면, '없습니다.'라고 외칩니다. 이제 자기 차례가 끝난 1번은 카드 더미에서 한 장의 카드를 가져가야 합니다. 이때 짝이 되는 카드가 있으면 바로 내려놓을 수 있습니다. 이 놀이의 승부는 모든 카드를 내려놓은 아이가 나왔을 때, 그동안 짝이 된 카드를 많이 가진 순서대로 순위가 매겨집니다."

학생: (카드를 각자 5장씩 나눠 가진다.)

민서: (카드 5장에서 '실패해도 괜찮아' 카드를 꺼내 보여준다.) "서연아, 너 혹시 '소중하니까' 카드를 가지고 있니?"

서연: ('너는 소중하니까' 카드를 가지고 있어서 내려놓는다.) "여기 있어."

민서: (카드 한 짝을 자신의 앞에 내려놓는다. 이번엔 '친구가 혼날 때는' 카드를 꺼내 보여준다.) "주현아, '쳐다보지 않는다' 카드를 가지고 있니?"

주현: "없어."

민서: (카드 더미에서 한 장의 카드를 가져간다.)

경철: (카드 5장에서 '눈과 눈을 마주친다.' 카드를 꺼내 보여준다.) "민서야, '인사할 때는' 카드를 가지고 있니?"

민서: "내겐 없는데."

경철: (카드 더미에서 한 장의 카드를 가져간다.)

서연: (같은 방법으로 계속 놀이를 진행한다.)

▶ **허쌤의 학급경영 카드 지도 방법4**

"이번 주의 '학급경영 카드'를 선정해서 칠판에 붙이고, 한 주 동안 집중적으로 강조합니다. 매일 쓰는 알림장 1번에도 학급경영 카드의 문장을 옮겨 적도록 합니다. 되도록 현재 반 아이들에게서 지켜지지 않는 사회적 기술을 중심으로 함께 선정하도록 하는 것이 효과적입니다."

교사: "우리 반에서 선생님이 가장 강조하는 태도는 '미인종책'입니다. '미인종책'이 무슨 말의 줄임말일까요?" ('미인종책'은 차승민 선생님이 학기 초 강조해 지도하시는 네 가지, 감사하게 배워 저도 첫 글자를 모아 지도하고 있습니다.)

학생: "'미'는 미소 짓기라고 생각합니다. '인'은 인사하기 같고요."

교사: "비슷하게 생각했네요. 평화 반의 '미인종책'은 '미-미안해 고마워라고 말하기, 인-인사하기, 종-종치면 자리에 앉기, 책-책상 속 사물함 정리하기'랍니다."

교사: "일본에서 일어난 일입니다. 냉동식품 가공 공장에서 일하는 한 여직원이 어느 날 퇴근하기 전 늘 하던 대로 냉동 창고에 들어가 점검을 하고 있었습니다. 그런데 갑자기 '쾅!' 하고 문이 저절로 닫혀버렸습니다. 깜짝 놀란 그녀는 목

이 터지도록 소리치며 도움을 청했지만, 문밖에서는 아무런 반응도 없었습니다. 무서운 정적이 흐르는 가운데, 그녀는 '내가 여기에서 얼어 죽는 건가?' 생각하며 절망감에 울기 시작했습니다. 5시간이나 지났지만, 여전히 아무런 기척도 없었습니다. 여직원의 몸은 이미 감각이 없을 정도로 얼어 있었습니다. 그때, 냉동 창고 문틈으로 빛이 들어오면서 누군가 문을 열었습니다! 누구였을까요?"

학생: "용감한 히어로가 열었을 것 같아요."

교사: "멋진 남자 주인공이 아니라 자세히 보니 뜻밖에도 나이 든 경비원 아저씨가 서 있었습니다! 그렇게 기적적으로 구조되고 난 후, 그녀는 경비원 아저씨에게 어떻게 자기가 거기에 있는 줄 알았냐고 물어봤습니다. 경비원 아저씨가 냉동창고 문을 연 건 정말 뜻밖의 일이었으니까요. 경비원 아저씨는, 자기가 공장에 온 지 35년이 됐지만, 그 여직원 말고는 누구도 인사하는 사람이 없었다고 말씀하셨습니다. 그녀는 늘 아침에 출근하면서 "안녕하세요!" 하고, 또 퇴근해서 집에 돌아갈 때는 "수고하세요!"라며 인사를 건넸습니다. 그런데 그날 퇴근 시간이 됐는데도 그녀의 모습이 보이지 않자, 경비원 아저씨는 이상하다는 생각이 들어 공장 안을 여기저기 찾아다니다가 냉동 창고까지 확인해봤다는 것입니다. 경비원 아저씨는 그녀에게, "사람들은 모두 나를 별 볼 일 없는 사람으로 대했지만, 당신은 매일 나에게 인사를 해주니 늘 당신이 기다려졌어요. 내가 그래도 사람대접을 받고 있구나 느꼈거든요"라고 말씀하셨습니다. 이 이야기를 듣고 여러분은 어떤 생각이 들었나요?"

학생1: "날마다 건넨 그 짧은 인사 한마디가 여직원의 생명을 구했다는 생각이 들었어요."

학생2: "저도 보안관 아저씨에게 꼭꼭 인사를 해야겠어요."

교사: "여러분을 2주 동안 지켜보니, 선생님에겐 정말 예의 바르고 예쁘게 인사하는데, 정작 친구들하고는 서먹서먹한 모습을 많이 봤어요. 그래서 오늘은 '허들링 인사'를 한번 해보려고 해요. '허들링' 들어본 적이 있나요?"

학생: "허들 넘는 것 아닌가요?"

교사: "남극에 많이 사는 펭귄은 때때로 시속 100㎞가 넘는 눈보라와 영하 50도의 극한상황에 처합니다. 그런 혹독한 추위를 극복하기 위해 펭귄들은 '허들링'(huddling)을 해요. '허들링'이란 서로의 몸을 밀착 시켜 동료와 체온을 나누며 추위를 이겨 내는 것입니다. 펭귄이 서로 도와 추위를 이겨내듯 우리도 모두와 서로 인사를 나눌게요. 방법은 간단해요."

"먼저 선생님 앞에 한 줄로 길게 섭니다. 이때 맨 앞 친구가 저랑 인사를 먼저 해요. '만나서 반갑습니다.' 라고 말하면서 하이파이브합니다. 저와 인사한 친구는 제 옆 칸으로 이동합니다. 두 번째 서 있던 친구는 선생님과 선생님 옆에 선 친구와 인사를 하고 세 번째 자리에 섭니다. 우리 반 모두가 이렇게 인사를 다 하고 나면 한 줄로 동그랗게 서게 됩니다. 이때 우리가 함께 정한 우리 반 공동의 목표를 크게 외치고 자리에 돌아가 앉습니다."

학생: (선생님, 친구들과 모두 하이파이브하며 허들링 인사를 한다.)

교사: "내일부터는 선생님에게 인사했듯이 친구들과도 서로 인사하는 모습을 보여주길 바랍니다. 그럴 수 있죠?"

학생: "예."

교사: "하나 더! 어제 2반 선생님이 우리 반 승연이를 칭찬하셔서 정말 기뻤습니다. 다른 반 학생들이 지나가는데 다들 인사를 하지 않는데 승연이가 인사를 깍

듯하게 해서 너무 예뻤다고 하셨어요. 선생님도 함께 기뻤습니다. 모두 승연이처럼 다른 반 선생님께도 인사를 드려서 칭찬받을 수 있기를 바랍니다."

학생: (손뼉을 친다.)

교사: "아이를 위대한 사람으로 만드는 55가지 원칙이란 책을 쓰신 론 클라크 선생님은 미국 최고의 교육자상을 받은 유명한 선생님이세요. 선생님이 말씀하신 55가지 원칙 중에서 5가지만 먼저 소개할게요. 모두 여러분이 잘 지키고 있는 원칙이죠."

01 어른들의 말에 공손하게 대답하기

02 대화할 때 상대방의 눈 마주보기

03 서로 칭찬하고 축하해 주기

04 다른 사람의 의견을 존중하기

05 승리를 뽐내지 말고 패배에 성내지 않기

교사: "하나하나가 정말 여러분의 인생을 바꿔줄 명언이죠? 그중에 23번째 원칙이 바로 '다른 반 선생님의 이름 기억하고 인사하기'랍니다. 다른 반 교실을 지나가는데, 그 반 학생이 '허 승환 선생님, 안녕하세요.'라고 이름까지 부르며 인사하면, 선생님은 그 친구에 대해 아무것도 모르는데 좋은 인상을 받게 됩니다. 우리 평화 반이 다른 반 선생님께 칭찬들을 때 선생님은 너무너무 기쁘답니다. 그래서 다른 반 선생님들의 이름을 먼저 한분 한분 알려드릴게요. 내일은 선생님의 이름을 부르며 인사드릴 수 있는 평화 반이 되길 바랍니다."

 "〈명불허전 학급경영〉에서 소개된 모든 자료는 **'꿀잼교육연구소 유튜브 채널'**에서 다운받을 수 있습니다."

참고 문헌

- Ellen L. Kronowitz, 〈성공하는 교사의 첫걸음〉, 시그마프레스. 2009.
- 김현수, 〈행복한 교실을 위한 희망의 심리학〉, 에듀니티. 2019.
- 조영은, 〈심리학의 온기〉, 소울메이트. 2018.
- 주영, 〈나는 솔직히 미국교육이 좋다〉, 미래M&B. 2000.
- 바비 드포터 등저, 〈퀀텀 교수법〉, 멘토르. 2012.
- 데일 카네기, 〈카네기 인간관계론〉, 씨앗을뿌리는사람. 2004.
- 론 클라크, 〈아이를 위대한 사람으로 기르는 55가지 원칙〉, 김영사. 2012.
- 무꼬야마 요이치, 〈교육기술 입문〉, 테크빌 교육. 2014.
- 제니 랜킨, 〈교사 번아웃 탈출 매뉴얼〉, 지식의날개. 2019.
- 하이타니 겐지로, 〈나는 선생님이 좋아요〉, 양철북. 2009.
- 제인 넬슨 등저, 〈학급긍정훈육법〉, 에듀니티. 2014.
- 문재현 등저, 〈학교폭력 멈춰〉, 살림터. 2016.
- 최성애 등저, 〈청소년 감정코칭〉, 해냄. 2012.
- 레이철 시먼스, 〈소녀들의 심리학〉, 양철북. 2011.
- 박숙영, 〈공동체가 새로워지는 회복적 생활교육을 만나다〉, 좋은교사. 2014.
- 채인선, 〈아름다운 가치사전1,2〉, 한울림어린이. 2005.
- 허승환 나승빈, 〈승승장구 학급경영〉, 아이스크림. 2018.
- 한영진 등저, 〈매직워드 77〉, 학지사. 2014.
- 허승환, 〈허쌤의 수업놀이〉, 꿀잼교육연구소. 2017.
- 허승환, 〈허쌤의 학급경영 코칭〉, 테크빌교육. 2015.